勇担防伪溯源新使命
重塑防伪溯源新体系
开创防伪溯源新时代

INTRODUCTION TO
ANTI-COUNTERFEITING TRACEABILITY

张国良◎著

中华工商联合出版社

图书在版编目（CIP）数据

防伪溯源概论 / 张国良著 . -- 北京：中华
工商联合出版社 , 2022.2
ISBN 978-7-5158-3323-1

Ⅰ.①防… Ⅱ.①张… ②张… Ⅲ.①商品检验—研

究 Ⅳ.①F760.6
中国版本图书馆 CIP 数据核字 (2022) 第 021533 号

防伪溯源概论

作　　者：	张国良
出 品 人：	李　梁
责任编辑：	于建廷　臧赞杰
封面设计：	中宣文化
责任审读：	傅德华
责任印制：	迈致红
出版发行：	中华工商联合出版社有限责任公司
印　　刷：	北京毅峰迅捷印刷有限公司
版　　次：	2022 年 3 月第 1 版
印　　次：	2022 年 3 月第 1 次印刷
开　　本：	710mm×1000mm　1/16
字　　数：	240 千字
印　　张：	18
书　　号：	ISBN 978-7-5158-3323-1
定　　价：	69.00 元

服务热线：010-58301130-0（前台）
销售热线：010-58301132（发行部）
　　　　　010-58302977（网络部）
　　　　　010-58302837（馆配部、新媒体部）
　　　　　010-58302813（团购部）
地址邮编：北京市西城区西环广场 A 座
　　　　　19—20 层，100044
http://www.chgslcbs.cn
投稿热线：010-58302907（总编室）
投稿邮箱：1621239583@qq.com

工商联版图书

编委会

编委会主任

张 桦

编委会副主任

张国良 罗 宇

编委会成员

宋 江 杨姜明 曾 艳 黄京平 孔 蛟 庞 波

目 录
CONTENTS

第一部分
防伪溯源行业概况

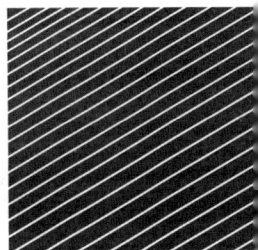

第一章
认识防伪溯源行业

【本章提要】

在漫长的人类历史中，造假是从什么时候开始出现的？那时人们对造假的商品是怎样的态度？最先进行防伪的是哪个国家？随着时代的发展，人类社会又上演了哪些防伪故事？

认识防伪溯源，我们需要从历史中探寻，从人类对造假的认知中找到同源的理解与答案，从时代的发展中辨别出造伪手段与特征，总结出防伪智慧与规律。

本章主要内容：

1. 阐述人类防伪溯源重要意义

2. 阐述人类防伪溯源的历史演进与发展

3. 阐述中国防伪溯源行业的发展历程

4. 阐述造伪的基本手段与辨别特征

5. 分析世界范围内对造假行为的打击形式与力度

第一节　人类防伪溯源重要意义

尽管人类文明的发展不断向着更广博精深的方向前进，但是与文明共进的劣根也依然以伪装者的身份同在。如同造假，总是在不同的时代中以其独特性"繁衍生息"，并与人类文明"携手并进"。在中国五千年的历史中，造假同样与文明的发展如影随形，"顽强地"以"潜伏者"身份，屡屡登上历史的舞台。

亚当·斯密在《国富论》中指出：商品之间的交换是自古到今一切社会、一切民族普遍存在的经济社会现象。在人类发展的长河中，文字还未出现时，社会生活中已经有意识地形成了商品交换，同时也有了假冒伪劣的存在，而人类也在有意无意中开始了防伪打假。

如果我们穿越到中国的原始社会，在原始部落时期的交易现场，我们应该可以有幸看到这样的场景：A 部落族群会在自己的商品上做标记，并与 B 部落进行物品交换。可能还会有比较弱小的 C 部落，躲在更远一些的地方，绞尽脑汁要把手中与 A 部落一样的物品拿到集市上与 B 部落进行交换，但是苦于没有 A 部落的标识。这种标识就像 A 部落的信物一样，它代表了物品的拥有者，也代表了物品品质。这或许是产生在原始部落族群中的信任的萌芽。

当原始社会的交易方式在时间的流逝中以更加形象的方式活跃于 21 世纪的市场经济时，信任依然是规范市场经济的道德底线。

纵观古今中外，不难发现造假不是哪个国家、哪个地区的"专利"，世界各国都存在造假行为。从古至今，人类社会在发展中以其自身的时代性一直与假冒伪劣进行着道德和法治的博弈。

一、什么是假冒伪劣品

假冒伪劣产品的猖獗不仅仅是表层的市场经济问题，应该有更加深层次的信用问题。之所以历朝历代都会出现造假现象，根本就是诚信缺失，甚至是一定程度上的道德沦丧。那么到底什么是假冒伪劣产品？

怎么理解假冒伪劣产品？顾名思义，从字的本身我们也能窥知一二。假和伪，是指产品没有采用规定的原材料或者标准的工艺来生产。比如我们常说的假药、假化妆品、黑心食物等。再比如假币、假文凭这样不符合法定规则制造的一些事物。劣，主要从产品质量上理解，指产品质量不达标或是质量存在缺陷。冒，指冒充，意为以次充好的"正品"。

二、那些触目惊心的造假事件

马克思在《资本论》中以尖锐的笔触指出了资本主义社会里人们对利润的欲望——"有50%的利润就铤而走险，有100%的利润就敢践踏人间一切法律，有300%的利润就敢冒受绞刑的危险。"

作家理查德·考夫曼在《国难财》一书中这样写道："19世纪美国最重要的一些资本家都在战争期间发了大财。"然而，满足资本家金钱欲望的代价是无数人的生命。有个小故事充分说明了这个结论。由J.P.摩根出钱购买了一批军用物资（主要是军火买卖）。美国军队使用了这批物资，但是仅仅在测试时就把士兵的手指炸飞了，因为这些是过时的、没有质量保证的产品。因为当时美国对这类物资的需求特别大，所以为一些梦想赚大钱的资本家提供了造假投机的环境。因为该类受管制的产品市场空间很大，所以在一定范围内，市场出现了最严重的价格欺诈、倾销行为以及劣质品。

中国有句老话叫："风马牛不相及"，比喻不相干的事物。但是"挂牛头卖马肉"的事件却真实发生在了欧洲一些发达的国家，答案毋庸置疑——因为资本的诱惑。

基于资本的搅动，曾经在欧洲出现过一个影响比较大的"马肉风波"造假事件，因在德国事态最为严重，也被称为"德国马肉事件"。

2013年在欧洲发生了"挂牛头卖马肉"事件，事件曝光后，欧洲各国开始自行排查，后来多个国家都卷入其中。从德国到英国，从荷兰到罗马尼亚，"马肉事件"如风一般席卷了这些国家的市场。

2月份，英国食品标准局发布消息称，已经在新近屠宰的部分马肉中发现了止痛药苯基丁氮酮（又译"保泰松"）成分，更加不幸的是，部分马肉很可能已流入了市场，进入到食物链中了。此后，持续调查发现，除了汉堡食品幸免外，在英国其他牛肉类食品几乎都被怀疑掺入了马肉。基于马肉的深度侵入各类食品中，当时英国最大的连锁超市 Tesco 宣布，决定下架两款意大利含牛肉馅的冷冻食品（博洛纳牛肉酱面条和拉萨尼亚肉饼）。

3月份，欧盟各国以政府为主导开展了为期 3 个月的抽检活动，主要是对各自国家存在的加工牛肉实施 DNA 抽检。历时 1 个月，各成员国将自己的抽检结果汇总分析。抽检目的主要是看加工肉类是否含有苯基丁氮酮成分。苯基丁氮酮有助止痛和退热的药效，经常用于马类，但是对人体有致命的危害。

自从马肉事件出现后，除了造成消费者对食品安全的恐慌，更多的表现则是出现这一事件的国家的消费者对食品产生了极大的不信任。历史证明，人类一旦在某些事物上失去信任，事物的拥有者必将付出巨大的代价。因为这种不信任会逐渐升级形成难以回转的危机，就这次的马肉事件而言，首先是在商人与消费者之间形成了信任壁垒，然后由个体之间逐步扩大到国家之间的信任危机。

对于马肉事件，英国天空电视台和 YouGov 联合以约 2000 人为调查群体，最后收获了一组数据显示，"马肉风波"让不少消费者改变了曾经固有的消费习惯。

无论是食品行业还是其他工业，造假可谓无孔不入。哪怕造价高昂的飞机制造业，也是造假横行。

1995 年 11 月，美利坚航空公司的 B757 飞机没有像往常那样完成它的飞行使命，在哥伦比亚的山区坠落。与此同时，更让人难以理解的一幕极具讽刺性地上演了：还未待开始搜寻机上 159 名遇难者的尸体，废弃航材的非法收集者就潜入了出事地点，开始争抢运输这些废弃航材。

后来调查发现，这些非法收集者运用专业的工具，将飞机上的未损坏部件

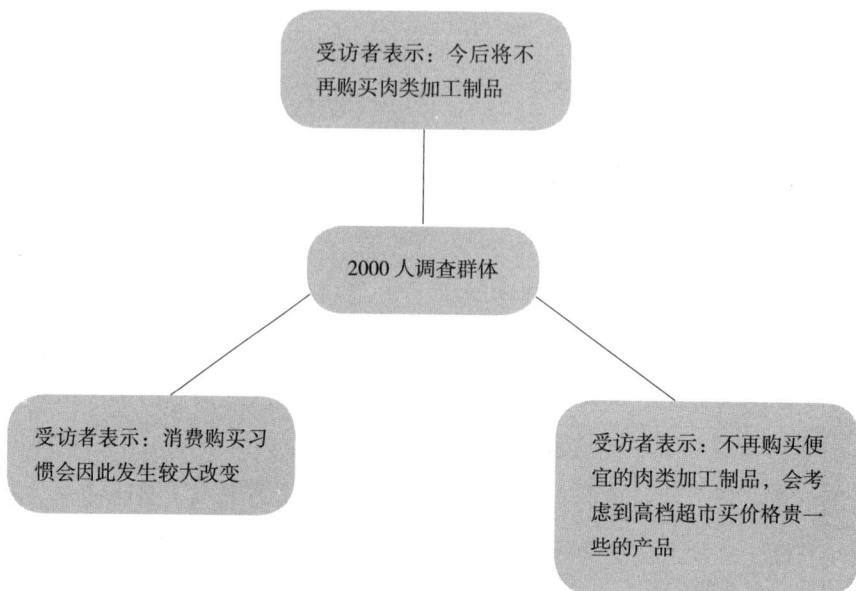

图 1-1-1　调查结果

进了"有序搬运",如飞机的反推装置、驾驶舱控制系统和其他昂贵的未损坏航材等,将它们从破碎的飞机上一个一个地拆下,再用直升机将这些航材运离事故发生的陡峭山崖。比较具有讽刺意味的是,随后这架直升机又运送了前去调查事故原因的调查员们。

被搬运走的航材最后又干什么了?据调查显示,一部分航材在加州被清洗、包装并偷运出国;另一部分在迈阿密销售,那里有一个倒卖、回收、偷窃和假冒航材的黑市中心。也就是说,那些从失事飞机上拆下的旧航材、假冒伪劣航材以及其他低于标准的零配件,通过航材黑市渠道可以在世界各个航空公司的机群中找到市场。

据了解,在民航业中,这类航材被统称为"伪劣航材"。有人曾表示,那些将飞行安全置之度外而又毫无道德底线的人说这确实是一个比毒品暴利还高的市场。伪劣航材除了扰乱航材市场,更严重的是会影响飞机的整体操纵,最终会对飞行安全造成难以估量的威胁。

早在 1989 年 8 月,一架 Convair580 的涡轮驱动喷气机开始了它的飞行任务，从挪威奥斯陆起飞飞往德国汉堡。令人悲愤的是，这架飞机在美国北海上空 22000 英尺（6700 米）的高度发生了事故。一开始飞机的尾部剧烈地摇摆并裂开，随后在空中爆炸。这架载有 55 名乘客飞机的残骸散落在方圆 6 千米，机上乘客全部遇难。

挪威方面的调查者在搜集这架已服役 36 年的飞机残骸时，发现了令人愤怒的结果。这次事故的罪魁祸首是"伪劣航材"，其中飞机的螺栓和支架都是伪劣航材。由"伪劣航材"产生的最惨痛的教训，就是在高空无情地收割生命，并且这种行为还在继续。

在巨大的利益面前，人类的生命微不足道，甚至是不值一提。清朝许奉恩在《兰苕馆外史》中记载了"蒸荞误人，粉身莫赎"的故事。

清朝时候，定远（今安徽省定远县）曾出现过大旱情，农民苦等到农历六月才等到雨水，但是种子又没有着落了。这时，一个黑心商贩居然将手里的荞麦陈种蒸得硕大饱满，然后卖给了急于种粮求生自救的农民，商贩最终获得暴利。

悲剧可想而知。由于农民种植了经过造假的荞种，最后庄稼颗粒无收，最终导致了成千上万的农民因缺粮被活活饿死。

历史上造假获利的无德行为无不带给世人血的教训：贪念暴利而沟壑难填，将堆积成山的白骨作为贪念逐利的牺牲品。

假冒伪劣产品称其为世界性瘟疫也不为过。全球假冒伪劣产品占全球贸易量的 5%–7%，年产值高达 5000 亿美元。对于那些在防伪溯源方面立法不完善的国家而言，假冒伪劣产品在市场上流通得更加泛滥。

为了更好地推进社会主义市场经济的建设，防伪溯源行动已经成为经济发展中不可或缺的支撑。遵循国务院的要求，由质监部门牵头、相关职能部门联合、社会组织和企业共同参与，共建中国社会信用制度，让防伪溯源建设以更加稳健的步伐走向未来。在中国的传统文化中，诚信是儒家"五常"之一（仁义礼智信），重在引导人们树立正确的处世之道、讲信修睦。

诚信已经成为衡量一个人或者一家企业的品质标准。防伪溯源的建设意义也就是在引导人们"讲诚信",让人们把诚信代入人际交往、职业发展和消费经营中,为高质量经济发展打下信用保障。只有提高商品质量才是稳固经济强国、实现伟大民族复兴的根基。质量强国的根本就是做到诚信经营。诚信是做人之本,也是企业的营业之本。

第二节　人类防伪溯源历史追溯

防伪溯源技术的发展史就是人类发展史的缩影,在每个时代都以特殊的形式留下印迹。从技术落后的原始社会到现今数字化社会,防伪溯源技术一直在随着时代的更迭不断演进与发展。

一、人类对防伪的认知

追溯人类诞生的轨迹,在漫长的岁月中,人类的智慧不断发展,积淀了无数传世的智慧结晶,而防伪溯源技术也是其中之一。

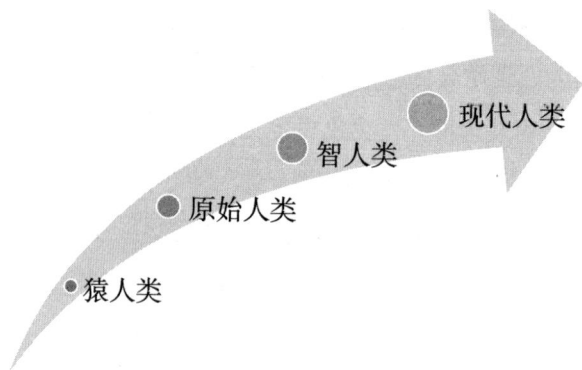

图 1-2-1　人类发展进化的四个阶段

从拿起长矛和弓箭走进森林狩猎开始,人类已经在无意识中开始了防伪知识的运用。通过在弓箭上刻上记号,在射中猎物时就能够快速区分出谁是胜利者。原始社会末期，人类已经懂得在交换的商品上刻下属于自己部落的标志，如图腾。A 部落的商品做上标记就表明这个商品是 A 部落独有的；而 B 部落也会有自己的特有商品，他们也会刻画上对应的标志，以此来表示商品的归属。

随着社会的发展，部落与部落之间商品流通的种类越来越多，这时标记方式和种类也越来越复杂多样，甚至有些人会为自己出售的商品做出隐藏的标识，让那些企图仿造的人无法快速仿造，即使有人想要仿造也需要花费一定的时间，才能做出以假乱真的仿制商品来。

防伪，在中国古代算是比较古老的行当。在瓷器时代，人们在烧制瓷器时就会添加特制的印记来代表定制者的身份，以此来防止其他人假冒自己的制作工艺。随着时代的发展，后期出现的字画等实物上，也逐渐添加上了类似防伪的印记（暗记、专属印章、手印等）来代表身份的象征，同时达到防伪的效果。

在部落时代，人类的防伪意识比较薄弱，防伪的行为基本上是出于潜意识下做出的本能行为，如族群与族群之间通过部落的图腾标志来区分族群。随着时间的推进，人们开始有了更加精细地区分事物与商品的意识，从而促进了最初的标志性防伪的出现。

在国外防伪技术发展史上，防伪技术最初主要应用于货币制造以及相关的有价值的证券，或者是一些可能危及全社会公共安全的特殊行业。其中，货币的安全管控关系一个国家的政治、经济等领域能否稳健发展，因此在管理上更加严格。

二、掩藏在中华历史中的防伪缩影

1942 年，文学家郭沫若根据《史记·魏公子列传》编写历史剧《虎符》，故事以战国"四君子"之一的信陵君盗取魏王虎符为主线，讲述了解救被秦国围困的赵国的故事。"窃符救赵"不仅演绎了一幕重要的历史剧，也延伸出虎符在历史中蕴藏的防伪溯源的价值。

从中国古代对虎符的重视就可见一斑。从铸造虎符的原材料来看，无论采用金银铜还是优质玉石，这些材料在封建社会都是属于国家管控，民间机构既不能获得原材料，也没有能力承担造假成本。从铸造虎符的技术来看，铸造技术在当时也是国家所有，民间作坊无法掌握仿造技术。更重要的一点是，虎符是高级将领调兵的信物，一般人很难持有。这就达到了防伪与溯源的双重功效。

无论是古代虎符，还是日常所见的书画、瓷器等物品，它们的出现或多或少都蕴含了古人在防伪与溯源上的智慧。

关于书画防伪，很多书画大家为了标记"原创"，会在自己的作品上做一些暗记。例如，相传在盛唐时期有一位擅长画牛的画家，他的画作中就藏有这样的暗记，即在他画的牛眼中都藏有不易觉察的小牧童身影。这在当时来说是非常厉害的暗记技术，相当于现代的微缩技术。

关于纸币防伪，在宋朝时期就已经出现了比较专业的防伪技术。世界上发现最早的纸币是宋朝的"交子"。那么，宋朝时期国家是如何防止假钞的呢？一方面，是在材料选择上，"楮皮"川纸是当时专门用于印钞的材料，这种材料在民间是不准流通的。另一方面，是采取了"屋木人物"组合作为印钞的使用图案，即以复杂的图形来达到防伪目的。

随着技术的发展，后来又从颜色和套印图案以及朝廷监管印章上进行了完善，形成了多元色、多色套印的纸币图案防伪技术。到了元朝时期，朝廷监管机构还在印章上镌刻了"伪造者斩"的字样，以此来警示造假者。清朝时期，防伪技术又有了新的突破，出现了比较高端的水印防伪技术。

在中国的器物产品上，防伪溯源最早可追溯到春秋时期，那时施行的"物勒工名"制度就是最早的防伪溯源制度。"勒"指的是镌刻的意思。按照制造器物的制度，器物上要刻上制造者的名字，方便以后对器物进行质量检测和追查。

这种镌刻制度在时代更替中也一直保留下来，从战国后期尤其是秦国出产的器物上就可见一斑。无论是出土的秦兵马俑、铜车马上，还是兵器、砖石等器物上，我们都能看到铭刻的简单文字。从"物勒工名"之制来说，这就是工匠和管理者的"名"，它以真实记录的形式告诉我们中国历史上早已存在防伪溯源技术，让我们今天依然可以感悟先人在防伪溯源上凝结的智慧。

《礼记·月令篇》中有这样的记载："物勒工名，以考其诚，工有不当，必行其罪，以究其情。"《吕氏春秋》第十卷《孟冬纪》中也有关于"物勒工名"之制的精彩记述。秦朝的律法非常重视"物勒工名"制度，在官造产品中体现得尤为显著：所有官方制造的器物必须镌刻工匠、工师（制造者）和管理者的"名"。另外，"大工尹"则是朝廷集权下专门设置的负责器物产品质量的官职，其职责就是按照当时的律法对制造器物进行质检，一旦检测出产品有质量问题，就按照器物上所刻的"名"找到相关责任人，并对其进行究办处罚。

从大量史料记录和文物实证上，我们不难看出战国晚期的秦国在器物防伪溯源上已经建立了古代相对完善的防伪溯源体系。

三、与时代共同发展的防伪溯源技术

虽然防伪溯源中国古来有之，但是从体系化发展角度来看，近代以来，欧美国家在防伪溯源的建设上更早形成了相对完善的体系，尤其是在食品安全管理上的应用比较领先。

在美国防伪历史上有一个比较有意思的真实故事。

1948 年，出生于美国纽约的弗兰克·阿巴格内尔，在 21 岁之前以造假的人设开启了传奇人生。他先后冒充过不同身份的人物，在冒充航空驾驶员的时候周游了 20 多个国家，通过各种造假手段成功诈取了几百万美金。没有道德与法律约束的造假天赋是可怕的。弗兰克·阿巴格内尔利用自己的造假天赋不仅伪造身份，更是大量地伪造了各种可以兑现的票据，其中制作假支票居多，19 岁成了 FBI 头号通缉犯。被捕入狱五年后，弗兰克·阿巴格内尔因其高超的造假技术，被返聘为政府人员，并为银行设计了堪称世界上最安全的防伪支票。

由此可见，造假与防伪在发展中总是相伴相生的。我国防伪溯源起源较早，但体系化发展偏晚。从时间节点看，改革开放之前的防伪溯源在中国被划分为特殊行业，服务对象主要局限在货币等有价值的行业和社会公共安全领域。随着改革开放的推进和社会主义市场经济的全面发展，防伪溯源技术开始应用于普通行业的产品防伪。

改革开放之初也是我国社会主义市场经济体制建立的初始阶段，同时也是假冒伪劣产品层出不穷的时期。多种因素的碰撞导致我国防伪市场出现了巨大的供给需求。在防伪溯源技术供不应求的发展环境中，从政府部门到社会、从市场到消费端，都对防伪溯源的认知有了极大的提高，促进了中国防伪溯源行业的初步形成。

1995 年 3 月，中国防伪行业协会经国家民政部登记注册成立（以下简称"协会"）。协会成立初期，国家技术监督局（今"国家市场监督管理总局"）党组对中国防伪行业协会工作做出了三点指示：一是防伪技术产品评审工作委托中国防伪行业协会组织专家进行，专家评审委员会设在协会；二是防伪检测工作纳入质量监督管理司职责范围，对防伪技术产品进行监管；三是对企业使用的防伪标志实行公告制度，具体事务由协会承担。[①]

1995 年 8 月，协会与中国盐业总公司（今中国盐业集团有限公司）达成密切合作，完成了中国食品行业防伪史上设计规模最大、单种产量最多的防伪标识应用，即在全国销售的碘盐外包装上使用激光全息防伪标识。同年 12 月，轻总盐办发布了〔1995〕11 号《关于食用盐碘盐包装采用防伪碘盐标志的通知》，同时也制定了"碘盐标志"使用管理办法。经过多年的应用追踪显示，碘盐防伪标识的应用在中国市场取得了良好的效果。时至 2021 年，食盐标志防伪技术已经上升到三级防伪：一级防伪技术以服务大众识别；二级防伪技术的服务方向主要是市场监查，这级防伪技术需要借用高倍放大镜才能观测到包装袋上的"中盐协会""SHIYAN"等防伪字样；三级防伪技术属于终极鉴定，这一级别的防伪标记可以作为鉴定真假食盐的法律依据。[②]

协会自建立以来发展至今，近 30 年的成长历程已成为中国防伪溯源发展

---

① 材料选自《中国防伪行业协会》。
② 资料选自《消费日报社》。

历程的缩影，见证了中国防伪溯源从特种行业逐渐普及至全行业的历程，见证了中国防伪溯源的信用力量，见证了中国防伪溯源之于品牌建设的影响力。

中国防伪行业协会是中国众多防伪平台的一个代表，在中国发展中，尤其是改革开放以后，中国政府在防伪溯源建设上不断发力，从国务院办公厅、国家质检总局、全国打击侵犯知识产权和制售假冒伪劣商品工作领导小组办公室到众多第三方社会组织与事业单位，为信用中国建设群策群力。

从政策颁布到平台建设，各个参与机构与组织一直在奋力前行，用自身的力量为中国防伪溯源产业的发展贡献力量。

第三节　中国防伪溯源行业发展历程

在中国，防伪自古有之。举个简单的例子，各朝各代皇帝下达的圣旨就是独具中国特色的防伪技术代表。这些圣旨在传递过程中被造假的机会很多，至少在传递的时间上是非常宽裕的。那么，圣旨为什么很少被仿制？

一是圣旨都是由特殊材料制成的，所用材料十分考究，基本上都是特供朝廷使用的江南锦缎，普通人很难找到制造圣旨的材料。从特供的角度来说，就把绝大多数的人排除在造假之外了。

二是普通人无法在短时间内看透圣旨上内嵌的祥云、纹路等防伪因素。比如圣旨上第一个"奉"字，据说这个"奉"字的书写位置是由祥云图案规定的，只有皇帝本人和负责制作圣旨的人知晓，其他人是不知道祥云具体位置的。

三是圣旨传递有严格的规定，所经手的人都会签字，一旦出现问题，各个经手人都将无法逃脱干系。这些都从一定程度上规避了"假圣旨"的出现。

由此可见，中国在古代已经具备了很高的防伪水平，在溯源上也有了基本的追责意识。

一、中国防伪溯源历史

虽然中国具有悠久的防伪意识，但是近现代以来在防伪溯源的发展中依然落后于发达国家。可以说，中国是防伪溯源概念的源头，但又是防伪溯源体系建立的后来者。

据史料来看，防伪溯源技术在中国具有数千年的发展历史。从夏商时期的书信文件加盖印章，以证王朝政权号令，再到清朝时期银票的兑换必有印章的防伪要求，都显示了防伪溯源技术始终贯穿于中国五千年的历史长河中。

防伪是防伪溯源技术的发展与应用首要达成的目的。在古代，人们或许最初并没有明显的防伪意识，但是从做人立信的角度，已经有了抵制造假的意识和行为。中国最早的打假立法可追溯到周朝。

（一）秦朝以前的防伪

《礼记》中有这样的记载："五谷不时，果实未熟，不粥于市。"这是周王朝之于粮食的入市管理规定，即在市场中严禁对尚未成熟的果实进行交易。对于家禽鱼类的交易管理也有类似的规定："禽兽鱼鳖不中杀，不粥于市。"这一点和现代的禁捕期类似，就是不在狩猎季节或者狩猎范围的动物，不能在市场上进行交易。这些规范看似和防伪关联不大，但是已经具备市场交易要以诚信为本的理念雏形了。

《礼记·王制》中还有这样的记载："用器不中度，不粥于市；兵车（指为出军赋的车乘）不中度，不粥于市；布帛精粗不中数、幅度狭不中量，不粥于市；奸色乱正色，不粥于市。"这段内容就与防伪有着密切的关系。它不仅指出了造假，而且给出了商品不能进入市场交易的标准，如产品质量要达标，数量也要符合要求，甚至颜色上也有要求，但凡商品不满足要求，就是不合格的产品，就不能在市场上进行交易。

随着时间的推移和朝廷集权化的收紧，尤其到了战国后期秦国一统天下，建立中国历史上第一个中央集权的王朝之后，前文曾提到的"物勒工名"之制就更加具体化了。

大秦王朝在历史上开创了很多"第一次",如第一次建立中央集权的封建王朝;第一次统一度量衡,即实施"一法度衡石丈尺,车同轨,书同文"等一系列天下统一化、标准化的管理制度。

战国后期,各国都在变法中博弈天下,为何唯有秦国最后一统天下?这与"物勒工名"的严格执行有着密切关联。从已经出土的秦朝器物尤其是兵器上,我们似乎窥见了秦朝得以一统六国的密码。几乎所有兵器上都铭刻了制造兵器的各个层级负责人,从最高的监管者丞相到负责打造的工匠,每个环节的责任人都被"名"刻在兵器上。这与当下的防伪溯源体系近乎同源。也就是说,只要兵器发生问题就能通过其中的"名"找到对应的负责人。

由此可见,在秦始皇统治的时代,防伪溯源理念已经初具雏形,甚至在某些行业中已经打造了完整的追溯链条。

(二)汉唐时期的防伪

秦朝之后,从两汉时期直至隋朝依然延续"物勒工名"之制的基本管理制度。值得一提的是,因汉朝张骞出使西域各国带来了汉朝经济的发展,为当时的造假提供了广阔的市场空间。很多外邦之物因为路途遥远,进入中原之地就形成了供不应求的市场,一些人就看到了"商机",假冒伪劣产品就不断流入市场。

由于市场交易愈加活跃,其中与民生息息相关的食品类的交易活动相对频繁。汉朝针对食物方面的仿制品做出了相应的管理规范。《二年律令》规定:"诸食脯肉,脯肉毒杀、伤、病人者,亟尽孰燔其余……当燔弗燔,及吏主者,皆坐脯肉赃,与盗同法。"即腐坏的食物存在致毒风险,一经发现要进行焚毁,否则所有涉及人员都要受到不同程度的处罚。

在中国历史上,从两汉到大唐都是强盛时期,尤其是唐朝时期进入了当时经济高度发展的盛唐时代。市场交易空前繁荣,同时也涌入了更多品类的农副产品。

《唐律疏议》作为东亚地区最早的成文法之一,以及中国现存最古老、最完整的刑事法典,明确指出了"物勒工名,以考其诚,功有不当,必行其罪""脯肉有毒，曾经病人，有余者速焚之，违者杖九十。若故与人食并出卖，令人病者，徒一年；以故致死者，绞。即人自食致死者，从过失杀人法"。也就是说，在当时的唐朝，在食品安全的管理上又进一步明确了打假规范。发现食品有问题的要及时进行焚毁，否则杖责九十。如果明知有毒的食品还投入市场，又分为两种情况进行处理：一是导致有人食用中毒的，判处一年收监；二是导致食用者死亡的，判处绞刑。还有一种情况则是有毒食品未销毁而被人偷食致死的，销售方也要被杖责九十。

值得一提的是，在唐代已经有"退货"一说了。《唐律疏义》中有相关记载，只要消费者在进行买卖的时候买卖双方立有合约，如果买到的商品在三天内出现了问题，就可以凭借购买合约找商家进行无条件退货。当然，一旦退货，还需要有见证人在场，确认消费者购买的产品确实有质量问题，商家才能办理退货。如果商家想抵赖而不予退货，消费者可以向官府举报，一旦官府查实后则勒令商家接受退货，并要抽打商家四十鞭子。

酒水造假，也是自古有之。隋唐时期《启颜录》中有一段内容是关于假酒的记载："数人人酒肆，味酸且淡，乃共嘲此酒。一人云：'酒，何处漫行来，腾腾失却酉。'诸人问云：'此何义？'答云：'有水在。'"这个记载记录的是一群人在酒馆喝到了兑水的假酒后自嘲趣事。

对于造假商品，《唐律疏议》也有规定："诸造器用之物及绢布之属，有行滥，短狭而卖者，各杖八十。""行滥"表示产品质量差，"短狭"可以理解为产品数量上的短缺。无论是质量差还是缺斤少两，都是不符合法定标准的假冒伪劣产品，如果商家售卖过程中出现了"行滥"和"短狭"的行为，都要被打八十大板。唐朝颁布的《关市令》也指出："诸以伪滥之物交易者，没官；短狭不中量者，还主。"

唐朝时期，官府严禁商家出现缺斤短两的现象，这从《关市令》中也能看到："诸官私斗尺秤度，每年八月诣金部、太府寺平校，不在京者诣所在州县平校，并印署，然后听用。"这段内容讲的是，每年八月，官私度量衡器具都必须送交到官府检验校正，只有经检验校正后的度量衡器具，通过官府签署封印后，才能在市场中合法使用。这些度量器具包括量布用的木尺、称重用的铜秤等，如果这些度量衡器具不符合法定标准，使用过程中持有人将会受到处罚。

（三）两宋时期的防伪

宋朝时期主要特征是城市化发展与之前相较为快，从而带动了市场经济的繁荣发展，这些从《东京梦华录》《清明上河图》《水浒传》等书中描写就能窥知一二。市场繁荣势必会带来一些问题，《袁氏世范》中记载，"以物市于人，敝恶之物，饰为新奇，假伪之物，饰为真实，如绢帛之用胶糊，米麦之增温润，肉食之灌以水，药材之易以他物"。北宋前期沿袭了唐朝《唐律疏议》关于打假的律法，不过随着发展进行了细化，这一点在《宋刑统》的相关规定上有反映，如果有商家售卖注水的牛羊肉"杖六十"，如果执行完之后，依然明知故犯的"徒一年"。

宋朝时期出现了"行会"组织。《都城纪胜》："市肆谓之行者，因官府料索而得此名，不以其物小大，但合充用者，皆置为行，虽医卜亦有职。""行会"是由商人组成的监管组织，按照商品类别入会，由各行业会长作为担保人对产品质量进行把关，符合规定产品才能进入市场进行交易。

在假药制造的防伪中，当时负责制药的惠民局和和剂局各自有属于自己的防伪印章——"药局印记"和"和剂局记"。宋朝的皇帝也曾颁布诏令，人为制造假药，依"伪造条例"法办。

（四）明清时期的防伪

明朝以严刑峻法而著称，"发卖猪羊肉灌水，及米麦等插和沙土货卖者，比依客商将官盐插和沙土货卖者，杖八十。"单一项出售注水肉，就由宋代"杖六十"增加为"杖八十"。参观过南京明城墙的人，可能会注意到一点，城墙所用砖块均刻有"名"，包括府、州、县、总甲、甲首、小甲、制砖人夫、窑匠等五到六级责任人的名字。"物勒工名"在这里被应用到极致。这些砖由官府统一把控每一道工序，从订制、收购、运输到调用，都是经过严格验收，甚至不能出现掉渣、脱皮，且保证敲击时"声如洪钟"，才能算作合格产品。正是因为这样严格的标准，才能让这座城经历600多年的风雨。除了南京明城墙，还有北京的明朝建筑故宫、十三陵等都是"物勒工名"之制下的传世杰作。

明清时期，造假风气层出不穷。据说，清朝大学士纪晓岚曾买了一支假蜡烛——这是一支外面敷了一层羊脂做出来的泥巴蜡烛。可见清朝当时的造假之风达到怎样的疯狂之境。

纵观中国古代发展历程，我们不难发现，历代王朝都有"物勒工名"之制的身影，可见这一制度早已为当下防伪溯源体系的建立奠定了厚重的追溯基础。

二、中国防伪行业发展简述

事物的发展是历史造就的必然，也是人类文明与欲望的承载，人类智慧在闪耀着光芒的同时也包藏了其缺陷。清朝末年，中国沦为半殖民地半封建社会，导致中国经济发展出现了断层，"物勒工名"之制也短暂地消失在了历史长河中。

防伪溯源行业再度走入大众视野，首先是基于中国改革开放后的社会主义市场经济体制的迫切需求。换句话说，中国的防伪溯源行业是与社会主义市场经济的发展与成长相伴而生的。

从"防伪""溯源"两个词分开来用，到今天"防伪溯源"联合起来作为一个词来用，时间见证了这门新兴产业的发展历程。在改革开放 40 多年的发展历程中，我国的防伪溯源行业在从小到大、从局限服务特殊行业延伸至服务普通行业，它的发展经历了怎样不为人知的艰难？

时至今日，中国的防伪技术有些已经达到国际先进水平，随着 5G 技术的发展，有些防伪溯源技术甚至处于国际领先地位。无论是从科学技术和市场经济双向发展中看，还是从防伪溯源产业的崛起来看，中国防伪溯源技术产品已经形成了一个完整的产业链。

溯源体系必将建立在有效的防伪基础上，这是防伪溯源技术发展的必然。随着发展的推进，防伪溯源技术在规范市场秩序、强化产品质量、维护金融安全秩序、维护国家安全以及促进社会管理等诸多方面，有独特的、不可替代的重大作用。

从政府的角度看，防伪溯源体系是构建信用中国，维护国家经济秩序和消费者利益、加强假冒伪劣产品治理不可或缺的手段。在中国社会主义市场经济的主导下，从历年来颁布的政策就能看到国家打击假冒伪劣品的决心。

在2015年底，国务院办公厅颁布了《国务院办公厅关于加快推进重要产品追溯体系建设的意见》（以下简称《意见》）。对相关标准进行了统一。一是完善标准规范；二是强化认证作用；三是推进互联互通。参与主体不再是单兵作战，而是要求多方参与，如发挥政府督促引导作用，强化企业主体责任，让众多协会等平台积极参与进来，推动以防伪溯源为主体的服务产业走上系统化发展道路。从国家层面做好统筹规划，分类型推进防伪溯源产业的稳健与高效发展。推进食用农产品追溯体系建设、推进主要农业生产资料追溯体系建设、推进食品和药品追溯体系建设，并逐渐开展特种设备和危险品追溯体系建设、开展稀土产品追溯体系建设。

总体来说，《意见》是落实《中华人民共和国食品安全法》之于食品生产企业建立追溯制度要求的第一个指导意见。同时，这也是从国家层面进行的一次大决策大部署，落实了党的十八大以来的精神，以推进信息化追溯为方向，以促进质量安全综合治理和提升产品质量安全为抓手，共建公共安全水平为引导，以不断满足人民群众高质量生活和经济社会发展需要为目标。

表1-3-1 《国务院办公厅关于加快推进重要产品追溯体系建设的意见》主要目标	
《意见》主要目标	完善追溯体系建设的规划标准，健全法规制度
	基本形成全国追溯数据统一共享交换机制，初步实现有关部门、地区和企业追溯信息互通共享
	逐渐增强食品和药品等重要产品生产经营企业追溯意识，推进企业采用信息技术建设追溯体系的比率显著提升
	社会公众对追溯产品的认知度和接受度不断提高，追溯体系建设市场环境得到明显改善

　　2017 年新春伊始，中国第一部全国市场监管中长期规划——《"十三五"市场监管规划》（以下简称《规划》）也正式颁布印发。《规划》在"十三五"全面建成小康社会的决胜阶段印发有着重要的推动发展之意，这是进一步推进市场监管革新，促进市场监管迈向科学化和高效化的重要举措，更重要的是为社会主义市场经济发展营造良好的环境，也是营造具有国际竞争力的信用中国的重要支撑。[①]

　　从社会的角度看，假冒伪劣商品具有极大的社会危害性。首先，假冒伪劣品的盛行损害了消费者的正当权益（如身体健康、财产安全等）；其次，假冒伪劣品破坏了社会秩序，损害了相关社会主体的利益；最后，假冒伪劣品阻碍了国家经济的正常发展，影响了国家在国际市场上的经济地位。为了有效制止这种现象，世界各国都在不断出台相关政策，其中防伪溯源的发展正当其时。

　　防伪溯源发展的基本是打造市场的诚信运营环境，防伪溯源技术则是产品质量诚信建设的重要内容。防伪溯源技术是企业产品质量诚信和品牌保护的重要手段，也是构建社会诚信的重要内容和重要方面。在"十四五"开局之年，国家已经把"推进国家诚信体系建设"与"实施食品安全战略"放在重要位置，"把人民的健康放在优先发展的战略地位"，这就要求流入市场的商品做到"来源可查、去向可追、责任可究"，推动各行各业积极参与到防伪溯源体系中。

　　从企业的角度看，防伪溯源技术是企业保护自身合法权益的重要技术措施，也是企业通过品牌影响力黏住忠诚客户的必要因素。加强防伪溯源技术的发展与应用已经成为信息社会发展的重要基石。

　　对于防伪溯源服务的企业来说，如何确保消费者买到合格、优质的商品，杜绝假冒伪劣对消费者权益的侵害，借助互联网、大数据和区块链等高科技手段来统一商品身份信息，已经成为当下最紧迫的任务之一。社会的进步、市场的发展以及企业的升级都在催动防伪溯源技术的高度发展。

---

　　① 　资料来自：《中国政府网》。

大至国家小到企业，站在两个一百年的历史交汇点上，都在防伪溯源建设中占据不可或缺的地位，也必将为其发展而做出更多的努力与实践。未来，防伪溯源建设不仅要继承以往的发展经验，还要因地制宜、因时顺势而为，以新的姿态顺应新形势，推进创新发展。

第四节　造伪的基本手段与辨别特征

打假与造假总是相伴相生。距今3100多年的西周王朝就在历史上留下这样的一个造假小故事。

《左传·哀公十七年》："公自城上。见己氏之妻发美，使髡之，以为吕姜髢。"讲述的是卫庄公站在城楼上，看见戎州人己氏的妻子有着乌黑亮丽的长发，感觉非常美丽。他竟然命人将她的头发强行剃掉，拿来给自己的夫人吕姜制作了假发使用。在身体发肤受之父母的古代，这是一件令人难以忍受的事情。

随着历史的渐进，到了盛唐时代，因为国家的繁荣昌盛，生活的富裕，唐代人们的审美标准也发生了改变。以女子发型来说，在隋朝"平顶式"的基础上，唐代女子的发髻开始向更加高耸、云朵型靠近，这样高且宽的发型，需要更多的头发才能支撑起来。正是人们对假发的需求量不断加大，让假发交易在唐朝达到了空前的繁盛。

供不应求为造假留有空间，谋取利益的欲望也为造假提供了动机，总之，造假在历史的进程中层出不穷、花样繁多。

一、伪造的手段与辨别特征

在封建王朝，越是经济发达的朝代，越是造假猖獗的时代。明朝时期的田汝成所著《西湖游览志余》中记载："杭州风，一把葱，花簇簇，里头空。"类似的还有"又其俗喜作伪，以邀利目前，不顾身后，如酒挽灰，鸡塞沙，鹅羊吹气，鱼肉贯水，织作刷油粉"等史料记载，这些无不表明，造假古来有之。这一描述也写出了当时弄虚作假之风的盛行。

这也让我们发现"注水肉"早已在历史上出现过。市场经济的空前繁荣，社会行为的约束力滞后，导致造假之风盛行，在人类对金钱欲望的膨胀中，道德滑坡，人与人之间的信任失去了衡量准则，导致社会陷入信任危机。

明朝嘉靖时期的名士叶权在《贤博编》中记载："今时市中货物奸伪，两京为甚，此外无过苏州。卖花人挑花一担，灿然可爱，无一枝真者；杨梅用大棕刷弹墨染紫黑色；老母鸡捋毛插长尾，假敦鸡卖之。浒墅货席者，术尤巧。大抵都会往来多客商可欺。"这段内容展示出了当时造假的猖狂，以及造假的手段之多样化。卖花人售卖的鲜艳夺目的假花；卖杨梅的以染色杨梅以次充好；卖老母鸡的则是为鸡"乔装打扮"进行出售。更加没有法度的是"转身即不认矣"，毫不客气地说，就是"坑你没商量"。

在财富的诱惑下，那些为了满足金钱欲望的人们，开始对货币出手。明朝正德年间，学士姜南在《抱璞简记》有这样的记载："今世之造假银者，或以铁，或以铜，或以铅、锡为质，外裹以银皮，不复辨其伪也。"

不得不承认，利益驱动之下，各行各业都是造假的诞生地，且造假的手段也都基本遵循"换汤不换药"原则。我们从钱币造假行为梳理关于造假的基本手段和以此为参考的辨别特征。

（一）减量法

古代的钱币属于金属铸币，由于铸币材料的稀缺性，朝廷也会采用减轻钱币重量的方式来铸币。这也就为后期民间的钱币造假留下了隐患。基于减量法的应用，钱币造假的辨别特征主要是流入市场的钱币规格不统一、钱币重量不等。

（二）掺杂法

古代钱币的主要材料是金属铜，但铜金属属于稀缺材料，出产量偏低。一些不法分子为了谋取利益，就找到价值较低的金属，如铅和锡等，掺杂到钱币的铸造中。这种方法铸造出来的钱币会因为环境的影响出现不同程度的变形，由于环境因素可控性有难度，这就为使用掺杂法造假的钱币辨别增加了难度。

（三）翻砂法

在古代，造假者通常采用翻砂法进行钱币的伪造，即采用母钱翻铸的方法。这种方法铸造出来的钱币通常存在薄厚不一的特征，钱币上的文字也会出现高低不平的视觉感。另外，鉴于伪造者受限于铸币工艺，翻砂出来的假币表面多气孔和砂眼，真正懂行人的也能辨别出其铜质材料的疏松程度，以此作为鉴别假币的特征。

（四）改刻法

改刻的方法主要有鎏铜改刻、原钱币正反面分别改刻。简单理解就是通过磨刻的方法对钱币进行仿造。改刻法的特征相对明显，即改刻的过程中原本的钱币质量必然减轻，也就是说，改刻后的钱币较之真的钱币要轻。

（五）嵌补法

古钱伪造中，嵌补法属于常用手法，也被称之为挖补法。将钱币的某一部分挖掉替换成伪造的部分，这类钱币算是半真半假，其特征是，一般使用者很难分辨出真伪。

到了近现代，古钱币的流通逐渐缩减，纸币开始广泛应用，一些造假分子无法从古钱币造假中谋利，又开启了纸币仿造。

人民币造假按其制作手段和特征分为两种情况：一是伪造币，二是变造币。按照市场上出现的假币类型，又细化分为：纯假币、拼接半假币和无假币变造。

现行的《中国人民银行货币鉴别及假币收缴、鉴定管理办法》中，第三条第二款、第三款、第四款明确规定：假币是指伪造、变造的货币。伪造的货币是指以真币的形状、图案、色彩等为参照，采用各种仿造手段制作而成的假币。在真币的基础上，变造的货币则是利用挖补、揭层、涂改、拼凑、移位、重印等多种技术方法，改变真币原形态的假币。

二、其他行业的造假

2019 年 3 月，欧盟知识产权局（EUIPO）及经济合作与发展组织（OECD）发表报告称，全球的假冒及盗版货品销售总额一年高达 4600 亿欧元（当时约合人民币 3.5 万亿元），占全球贸易的 3.3%。报告显示，早在 2016 年时假货销售情况占全球贸易 2.5%。时至 2019 年，这一数字有了显著上升趋势。[①]

2021 年 Uswitch 网发布了一项研究"最受假货购买者欢迎的品牌"数据显示，以鞋和服装为主的欺诈性市场占世界贸易的 3.3%，这与 2019 年欧盟知识产权局（EUIPO）及经济合作与发展组织（OECD）发布的数据巧合。

序号	品牌名称	搜索次数（单位：次）
	表 1-4-1　最受假货购买者欢迎的品牌前三名数据表	
1	Rolex – 劳力士	225,000
2	Louis Vuitton – 路易威登	118,800
3	Gucci – 古驰	87,600

无论社会发展进程怎样，貌似人们的生活中总被各类假冒伪劣品环绕。从古至今造假手段层出不穷，各行各业的造假手段大同小异，不过是根据行业特性在造假方法上有所改变。

随着科技的进步，造假技术也在与时俱进。比如在印章上的造假手段逐渐机械化，采用电脑激光制造印章，机器雕刻印刷、电脑扫描等手段。

在字画方面的伪造手段与前文所讲的钱币造假手段也是基本雷同，属于改造臆作，比如常见的移花接木、改头换面、模仿特征、东拼西凑等手段。市场上常见的字画伪造作品多数是临摹伪造，以期达成鱼目混珠的目的。当然，还有借助高科技进行仿真制作的，不是专业人士往往都会被骗，这种作品甚至达到了"以假乱真"的地步。

---

① 资料来自《环球网》。

收藏瓷器的兴盛，也让这类产品的造假花样各异，其中比较常见的造伪手段是器型臆造。即造伪者自己想象出来的造型，历史上是未出现过的，可谓"凭空而造，查无史料"，最后通过一些噱头，将其打造成"古董"，并进行售卖。

除了造型的臆造外，还有画工纹饰臆造。中国每个时代都有不同的文化特征，每个时期存在不同的画工和纹饰特色，所以很多造伪者也就在这方面进行仿造的漏洞钻研。瓷器上的造假方式还有老胎接底、老胎新釉、老胎新彩、老胎后刻款以及仿造钜钉等手段。

在食品行业，造假的常见产品以酒类突出。且酒水造假古来有之。以白酒造假为例，市场上常见的造假手段主要有年份造假、以次充好、香型造假、代理商造假和品牌造假等。其中品牌造假的代表产品为贵州茅台酒。

贵州茅台酒中让消费者深恶痛绝的莫过于打孔造假术。打孔，顾名思义就是在茅台瓶身上通过打小孔的方式注入假酒。瓶身打孔的直径非常小，有些甚至小于一毫米。注入假酒后用石蜡封孔，再利用商标覆盖。一般来说，消费者很难发现这样的造假痕迹。

还有则是回收茅台酒空瓶，这是市场常见的方法之一，也被戏称为"三真一假"的茅台（真的包装盒、酒瓶、商标，假的酒体）。这类方式造假的酒主要在茅台酒二、三级市场流通。

再有就是 NFC（全称 Near Field Communication，即近距离无线通信）芯片技术造假，这是破解了 RFID（全称 Radio Frequency Identification，即射频识别，俗称电子标签）防伪技术的造假术。

从茅台酒的造假方式上看，造假路上，造假者随着科学技术水平的提升，其造假技术也在迭代升级。由此可见，防伪依然任重道远。

第五节 世界各国打击造假的形式与力度

在时代发展的洪流中，那些被视为压力的事物也会在发展的过程中变成动力，在危机四伏的市场中也掩藏着发展的时机。纵观跌宕起伏的世界经济发展史，我们需要以抽丝剥茧的方式去探寻历史发展中的明线与暗线。一如那些跌倒了又能够重新站起来的国家，他们凭什么能够屹立在世界发展之林；而那些跌倒后再也没有站起来的国家，他们又是如何消亡在时代之河中的。

在商品市场中，那些以诚立足的企业获得了发展，那些品质过硬的企业被市场青睐，那些出售高品质产品的国家被全球市场期待，曾经的"德国制造""日本制造"就是得益于此，而成为世界品质的代名词。

人类的两面性也让市场经济的发展呈现了两面性。文明的推进和信用的缺失恰好在发展中强烈地展示了经济发展的两面性。文明推进中以诚信为主导，向市场出售高品质的商品；而信用的缺失则以假冒伪劣品为代表时刻向市场露出践踏人类道德底线的无德行为。

造假是全球性问题，防伪溯源同样是全球性事业。无论是中国还是世界上其他国家，都在面临着造假问题。国际上将"假冒伪劣产品"视为"仅次于贩毒的世界第二大公害"，以此可见其危害性。

假冒伪劣产品出现的行业主要涉及人类的衣食住行四大方面，诸如服装、家电、烟酒、化妆品、食品等各个细分行业。而这些行业都与人类安全与健康息息相关，所以才更加堪忧。

一、国外打假形式

民以食为天，在食品安全管理上，世界各国几乎都出现过不同程度的安全事故，正是如此才促进了食品安全溯源体系的建立。

在食品安全管理中，欧美发达国家最先建立了相对完整的追溯体系，形成从田间到餐桌的安全追溯体系。1997年，欧盟首先在食品行业提出了"可塑性"概念。在实施"可塑性"的过程中，法规明确指出了食品行业的产品从生产、加工、流通到消费端的溯源标准。

（一）欧盟建立强制性追溯体系

因为疯牛病事件，欧盟在食品可追溯方面的要求极其严苛，尤其是牛肉制品的追溯体系建设方面，从政府角度强制性施行食品可追溯系统，应用GS1（全称 Globe standard 1，即全球统一标识系统）标准。

2002年1月12日，欧盟发表《食品安全白皮书》，首次建立了"从田间到餐桌"的全流程管理体系，并规定了食品生产者所要担负的责任。需要说明的一点是，当时欧盟就引进了 HACCP 体系（全称 Hazard Analysis Critical Control Point，即危害分析的临界控制点）[①]，从系统建设出发确保所有食品及食品成分构成符合可追溯性标准。

随后欧盟又颁布了178/2002号法令，规定食品、饲料和供食品制造用的家畜等相关的企业必须对其生产、加工和销售过程中所使用的原料、辅料及相关材料收集记录原始数据和应急措施，确保其安全性和可追溯性。

欧盟最早要求大多数国家在家畜和食品肉制品开发上实施强制性可追溯制度。自疯牛病事件后，欧盟不断加强打假力度。

2005年1月1日起，强制性要求在欧盟国家销售的食品必须建立可追溯性体系，否则不允许在市场流通；另外，欧盟之外的国家不具备可追溯性的食品禁止流入。

2006年1月1日新法案规定，食品可追溯性以及在食品生产过程中的可追溯管理更加细致化，从食品、饲料、动物制品及其他加入食品或饲料的物质，在生产、加工及分销过程中各个流向都必须是可追溯的。比如实施家畜标识和注册系统，整个流程中所有节点向市场提供透明化的源头追踪、饲料和饲养信息。

---

① HACCP 体系是国际上共同认可和接受的食品安全保证体系，主要是对食品中微生物、化学和物理危害进行安全控制。

近年来，欧盟在药品防伪技术上出台了新的规定，从整个欧洲市场切入，建立引进药品真伪验证系统及药品包装标准化的防伪识别标志。总体来说，欧盟的防伪追溯体系是建立在法律框架上的。欧盟委员会有一条要求就是通过刑罚严厉惩处制造假冒伪劣产品的人。如果出售的假冒伪劣品对健康存在安全隐患时，造假者不仅会被判处4年以上的监禁，还必须缴纳最少30万欧元的罚款。

（二）英国建立家畜跟踪系统CTS

在英国有一个专门的防伪机构，它是由防伪企业、政府官员、行业协会和消费者等多方成员构成的联动组织——英国防伪企业集团（ACG）。该组织主要服务职能是为政府打假提供信息支持和技术支持、为消费者提供防伪技术服务、为企业之间的防伪建立联动的桥梁。

在家畜行业，英国政府建立了一套基于互联网的家畜跟踪系统CTS，这一系统主要是记录具有"身份证"的家畜自出生到死亡的专栏信息。该系统是家畜辨识与注册综合系统四要素"标牌、农场纪录、身份证、家畜跟踪系统"之一。进入系统的家畜相关的饲养信息都被政府记录下来，农场主借助该系统随时追踪登记注册的自家的家畜信息，也可以查询其他家畜信息。CTS可以查询的信息包括家畜记录的所有情况，如每头家畜的专栏情况、疾病家畜的实时跟踪等。

英国政府在打假上的力度比较完善，以区域性为依托，设置地区性的标准贸易机构，以此行使监管职能，从而维护市场的公平性和稳定性、保护消费者的权益，增强政府的执法监管职能。

（三）美国建立国家动物标识系统NAIS

基于律法执行，落实到经济处罚，这是西方国家在打假中的常用做法。2003年5月，美国FDA公布了《食品安全跟踪条例》，该条例指出，所有涉及食品运输和进口的企业都要建立并保全相关食品流通的全程记录。这一条例适用于美国所有从事食品生产、包装、运输企业，也包括进出口企业。

2004年，美国农业部启动了国家动物标识系统NAIS，该系统主要标识养殖场和动物个体或群体转移，确定其出生地和移动信息，目的是保证在发现外来疫病的情况下，能够在 48 小时内确定所有与其有直接接触的企业信息，达成快速溯源的目标。

美国先后制定《消费品安全法》《商标法》《防伪法》《知识产权法》。其中 1984 年出台的《美国假冒商标法案》和 1994 年颁布的《对违法罪犯的制裁和执行法律法案》，以"神兵利器"之重成为打假中的关键法典。

其实，美国的食品药品安全管理可以追溯到 1906 年颁布的法规条例。

美国在 1906 年颁布了旨在管理药品的第一个主要的联邦法规《联邦食品与药品法》。不过在 20 世纪 30 年代，美国市场出现了因为使用一种新销售的混有毒性溶剂甘醇的氨苯磺胺酏剂，造成 100 多人死亡，而其中尤以儿童居多，又促成了另一部法案的形成。这就是 1938 年的《联邦食品、药品与化妆品法》。

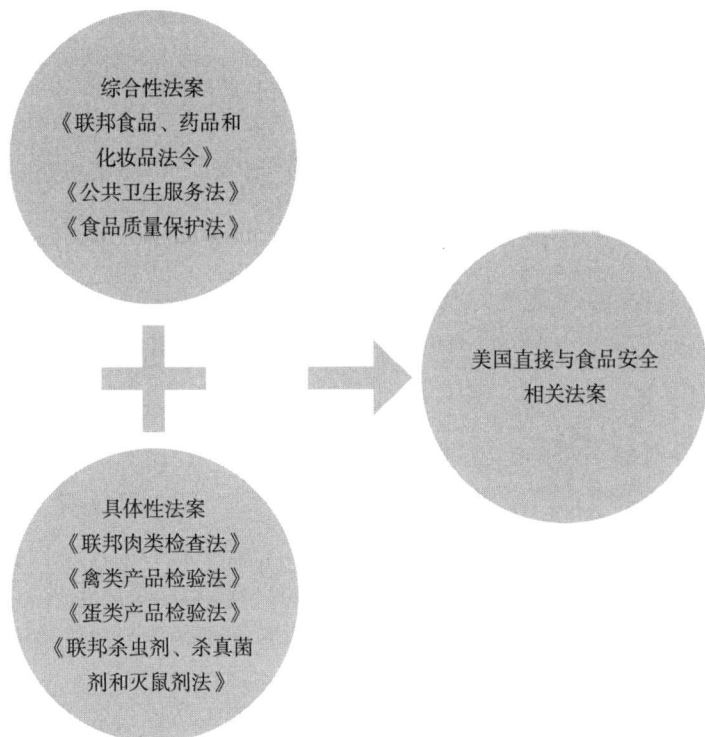

综合性法案
《联邦食品、药品和化妆品法令》
《公共卫生服务法》
《食品质量保护法》

美国直接与食品安全相关法案

具体性法案
《联邦肉类检查法》
《禽类产品检验法》
《蛋类产品检验法》
《联邦杀虫剂、杀真菌剂和灭鼠剂法》

图 1-5-1　美国食品安全相关法案

这部法案实施后取代了之前通过的《纯净食品及药品法案》。在新法案颁布执行后，美国的杜邦、惠普和宝丽来等一大批公司依靠质量和创新走出了一条与防伪溯源息息相关的发展之路，从而推动了美国坐稳"世界老大"的交椅。

总之，打假的主体依然是法律制裁，通过多部门联合监管，随着发展不断完善管理制度，以政府强制性要求建立防伪溯源体系。

在美国，对于造假一向是"法不容情"。即从事仿冒和盗版产品批发交易行为，是实打实的"犯罪"行为。如生产、批发和销售伪劣产品都会被律法判定为有罪，联邦法律对各级别的假冒伪劣行为有着明确的处罚，初犯者，一般是 10 年以下监禁和最高 200 万美元罚款；重犯者，将面临 20 年以下监禁和最高 500 万美元罚款，若因假货造成死亡后果的，个人处以终身监禁。与个人造假相较，面临处罚更为严厉的则是企业造假，高达 1500 万美元罚金，足以罚到企业倾家荡产。

（四）加拿大建立精确到 DNA 的追溯体系

加拿大的食品安全卫生体系被认为是世界上最严格的体系之一，从产品源头到市场的全流程追踪体系都有明确的标准，所以在食物感染发病率、召回的食品和饮食消费研究等领域应对速度均处于领先地位。

加拿大从 2002 年 7 月 1 日起开始实施国家牲畜标识计划 NLIS，并强制性要求活牛及牛肉制品实施标识制度。即国家所有的牛肉制品均采用符合标准的标识条码。NLIS 系统甚至可以精确到 DNA 信息：即畜牧场从样本中提取 DNA 资料输入其数据库，形成生物 DNA 证据信息。如果出现问题，在该系统内可短时间追溯到销往各处的产品的出生地点。

加拿大在食品问题上的处罚也是非常严厉的。一经发现问题，涉事企业即刻就会被关闭，同时企业也会快速对产品进行追回，接受有关部门调查，并接受高额的罚金。

（五）日本建立可追溯终端的溯源体系

日本自 2001 年发现首例疯牛病，便引入了欧盟所推动的在肉牛生产供应体系的可追溯系统，即强制性要求肉牛企业建立实施零售点到农场的可追溯系统。随后 2002 年 6 月 28 日，日本农林水产部决定，将该可追溯系统推广到全国肉食品行业，通过商品包装就能获得品种、产地及生产加工流通过程的相关信息，来确保消费者购买的产品是真品。之后，日本在零售时期的大部分超市实现了产品可追溯终端，便于消费者随时查询信息。

日本的打假力度从其高额罚款就可见一斑。对法人的最高处罚金额达 1 亿日元；对一般自然人的罚款金额达 300 万日元。有一家食品企业盗用索尼的商号推销产品，被起诉后不仅全额赔偿索尼的损失，对其道歉，还要接受高额的罚款，不久之后，这家企业就倒闭了。

（六）澳大利亚建立 NLIS 全程跟踪监测体系

澳大利亚作为世界上的畜牧业大国，其 70% 的牛肉产品销往海外，同时也是最早对肉牛实施追踪系统的国家之一。2001 年，澳大利亚采用强制性可追溯系统，建立了国家牲畜标识计划 NLIS。即采用 NLIS 系统认证对畜产品质量安全实施追溯管理，从动物出生到屠宰进行全过程的追溯管理。澳大利亚对于造假售假的处罚力度相当严格，对于个人性质的造假处罚金额高达 5.5 万澳元；对于企业行为的造假除了高达 25 万澳元的罚款，还对涉事人员处以最高入狱 5 年的刑罚。

二、中国打假形式

改革开放以来，随着社会主义市场经济的逐步深入，不仅国家经济形势发展向好，人民的生活水平也出现了极大的提高。财富的积累催生了更多的消费需求，也为市场的紊乱拉开了一道闸门。越来越多的假冒伪劣品充斥在市场中，劣质奶粉、假鸡蛋、毒大米、假药等商品开始进入人们的生活中，对人民的生命健康和财产安全造成了难以估量的危害。

在 2002 年，国家消协统计数据显示，全年国家投诉案件为 52975 件，挽回经济损失超 3 亿元。仅前 11 个月，全国城市有 24.4% 的家庭消费者权益受到了不同程度的损害。同年，国家质检总局商品抽查结果显示，大类 2259 种商品，合格仅有 1770 种，合格率仅 74%。

数字触目惊心。虽然防伪溯源技术在中国具有悠久的应用历史，但是防伪溯源技术广泛应用的时间非常短，基本上从改革开放以后才起步。正是基于此，防伪溯源建设道路任重而道远。

2021 年 4 月，全国打击侵犯知识产权和制售假冒伪劣商品工作领导小组办公室（简称"全国双打办"）发布数据指出：2020 年，全国侦破侵犯知识产权和制售伪劣商品犯罪案件 2.1 万余起，抓获犯罪嫌疑人 3.2 万余名，涉案总价值 180 余亿元。审结一审各类知识产权案件 46.6 万件，同比上升 11.7%，知识产权案件判赔金额同比增长 79.3%。批准逮捕侵犯知识产权犯罪 7174 人，提起公诉 12152 人。[①] 而 2021 年前 8 个月，全国共查处违法案件近 2 万件。

一切以人民安全为重。针对重点民生领域，以政府部门为主导开展落实食品药品安全"四个最严"要求专项行动——最严谨的标准、最严格的监管、最严厉的处罚、最严肃的问责。

为保证食品安全，保障公众身体健康和生命安全，《中华人民共和国食品安全法》由中华人民共和国第十一届全国人民代表大会常务委员会第七次会议于 2009 年 2 月 28 日通过，自 2009 年 6 月 1 日起施行。2015 年 4 月 24 日第十二届全国人民代表大会常务委员会第十四次会议修订通过了《中华人民共和国食品安全法》，自 2015 年 10 月 1 日起施行，这次修订，是我国将食品追溯首次写入法律。2015 年 12 月，《国务院办公厅关于加快推进重要产品追溯体系建设的意见》出台，各地逐步开始推行追溯体系建设，这也标志着我国追溯体系建设进入全国推行阶段。同时，为了更好地适应市场经济的发展，《中华人民共和国食品安全法》分别于 2018 年 12 月 29 日、2021 年 4 月 29 日再次进行了修正。

2017 年，由国家食品药品监督管理总局牵头，中国食品药品企业质量安全促进会推进成立了追溯专业委员会，以宣传贯彻国家食品追溯政策和法规为宗旨，依托先进的 GAP、GSP、GMP 等追溯技术，全力开展食品追溯业务和技术

---

① 资料来自：《红星新闻》。

的研究，建立食品追溯规范化、标准化和网格化体系，构建溯源云追溯平台，以该平台为基础向食品企业提供专业化的追溯服务，实现食品质量安全顺向可查询、逆向可溯源、风险预警、企业监管、责任追究、统计分析等服务。

当下，在食品安全追溯领域，中国也是基于全球统一的 GS1 标准建立符合中国实际应用标准的追溯体系（国内称之为"商品条码"），该标准覆盖了生产、制造、物流、零售、防伪追溯、互联网经营等诸多领域。中国主要是以政府部门为主导，构建"商品条码 + 生产日期 / 批次"的防伪追溯模式，形成政府、企业双向参与的规范管理。

除了食品药品行业的防伪溯源建设，政府也在倡导更多的产业积极参与到防伪溯源建设中，为信用中国的建设增砖添瓦。随着走出国门的品牌影响力的提升，加强产业质量诚信体系建设的要求愈加迫切。只有建立在质量诚信的基础上，防伪溯源才能落到实处、用到实处。

虽然中国的追溯体系起步较晚，但重在政府发力，聚集国家力量、社会力量和企业力量共同参与防伪溯源体系的建设工作。从政策建设、平台建设、行业宣导、执法部门依法执行、行业质量诚信建设以及防伪溯源技术研发等方面全面推进，中国防伪溯源建设将更加有保障。

第二章

防伪溯源技术理论基础

【本章提要】

　　随着大数据时代的发展和5G时代的到来，新的技术手段层出不穷，这为防伪溯源提供了技术基础，同时也成为防伪溯源的挑战。2015年国务院办公厅颁布《国务院办公厅关于加快推进重要产品追溯体系建设的意见》指出，追溯体系建设主要以采集信息为基础，即从产品生产、流通、消费等环节实现来源可查，去向可追，责任可究，建设产品质量全过程的安全管理和风险管控的实施体系。

　　本章主要内容：

　　1.阐述防伪溯源基本概念与本质

　　2.阐述防伪溯源技术的基本知识与范畴

　　3.阐述防伪溯源技术的特点与应用特征

　　4.防伪溯源技术的更新概述与升级之路

第一节　防伪溯源基本原理

从春秋战国时期的"虎符"到今天的信息技术，防伪溯源已经发生了天翻地覆的变化。防伪溯源系统的建设已经成为国家发展中不可或缺的重要构成部分。

当下，防伪溯源已成为全球新兴产业之一。防伪溯源已经从最初的单一性防伪功能逐渐发展到防伪、溯源等多种功能相结合，已成为打造消费者信任度和强化企业品牌的重要因素。

一、防伪溯源基本概念

防伪溯源可以从防伪和溯源两个角度来理解。

防伪是一种辨别真伪的验证手段，对未经过所有人允许而进行假冒伪劣采取的一种保护措施。其主要功能是防止伪造和变造，即防止假冒伪劣或者克隆的技术手段。

溯源的表面意思是探求本源、探寻事物的源头；作为溯源技术而言，它则是源于欧盟提出来的"可塑性"原理。即通过既定的执行制度、相关的技术应用共同建立一套管理体系。

随着消费不断升级、社会主义市场经济不断发展，企业与消费者都对产品质量和附加值的期望逐渐提高，产品真伪及产品信息追溯的需求也在顺势增加，防伪溯源行业快速形成一个新的产业模块。

防伪溯源，即通过信息技术对产品进行追溯标识（条码技术、二维码技术、RFID 射频识别技术等），为追溯对象建立独有的电子档案，包括产品的生产、检验、监管、流通和销售等各个环节，让消费者了解产品信息，确保产品质量安全，让消费者更加放心。换句话说，防伪溯源就是对产品质量安全进行全流程的监控。目标就是让消费者通过查询判定产品的真伪，从而提高消费者对产品的信任度。从整个市场经济来说，就是打造一个有信用的市场机制，确保产品质量安全管理。

防伪溯源系统，则是基于先进的互联网技术（二维码、条码、RFID等）记录产品全流程信息，对其进行存储加密达成产品信息保密、快速查找的目标，即从原材料来源、生产、流通、销售各个环节控制的关键点，都有明确的职责规范与相应监管，形成闭环的质量安全可检可查的生态体系。

防伪溯源基本原理则是建立产品可追溯的动态的闭环体系。即为每一个流入市场的产品建立一个独立的"身份码"，每个产品从生产、出库、入库、流通、销售等环节信息全部记录在这个"电子身份码"中。产品生产时则记录原材料来源和生产每个关键环节的信息，如产品的基本信息（产地、生产批次、生产日期、产品有效期）、出库后的物流环节（途经哪些城市、使用的运输方式）、销售环节（消费者通过扫描条形码、二维码等防伪标签，查询产品基本信息，确保质量安全，达成放心购买）。

从古至今，防伪与溯源都穿插在历史发展的长河之中。通过对防伪溯源本身的追溯与探寻，我们总能从中看到信用的影子。在中国的传统文化中，"信"就是最基本的传承元素。信用在各个朝代不断继承与发扬，从民间信用到政府信用一直都在我们的生活中。从钱庄到当铺，无一不是以信用作为商业基础。随着时间的推进，信用逐渐从民间局部商业活动扩展到商业信用，虽然随着交易水平的变化，信用机制有起落，但是从未退出历史的舞台。

时至今日，防伪溯源的基本原理就蕴含了传承几千年的信用逻辑。信用，是一个民族和国家得以持续发展内在支撑。防伪溯源正是信用中国建设的重要基石。

二、防伪溯源的本质

市场经济的发展真正是无信不立。而假冒伪劣品的猖獗则是践踏诚信机制的底线，在任何时代都是人人喊打的危险行为。假冒伪劣品的制售所带来的安全问题关乎国计民生，质量安全是国家安全的重要组成部分。在新时代的历史节点上，必须以信用机制、科技之力尽快建立健全国家商品防伪溯源安全体系。

建立防伪溯源的本质是坚守国家商品诚信的底线，打造为人民造福的系统工程，全面保障消费者权益。

（一）让消费者放心消费

消费全面升级的大趋势下，完善的防伪溯源体系不仅可以保障消费者的权益，也能提高消费者的消费信心。智能化发展几乎让每个消费者都能在消费前使用智能手机对产品进行防伪溯源的验证，这一防伪溯源功能的应用，加强了消费者的购买信心，进而促进了经济消费的良性循环。

（二）让企业经营更加稳健

企业建立防伪溯源体系的首要功能就是可以有效地防止假货，确保企业的品牌传播口碑。该体系能够为企业建立产品信息库，不仅收集企业产品数据信息，更重要的是当产品出现问题时，可以通过溯源体系快速查找到产品的问题源头。信息大爆炸时代，时间是解决问题的制胜法宝，防伪溯源体系可以在发现问题时为企业争取最快速的响应黄金时间段。

（三）为持续发展保驾护航

从企业的角度来看，防伪溯源体系能够有效防止造假者获得非法利益。企业积极建设防伪溯源体系并不断加以完善，能在一定程度上遏制造假者对产品的伪造。而长期的市场运营中，仿冒品被遏制，企业品牌被仿冒的概率下降，品牌信誉度受损的概率就会大大降低。换句话说，防伪溯源体系在保障产品质量的同时，也为企业品牌发展奠定了基础。

（四）促进市场诚信体系的建立

从市场的角度来说，防伪溯源是需要世界各国共同参与、协同完成的一项管控系统。高质量的产品在市场上无法得到消费者的认可，很大一部分原因是受高仿、山寨版商品的影响，一般的消费者难以识别，从而导致消费者产生宁愿不买，也不想上当受骗的心理。防伪溯源体系的建立，从识别功能上可以帮助消费者快速地辨别真伪，维护自身合法权益，并对产品品牌形成认识、认同，以及持续的跟随，最终增强消费者对品牌的信任度。更重要的是，为市场经济稳健持续发展奠定良好的基础。

防伪信息追溯重在建立追溯标识（包括二维码、条码、RFID），这些追溯标识在防伪溯源中承担了至关重要的作用，也是防伪溯源信息市场中的关键工具。

总之，只有从根源上杜绝假冒伪劣产品，才能构建生态市场，才能满足消费者市场需求。

食品作为舌尖上的重点产品其质量安全的重要性不言而喻。2002年，中国提出了对食品安全溯源体系的研究；2003年，中国逐渐推动食品可追溯体系的建设，并持续制定了与此相关的指南和执行标准。2004年，国家食品药品监督管理局等八个部门选出试点行业建立食品安全信用体系。肉类行业被选为首批试点行业，随后开始建立肉类食品溯源制度与标准，并建立系统项目进行跟踪溯源。2005年，作为食品安全追溯体系的先行者，上海率先启动了猪肉追溯制度。此时猪肉追溯环节主要包括屠宰、批发、零售等基本环节，涉及正规化超市大卖场、标准化菜市场、生猪屠宰场以及蔬菜批发市场等企业。在该追本溯源的体系中，消费者在消费终端打印的电子标签中即可查询到所购肉制品的原产地、生产企业、生产日期、保质日期、检疫检验和流通环节，以及经营者一系列全流程、全覆盖信息。

基于上海率先试点的成果，商务部和财务部于2010年共同确定了大连、南京、杭州、无锡、宁波、重庆、青岛、昆明和成都等城市进行规模化肉菜流通追溯体系建设试点。

由政府推动建设的食品安全管理体系覆盖了食品产业链的上下游各个环节，即生产基地、加工企业、终端销售等。防伪追溯体系的建立除了达成产业链上下游信息共享，也让消费者通过严格追踪的质量安全体系购买到放心的商品。

建立防伪溯源体系的意义在于，一旦商品在消费端出现质量问题，通过溯源技术可以在最短时间内找到责任者，查出商品的问题节点。

追溯体系让商品质量安全"有迹可循"、消费诚信"始终贯穿"。国务院办公厅印发的《关于加快推进重要产品追溯体系建设的意见》(国办发〔2015〕95号,简称《意见》)指出:从必要性和实现可行性出发,按照有关法律法规规定,《意见》明确当前及今后一段时期重点推进的七大类产品,即食用农产品、食品、药品、农业生产资料、特种设备、危险品、稀土产品等,明确了每类产品追溯体系建设的具体任务与要求。除了国家强制要求建立追溯体系的产业外,其他企业要按照流程进行逐级申请。

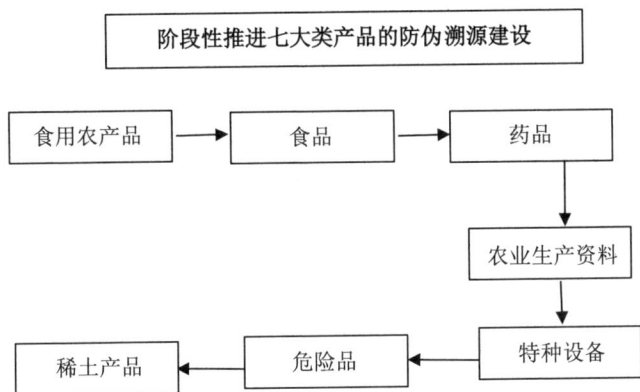

图 2-1-1　追溯体系

第一,企业根据发展需要提出溯源申请,由监管部门进行审核,企业信息核实后进行审批。

第二,针对食品类企业,一是建立生产档案,即录入产品原料原产地、环境、经营者和生产信息,二是建立产品档案,即录入产品检疫检验等质检信息、流通信息、终端销售环节信息等。

第三,明确追溯体系的查询终端,即消费者可以通过哪些方式来完成追溯查询,目前最快捷的手机二维码扫描,另外就是互联网查询和400查询,或者企业指定的查询方式。

随着科学技术水平的提升,中国的溯源体系建立已取得很多重要成果,未来将建立更加完善的防伪溯源体系。

第二节　防伪溯源技术范畴

防伪溯源技术作为新兴的技术体系，已被越来越多的国家重视。在中国，防伪技术自古有之。随着大数据时代的到来，防伪溯源技术受到了更广泛的关注与重视。

一、防伪溯源技术基础知识

随着科技生产力的不断提升，防伪溯源技术也在不断升级。

防伪技术作为一种辨识手段，主要作用是帮助消费者辨别所购商品的真伪。其相关体系是维护市场稳健发展、维护企业品牌、保护消费者合法权益，为防止以欺骗获利为目的损害他人权益的产品仿制活动而建立的一种市场秩序保护体系。

建立防伪溯源体系是在构建唯一性、有时性的无法复制的技术体系。唯一性的重点在于树立产品复制的壁垒，提高仿制的门槛。有时性主要是强调在一定的时间内产品无法被仿制，简单而言就是生产企业具备较强的更新换代的技术力量。

防伪，从国家的角度来说，是构建信用中国的重要组成部分，随着"一带一路"倡议的推进，中国的市场是面向世界各地的，在产品的质量安全方面必须是品质过硬的，这是中国面向世界消费者的一张诚信名片。

从企业角度而言，防伪技术是企业保护品牌、提高消费者信任度的必要手段。建立企业防伪溯源体系一方面是为了打击假冒仿制、规范市场秩序，另一方面则是从形象上展示企业的信用价值，引导消费者树立正确的消费观，拒绝购买假冒伪劣产品。当然，企业积极建立防伪溯源体系，也是积淀企业竞争力的重要战略，除了打击假冒伪劣产品，也是企业塑造品牌影响力的重要手段。

溯源与防伪相辅相成，它是一种追本求源的行为，通过产品的溯源对整个生产链条上关键节点的信息进行采集记录，建立数据库进行信息存储，实现正向、逆向追溯，甚至可以通过定向求证的查询体系，让产品在整个流程中的信息透明化。

基于数字化时代的来临，溯源可以实现数据安全化，甚至实现数据实时动态化可查询。溯源体系能够实现对产品的双向追溯，从原料到终端或者是从终端到原料的查询。

从技术角度看，防伪溯源需要高端的科学技术作为支撑，不仅要求技术手段丰富，更需要实现数据的准确性和高效率。最重要的是数据的安全性，防伪溯源涉及的环节和技术内容以及数据共享等都必须有极强的安全防护体系。

防伪技术种类很多，主要有印刷防伪技术、数码信息防伪技术、人体和生物特征防伪技术、物理防伪技术、化学材料防伪技术、结构和包装防伪技术等。例如清朝时期"小龙邮票"，就是中国历史上第一次使用水印图案防伪标志的载体。

与之对应的防伪产品，则是基于防伪技术制造具有防伪溯源功能的产品，其目的就是达成产品的防伪溯源。防伪溯源技术产品按照市场准入和经济要求通常有以下几类：

第一类，防伪标识；

第二类，防伪材料；

第三类，结构与包装防伪技术类；

第四类，生物特征防伪技术类；

第五类，计算机多媒体防伪技术类；

第六类，核磁共振射频识别防伪技术类；

第七类，其他防伪技术类。

无论是哪类防伪技术产品，其最终的目的都是为了防止假冒伪劣产品充斥市场，都是为了让市场在信用的环境中稳健发展。

二、防伪溯源技术范畴

与传统的防伪技术相比较，当下的防伪溯源技术除了可以实现防伪功能，更在实现双向追溯，为企业发展提供战略支撑，为消费者合法权益夯实了保障基础。通过充分利用互联网大数据的优势建立安全可靠的产品数据库，对每个产品进行"身份码"记录，保障产品的真实安全可靠，这对市场经济和企业经营都大有裨益。

从技术范畴的角度来看，防伪溯源技术范畴按照类别可以分为以下几类：生产工艺技术、产品包装技术、产品溯源技术以及产权登记技术。其中生产工艺和产品包装技术又可以归属于传统的物理防伪技术范畴中；产品溯源技术和产权登记技术则属于信息化技术范畴。

无论是物理技术范畴还是信息化技术范畴，这些技术范畴中又包含当下先进的区块链技术、自动控制技术、自动识别技术、物联网技术、数字化技术、指纹防伪技术、折光潜影防伪技术、分期解密技术、射频识别防伪技术、化学油墨防伪技术、条形码技术、二维码技术、生物防伪技术、纳米湿敏防伪技术、核磁共振（MR）防伪技术、数码防伪技术、激光全息防伪技术、隐形图像防伪技术、证券版纹技术、微缩防伪技术、核径迹防伪技术、纹理防伪技术、电码防伪技术等众多分类技术。

（一）生产工艺技术

从生产工艺角度而言，这类防伪技术因产品不同对工艺技术的要求也是不同的。比如陶瓷工艺和制茶工艺属于不同类别的产品，其生产工艺技术的要求存在明显的差异性。生产工艺技术随着时代的发展也在不断升级，防伪溯源技术因为产品的材质、设计以及原产地等因素的不同也在进行不同程度的迭代升级。

（二）产品包装技术

从产品包装角度来说，产品的防伪溯源主要体现在包装上是否有正规的防伪标签。防伪标签技术主要涉及了条码技术、二维码技术，不同行业的产品包装选择的防伪技术也是千差万别的，有的是镭射标签，有的是全息标签。

（三）产品溯源技术

从最早的欧盟提出的"溯源性"到信息化、数字化，防伪溯源的物理技术范畴在不断发生演变，防伪溯源基本逻辑也在传统基础上进行了升级。溯源的技术从条码、二维码不断升级到量子云码，从缺乏安全性的防伪系统晋升到今天的区块链大数据安全公链，从形式上不断演变，防伪的功能性逐渐强化。

（四）产权登记技术

产权登记技术由来已久，只不过在过去没有被人们认识到它可以作为防伪溯源的技术范畴。产权登记技术随着大数据的发展或许会成为防伪溯源中又一个技术爆点。因为它需要依赖于独立的数据库。对于一般企业而言，短时间内很难建立属于自己的独立数据库，这不仅是成本问题，也关乎消费者的体验感，消费者不可能对要购买的每个商品都安装一个对应的企业 APP。当然，还有一个问题就是 APP 甚至是 Web 网址链接本身也存在真伪的辨别。

随着科学技术的发展，防伪溯源技术的范畴也会随之迭代更新，也会延伸到更多技术领域。

目前的防伪溯源技术是建立在高科技、新技术的基础上，除了更新周期缩短，创新力更加持久，在方法和工艺上更加安全可靠。最重要的一点是，防伪溯源已经从单一的防伪技术迈向了综合防伪溯源的新技术发展阶段。

第三节　防伪溯源基本特征

随着科技发展的提升，人们的生活水平也在逐年提升，对市场、对产品的要求也在不断提高。但其中最本质、最重要的仍是消费者对产品的质量、安全、性能的各种诉求。

如何在消费者的要求不断提升的情况下，提供优质产品，保障消费者的合法权益，是企业强化防伪溯源体系研发的重要推动因素。

一、防伪溯源的特点

互联网发展的多样化，为企业提供了更加集中高效的管理模式。管理的智能化也是推动企业建立防伪追溯系统的关键因素。让消费者使用手机就可从产品防伪溯源的二维码上快速查询产品相关信息，使消费者在购买前享有知情权，从而放心地消费。那么，产品防伪溯源系统有哪些特点呢？

（一）防伪溯源信息的标准性

建立在某类商品溯源关键技术基础上的追溯系统，根据行业特殊性完成产品溯源信息的采集（从生产加工到物流传输）以及应用的标准化执行，即打通产品供应链各节点成员之间的信息共享与交流。

（二）防伪溯源操作的灵活性

依据产品追溯系统应用对象，直接实施产品鉴别技术、电子编码技术以及自动识别与数据采集技术等溯源关键技术，从行业的确定性选择最优的产品溯源信息采集、加工、传输和应用能力，便于提高产品溯源操作的灵活性。

（三）防伪溯源流程的透明化

防伪溯源体系之所以被重视，其中最关键的一个特点就是透明化。产品防伪追溯系统强调每一个产品的供应链上的成员都要参与进来，保证产品每一个关键环节信息达到公开化、透明化，最终的目标是增加产品溯源的透明化。

（四）防伪溯源数据的保密性

保密性是防伪溯源系统基于大数据技术又一个典型特点。在产品防伪溯源信息采集到应用的过程中，防伪追溯系统强化了对产品供应链成员之间关于产品配方、销售统计等商业机密信息的保护措施，从而提高了产品防伪溯源数据的保密性。

（五）防伪溯源层次的多样化

防伪溯源的层次可以从两个方面理解，一是地域层次，即从地理区域上来建设防伪溯源系统，如国家层面、一定范围的地区、一个行业的具体企业，甚至是小到一个具体的生产经营环节；二是从产品层次上，产品层次的分类标准比较灵活，防伪溯源系统植入点就会相对细致，可以是一类产品、一个批次的产品，甚至是一个具体的原材料，都可以建立相对完善的防伪溯源。

（六）防伪溯源数据的及时性

基于防伪溯源系统的信息记录，以及互联网技术的信息共享，我们能够借助系统环境快速定位问题产品危及的范围、第一时间发布风险信息、及时开展产品召回等工作，快速高效地防止了问题产品的持续扩散，从而保障了消费者的合法权益不受损害。

二、防伪溯源技术的应用特征

5G 时代的深化发展，赋予了防伪溯源技术的超越性。高科技让技术性能承载了更多的发展可能性，也让技术的创新性驱动十足。

防伪溯源技术的应用特征主要表现为科技化、网络化、信息化。传统的防伪和溯源技术相当于两个模块，使用效果比较单一。随着新技术的发展，目前的防伪溯源技术已经进行了高度的融合，一个产品的防伪可能会采用几十项防伪技术。

传统的防伪溯源技术不能做到面面俱到。由于技术条件限制，很多企业不能把产品整个生产链上的各个节点都容纳于自身，所以在产品出现问题后，难以快速找到问题所在，也因此浪费了问题采集的最佳时间段。

（一）高度的科技化

与传统的防伪技术相比较，现在的防伪溯源技术可以记录产品从原料、生产、流通和销售的各个环节，并且能实现数据的实时共享。现在防伪溯源基本上是技术的集成体，就是采用几项或者几十项技术融合并用。常见的纸币防伪溯源技术就涵盖了彩色水印技术、暗记、特种排版印刷术、荧光、激光全息等多重防伪技术。再如俄罗斯伏特加酒在防伪标签上就使用了多达 15 种的防伪技术。

（二）网络化和信息化

大数据时代的全面发展也为防伪溯源技术的发展提供了技术基础。换句话说，防伪溯源技术的发展与一些学科和技术的发展密切相关。如自动识别技术就是基于网络化和信息化发展起来的技术，在磁性介质中存储大量的编码信息，通过机器的接触扫描来进行数据识别。

（三）综合防伪

综合防伪已经成为目前防伪溯源技术发展的必然，它能够将数字、光学、物理、油墨、纸张、生物等多重防伪技术综合运用，中国第五套人民币就最具代表性地采用了综合防伪技术。再比如第二代居民身份证也是采用了 IC 卡技术、彩色花纹、纽索纹图等防伪技术，实现了兼具视读和机读等两种功能。

防伪溯源技术的发展随着时代的不同会形成具有独特的时代特性。在市场发展的同时，防伪溯源技术也在不断更新升级、与时俱进。

三、建立防伪溯源系统的必要性

为从根本上解决企业产品从生产到销售全流程的防伪溯源问题，各行各业已经开始着重布局重要战略体系。那么，为什么有越来越多的企业参与到防伪溯源体系的建设中？

（一）重在防伪

产品是否是真品、正品，这是消费者在进行消费过程中考虑的核心问题。纵观古今中外，市场上的造假、售假等行为屡禁不止，其产品始终有一定市场。它们一方面损害消费者合法权益，一方面给消费者后续消费活动留下了心理阴影。再者，企业技术升级更新的周期性难以确定，一旦市场上出现了仿冒品，而企业的技术升级时机又未成熟，会给企业的品牌信誉以及销售盈利造成难以估算的损失。

企业的防伪溯源体系建立之后，所出售的每件产品在市场中都会有唯一的身份码。消费者认准防伪标志可以放心购买；而企业在产品出现问题时，也能按照身份码快速及时地做出响应，第一时间找到问题的源头，快速将追寻和处理结果反馈于消费者，让消费者可以透明化了解处理过程，获得解决方案。

（二）主动防窜货

建立企业数码防伪溯源体系，可以有效地防止商品窜货现象。窜货是指经销商未经过厂家的同意，就私自将货物拿到非销售区进行销售。如今，很多企业的销售模式是区域销售，各区域有专属代理经销商，不同地区的销售形式也是千差万别，因此，产品销售不能随意进行，而是需要按照企业各区域销售制度进行。防伪溯源体系的建立就可以有效规避窜货现象的发生。

企业在防伪溯源技术体系中搭建主动防窜货管理体系，就可以形成主动报告窜货数据，这一做法的效率远远高于传统的举报制度。赋予产品身份码，一物一码让所有流入市场的产品都有据可查。

（三）物流管理系统化

防伪溯源体系在物流管理上主要是帮助企业更好地管理生产环节上下游的衔接，将产品的生产、物流和销售有效融合在一个完整的管理系统中，达成实时管理的目标。

当然，在出现问题时，产品供应链上下游企业能够快速联动起来，根据溯源数据进行管控和召回，从根本问题上解决消费者的后顾之忧。

（四）推动产品促销

完整的防伪溯源体系可以为企业提供强大的促销基础。比如完善的二维码促销体系，它不仅安全性有保障，而且有更大的体量和容量，可以保障上千甚至上万人同时参与线上促销活动。让企业促销活动在安全的范围内顺利实施。

（五）扩大品牌宣传

品牌是企业发展的必然选择，只有形成独特的品牌优势，才能在市场中占据一席之地。所有企业的发展最后都会落在品牌的建立与持续塑造上。所以防伪溯源系统的建立，从根本上来说，就是为企业品牌保驾护航的。

第四节　防伪溯源技术更新

随着技术的不断发展与进步，无论是企业还是市场，都需要强化权益不受侵犯，换句话说，就是要维护自身的合法利益。企业做到保证自己的产品不被仿冒，市场因此杜绝假冒伪劣产品的出现。这一目标的达成，有赖于防伪溯源技术的持续更新。

在 5G 科技高光时代，防伪溯源产业的前景尚属于一片蓝海。不论是单层次的防伪技术还是独立的溯源技术，或者是防伪溯源整体技术都离不开核心技术的支撑。

一、防伪溯源技术更新概述

所谓更新即是除旧布新，技术更新是在发展进程中技术的迭代出新，以达到降低成本、提升效率、提高质量以及改善作业环境等目标。即技术更新源于发展也在促进发展。

"科学技术是第一生产力"，首先揭示了科学技术在社会发展中不可或缺的作用，从第一次工业革命至今无不证明这一论点；其次也为中国社会主义市场经济发展中的科学技术指明了方向。从防伪溯源技术发展历程就可见一斑。传统防伪溯源技术在应用中局限性比较明显，比如技术水平和技术成本之间存在很大的矛盾性。技术水平越高，防伪效果越好，但是企业需要支付的成本也愈加昂贵。传统的防伪溯源技术主要应用的行业存在局限性，最初的技术主要应用于钞票制造，且技术属于国家垄断。简而言之，传统防伪溯源技术的应用场景比较局限。但是随着互联网技术的兴起，防伪溯源技术已经逐渐发展成一门新兴的技术产业。

（一）从单一应用延伸普遍应用

以印刷技术来说，传统的印刷技术主要应用于钞票、债券、支票等有价证券等防伪溯源，由于市场经济的发展，印刷技术的防伪应用已经扩展到产品包装领域、证件票据领域等。北京 2008 年奥运会门票中就涉及多种防伪技术的应用，如胶印微缩文字、动感全息开窗安全线、全息脱铝等多重电子和物理方面的防伪技术。

（二）防伪溯源创新技术

以印刷技术防伪来说，印刷技术从最初的雕刻制版的活字印刷术已经发展到今天的微缩印刷技术，其中的防伪溯源因素也由手工雕刻的细微暗记变革为光扫描、激光雕刻、电子计算机控制、花纹对接、对印、隐形图像、形状记忆等更加先进的防伪技术。

再者以防伪标签技术来说，也从团花、浮雕、暗记等基础防伪技术升级发展到水印纸、热敏纸等防伪纸张，再发展到荧光油墨、水变油墨、磁性油墨等防伪油墨技术，到全息定位烫防伪技术，已呈现包罗万象之势。

（三）防伪溯源技术多元化应用

随着安全意识的提高，公众对防伪溯源的需求日渐强烈，尤其是公共安全、食品和药品等领域关乎民生的安全防伪溯源的需求。现在防伪溯源技术已经广泛应用于衣食住行的各个行业，尤其是在"互联网＋"的数据化浪潮中，防伪溯源的应用系统化特点明显加强。

（四）防伪溯源技术与区块链技术融合赋能

以"区块链技术＋防伪溯源技术"赋能，打造信息透明化、安全化，确保信息不可篡改。从商品源头到消费终端所有链上实现全记录，让链上所有参与者公开信息，使其透明化。在区块链技术蓬勃发展的当下，防伪溯源技术正在推陈出新，以高新技术手段推动防伪溯源技术迭代创新。

二、防伪溯源技术发展

基于大数据时代，在互联网无处不在的影响下，防伪溯源技术随着造假的屡禁不止，也不断地向新技术升级。从虎符的制造技术到银票的防伪技术，再到今天的防伪溯源技术，中国在防伪技术中的历史地位至关重要。尤其是 5G

时代的深度发展，让区块链技术、数字化技术都打开了新的发展之门，这也成为防伪溯源体系的一个重要发展契机。

以近现代科学技术发展为基础，我们可以看到防伪溯源技术也在不断更新换代。

20世纪50年代左右，激光防伪技术就开始获得业界的关注，并在六十年代出现了激光全息技术。单独的激光防伪技术也随着科学技术的发展进行了自主更新。

从第一代激光模压全息图像防伪标识技术到第二代升级版的激光全息图像防伪技术，科技的力量是关键的推动因素。用最先进的技术不断提高激光的防伪标识应用，以技术作为门槛提高造假的成本。激光防伪到了第三代时，则使用了"加密"关键技术，如在激光阅读、低频光刻、莫尔条纹、光学微缩等都进行了加密技术的嵌入。第四代的激光防伪技术重点在于进行技术的叠加与组合应用。即激光防伪技术不再是单一的技术研究与应用，而是不断地延伸引进更多的技术组合，使其防伪技术的壁垒不断加强。

第二代防伪技术主要通过数码防伪标签进行查询。消费者使用的查询方式主要包括电话、互联网等工具。但是防伪数码技术由于是印刷在纸张表面的，防伪效果并不理想。

第三代防伪技术则是纹理防伪技术。这种技术是借用包装材料本身具有的纹理形态来制作的。即对选用的包装材料进行纹理信息的提取，随后进行编号和建档，存入防伪数据库，消费者就可以通过查询来进行产品真伪的辨识。这种防伪技术的优势就是，因为防伪纹理来自自然，原理上很难仿制，这就提高了造假企业伪造的难度。

第四代防伪技术主要体现在安全线防伪纸技术方面，如每个产品都会伴有防伪说明书、防伪标签等。这一阶段的防伪技术门槛很高，一般的印刷方法难以仿造。

第五代防伪技术就是防伪技术的叠加融合应用。因为科学技术的提高，必然带动防伪溯源技术的升级。这一时期的防伪溯源技术可以是纹理防伪和互联网区块链的融合应用，也有可能是安全线防伪纸技术和纹理防伪的综合应用，也可能是纹理防伪、互联网区块链和安全线防伪纸技术三者融合的技术应用，或者是更多的防伪技术融合应用。其目的就是提高防伪的复制门槛，形成系统化的防伪溯源体系。

技术的发展是永无止境的。目前还有一项防伪技术是以湿敏材料为基础研制而成的，称为湿敏防伪技术。该技术的主要特点是易于识别、短期难以复制和多重隐形防伪技术镶嵌。

从防伪溯源技术以及防伪溯源应用产品来看，防伪技术的发展与相关的科学技术发展有着密切的联系，是相互促进的协调发展关系。

纵观全球防伪溯源市场的发展，未来防伪溯源的发展趋势基本呈现以下几个方面：

第一，综合防伪技术的应用必将成为防伪溯源技术发展的总体趋势。

第二，防伪溯源技术正在由单一性、片面性向全面性延伸发展。

第三，防伪溯源技术所涉及的行业也将由政府制定逐渐普及至更多的行业。

第四，防伪溯源技术的技术叠加将侧重在加密技术、数据库技术等5G时代前端的技术领域上。

第五，数字水印技术、生物特征信息防伪技术将获得更大的发展空间以及应用场景。

第六，未来防伪溯源技术的普遍特征是易于识别、成本适中和难以复制。

总之，随着科学技术的发展，防伪溯源技术也将延伸更多的应用场景。无论是企业在防伪溯源上对品牌诚信度的建设，还是消费端的应用，都会产生更多的升级体验，防伪溯源技术也将会迎来新时代的新发展时期。

第三章

侵权与制售假冒伪劣产品违法行为重点领域及形式

【本章提要】

防伪溯源技术的广泛普及，是国家打击侵权假冒市场的决心所在。防伪溯源技术不断完善、升级、多样的背后，是侵权与假冒伪劣行为的猖狂之态。在国家建立市场经济体制的过程中，市场逐渐繁荣的同时，侵权与制售假冒伪劣商品也在监管的盲区内肆意滋生。侵权与制售假冒伪劣违法行为的猖狂之态，极大地损害了消费者的合法权益，对市场的有序与正当竞争形成巨大的冲击。市场随着经济的发展而不断开辟新领域，侵权与制售假冒伪劣商品的违法行为也会随之触及，在各个领域蔓延，以多样的形式破坏各行业领域的规则。

本章主要内容：

1. 农村与农贸市场存在的假冒伪劣行为分析

2. 阐述知识产权领域侵权的主要表现形式

3. 阐述社会消费领域侵权与制售假冒伪劣行为的主要表现形式

4. 阐述商品贸易流通领域侵权与流通假冒伪劣商品的主要表现形式

第一节　农产品与农村市场

农产品和农村市场作为我国经济领域的主力军之一，在市场中占据着重要位置。如今，农产品和农村市场前景越发广阔，农产品优质优价，农产品品牌效应，为企业带来了不错的收益。正是在这一发展趋势下，越来越多的造假黑手伸进了这片市场。

农产品市场也出现了良莠不齐的现象，一部分企业利用假产品、假工艺、假认证、假包装和假商标等造假手段，使农产品品牌遭受了巨大的经济损失。在现阶段，农产品和农村市场的主要造假对象是地理标志、农资和有机产品三个方面。

一、地理标志的造假形式

世界贸易组织在有关贸易的知识产权协议中，对地理标志的定义为：地理标志是鉴别原产于一成员国领土或该领土的一个地区或一地点的产品的标志，该标志产品的质量、声誉或其他确定的特性应主要决定于其原产地。

近年来，地理标志已然成为消费者选择产品的关键因素之一。比如酒类产品更偏向于购买"贵州茅台酒"，买茶叶类产品更偏向于购买"安徽铁观音"，水果类产品更偏向于"赣南脐橙""库尔勒香梨"等。可以说，地理标志往往是厂家对产品质量的保证与承诺。

但当地理标志越发受到消费者重视时，一些不良企业便会将目标转向地理标志造假。而令人震惊的是，这些地理标志造假产品的销量有时候甚至是原产地产品销量的十倍或是更多。这种情况的出现，不仅对原产地产品的销量造成了恶劣影响，还影响了原产品的口碑，进而对品牌造成不可估量的损害。

地理标志造假主要分为两方面。

（一）擅自使用或是伪造地理标志名称

诸多造假企业在不符合地理标志产品标准和管理规范要求的情况下，擅自在自己的产品包装上印刷或是使用某一品牌的地理标志名称。此类情况的出现会让消费者在分辨不清的情况下，极易购买到假货，最终对地理标志的价值和声誉产生恶劣影响。地理标志的假冒滥用，将会对原地理标志和企业造成负面影响，若是长期发展，也将会扰乱市场秩序。

（二）擅自使用或是伪造地理标志专用标志

除了擅自使用或是伪造地理标志名称之外，诸多造假企业在原产品厂家未授权的情况下，使用与专用标志相似、易产生误解的名称或标识，让消费者将造假产品认作是地理标志产品。具体包括，为注册企业伪造地理标志产品专用标志、伪造地理标志产品包装箱和专用图案、冒用地理标志保护产品名称等。

二、农资的造假形式

农资，一般是指农业生产过程中用以改变和影响劳动对象的物质资料和物质条件，比如农业运输机械、生产和加工机械、农药、种子、化肥等。

（一）农药和化肥的造假

1.最为常见的农业和化肥造假主要表现在复合肥总养分含量低于标称、水分含量高于标准、过磷酸钙偷减有效含量等。

2.销售过期失效的农药和化肥。

3.制售杀虫脒等国家明令淘汰的农药。

4.无生产许可证生产复合肥。

5.伪造产品，并冒用其他企业的厂名、厂址和地理标志等。

6.以次充好、以假充真，将不合格产品当作合格产品进行销售。

（二）种子造假

1.白皮包装

白皮包装是指无品牌、无正规包装、无标签的"三无种子"，根据我国相关条文，种子种类、品种与标签标注的内容不符或是没有标签的，均属于假种子。

2. 万能袋

万能袋是指种子包装袋印有厂家信息、经营许可证信息，但却没有印刷种子的品种信息和标签，而这缺少的内容，造假企业只需要购买一个喷码机，想要什么样的种子，直接喷上就可以。

近年来，农资造假手段层出不穷，仅 2020 年一年，农资行业的案值就高达千万元甚至是亿元以上。

表 3-1-1 2020 年特大假农资案汇总（不完全统计）

案件名	涉案金额（人民币）	造假地	流向区域	售假渠道
山东"11·13"特大生产销售伪劣农药案	1.6 亿元	山东滨州	12 个省份	下游 40 余个经销商分销
广东"唯农农资"假冒注册商标案	1500 万元	广东惠州	10 余个省市	网络（网店）
重庆云阳"草霸王敌草快"特大假农药案	2000 余万元	河南周口	10 余个省市	网络（微信）
江苏秦州市网购假农药案	600 余万元	山东临邑	—	网络
浙江特大家族式跨省制售伪劣农药案	7600 万元	浙江、河南	20 省市	造假地—农资店—农户
广西桂林控梢 3 号、控梢 2 号假农药案	2300 亩柑橘	—	广西等地	微信朋友圈
山西运城特大假农药案	2600 余万元	陕西	32 个省市区	—
河南平顶山制售伪劣农资案	3700 余万元	河南平顶山	—	—
海南艾比利公司特大制售假肥假药案	1900 余万元	海南乐东	海南	—
安徽特大制售假化肥案	8000 余万元	安徽滁州	安徽滁州、合肥等地	造假地—农资店—农户
广西南宁制售假冒伪劣化肥案	伪劣化肥百余吨	广西南宁	广西等地	层层分销

三、有机产品的造假形式

有机产品的主题是回归自然，保护环境，通过有机的耕作和加工方式，最终生产出有机产品。近年来，越来越多的消费者注重健康，在购买相关产品的时候会优先选择有机产品。随着销售额的日益增长，有机产品的造假也随之开始了。

有机产品的价格远比普通产品的价格高上许多，但大部分消费者都无法辨别真假，有时候花高价格买到的却是假的有机产品。早在 2018 年，《经济参考报》曾就此情况进行过相关报道："有机证书花钱就能办、产品检测环节存在漏洞、伪有机挤压真有机……在不少人心中，贴着'有机'标签的农产品意味着安全可靠、品质高端，不过记者调查发现，市场上存在一些普通农产品傍名牌、买证书、蹭'有机'等乱象，有的'有机'农产品竟然农药残留超标。"

市场中的有机产品造假，主要是认证环节造假和包装印刷造假两个方面的造假。

（一）认证环节造假

在市场中，造假企业只需要花费几万元，就可以获得一些认证单位的有机认证，然后这些认证单位会派专人完成有机产品的申请、文件审核和实地检查等认证全流程。

（二）包装印刷造假

在市场上，有些在包装袋上打印了"有机产品认证标志"的产品，其实根本就没有认证机构的标识；或是在包装上印上"按国际有机食品通行标准生产""无化学添加剂"等字样，并粘贴上"有机食品"的标识，但却没有在包装上标明认证单位。

鉴于市场造假现状，我国早在 2014 年便印发《农业部关于深入开展"为农民服务"活动的通知》，其中便提到，以农药、肥料、兽药、饲料和饲料添加剂、农机等产品为重点，围绕春耕、三夏、秋冬种等重点农时，对农资主产地区、小规模经营聚集区等重点区域加强监督检查，深挖假劣农资制售源头。

再次打假专项治理活动中，查处了制假售假以及无证照生产经营、挂靠经营、超范围经营等违法行为，最终完善农资质量追溯体系，加强农资质量检测，对不合格的农资坚决采取下架措施。

此外，我国还积极开展农资打假专项整治。继续开展放心农资下乡进村、红盾护农、农资打假下乡等专项行动，加强种子、苗木、农药、肥料、兽药、饲料和饲料添加剂、农机等重点农资产品专项治理。严把市场准入关，加大经常性市场检查和生产经营企业整顿力度。对农资批发零售市场、种子苗木交易市场和集散地、邮寄快递渠道等进行重点监督检查，严厉打击制售假冒伪劣农资行为。

第二节　知识产权领域

1967 年世界知识产权组织成立后，"知识产权"一词也随之出现。二十一世纪是"知识经济"时代，在这一阶段，科学技术高度发达，科技成果转化率不断提升，无形的智力资源逐渐占据较高的商业价值，成为经济体系的重要支撑力。知识产权从本质上而言是一种无形财产，是人们因其智力劳动成果而依法享有的专有权利，受国家法律的保护。知识产权包括商标权、专利权、著作权及相关权、集成电路布图设计、地理标志、植物新品种、传统知识、遗传资源、民间文艺等。

随着人们创新意识的提高，保护知识产权在一定程度上是对创新的一种支持。2005 年，国家知识产权战略制定工作领导小组正式成立，并快速启动国家知识产权战略制定工作。其实，相较于其他国家，我国有关知识产权的法律法规制定时间较晚，但后续完善与管控速度快，尤其近年来，我国部署一系列改革，推出一系列重要政策、行动等，加强知识产权保护力度，坚决依法惩治侵犯知识产权行为，为知识产权提供更高水平的保护，助力知识产权实现高质量创新创造。

知识产权侵权事件，严重影响社会的创新，尤其是知识产权侵权边界模糊，灰度地带极易让侵权者暗箱操作，让知识产权的保护缺乏一定的力度与效率。

科普小贴士

知识产权，是"基于创造成果和工商标记依法产生的权利的统称"。最主要的三种知识产权是著作权、专利权和商标权，其中专利权与商标权也被统称为工业产权。知识产权的英文为"intellectual property"，也被翻译为智力成果权、智慧财产权或智力财产权。

一、商标侵权

商标侵权是指在未经商标权人许可的情况下，在商标权核定的相同或类似商品上复制、摹仿他人注册的商标的做法，以及其他法律规定的侵害商标权人合法权益的做法。

（一）未经商标注册人的许可，在同一种商品或者类似商品上使用与已注册商标相同或者近似的商标，容易导致混淆。

假冒或仿冒注册商标的商品是商标侵权中最常见的一种形式，而假冒或仿冒的注册商标商品中又分为"相同商标"和"近似商标"。

1. 相同商标

指被控侵权的商标在外观上与原商标比较，基本没有差别，即用他人注册的商标，在未经商标注册人许可的情况下，用于与原注册商标商品类似的仿冒商品之上。

2. 近似商标

指被控侵权的商标与原商标相比，在文字、图形、字母、数字、三维标志、颜色组合等商标组成要素方面相似、相近，并将其用于其他类似商品上，使得消费者混淆原注册商标的商品，或认为两者之间有特定的关联。

商标侵权行为不仅是未经商标注册人的许可便将商标用于其他商品、商品包装、商品容器上，还包括将商标用于私下的广告宣传、展览及其他商业活动中。

（二）销售侵犯注册商标专用权的商品。

侵犯商标权的行为不仅作用于商标上，还有可能作用于商品上，销售明知是侵犯注册商标专用权的商品同样是一种商标侵权行为，这类侵权行为的主体是商品经销商。其在已知的情况下，依然销售侵犯注册商标专用权的商品，便构成商标侵权。

另注，《中华人民共和国商标法》规定：销售不知是侵犯注册商标专用权的商品，并能证明该商品是自己合法取得的并说明提供者的，不承担赔偿责任。

（三）未经商标注册人同意，更换其注册商标并将该更换商标的商品又投入市场。

未经商标注册人同意，更换其注册商标并将该更换商标的商品又投入市场的。这种行为又称之为反向假冒行为、撤换商标行为。构成这种侵权行为必须具备两个要件：一是行为人未经商标所有人同意而擅自更换商标；二是撤换商标的商品又投入市场进行销售。

（四）给他人的注册商标专用权造成其他损害。

一是在同一种或者类似商品上，将与他人注册商标相同或者近似的标志作为商品名称或者商品装潢使用，误导公众；

二是故意为侵犯他人注册商标专用权行为提供仓储、运输、邮寄、隐匿等便利条件；

三是将与他人注册商标相同或者相近似的文字作为企业的字号在相同或者类似商品上突出使用，容易使相关公众产生误认；

四是复制、摹仿或者翻译他人注册的驰名商标或其主要部分在不相同或者不相类似商品上作为商标使用，误导公众，致使该驰名商标注册人的利益可能受到损害；

五是将与他人注册商标相同或者相近似的文字注册为域名，并且通过该域名进行相关商品交易的电子商务，容易使相关公众产生误认。

商标侵权行为不仅是给商标专用权人造成了损害，也侵犯了国家商标管理制度。在赔偿商标专用权人损失的同时，商标管理机构根据情节严重程度，给予行政处罚。

二、著作权侵权

著作权侵权指未经著作权人许可，又没有法律上的依据，运用别人作品或行使著作权人专有权的做法，以及法律规定的危害著作权人合法权益的做法。著作权侵权形式主要包括以下几种：

（一）未经著作权人许可，发表其作品。

这种行为是最为常见的，也是较为严重的侵权行为。侵权者在没有得到著作权人许可的情况下，擅自将整篇文章或者大篇幅的文章进行摘抄，并未表明出处与作者，将其作品在传统媒体或网络上进行发表。

（二）未经合作作者许可，将与他人合作创作的作品当作自己单独创作的作品发表。

两人及以上合作创作的作品，著作权由合作作者共同享有，合作作品可以分割使用，作者对各自创作的部分可以单独享受著作权，但未经合作作者同意，将与他人合作创作的作品当作自己单独创作的作品进行发表，便是侵犯了合作作品整体的著作权。

（三）没有参加创作，为谋取个人名利，在他人作品上署名，剽窃他人作品。

侵权者在没有参与作品创作的情况下，在他人未发表或已经发表的作品上署名，并擅自将作品通过传统媒体或网络媒体进行传播，以达到赢取名利的目的。

（四）未经著作权人许可，表演、播放、展览、发行、摄制电影、电视、录像或者改编、翻译、注释、编辑等方式使用作品的，另有规定的除外。

这类侵权行为主要倾向于影视、音乐等方面，在未经许可的情况下，将作品影视化，或改编、翻译作品并发表。

（五）使用他人作品，未按照规定支付报酬。

著作权人享有获得报酬权，在使用他人作品时，需要与著作权人达成协议，并支付相应的报酬，凡未经著作权人许可，以复制、表演、播放、展览、发行、摄制电影、电视、录像或者改编、翻译、注释、编辑等方式使用作品，但未支付报酬的属于侵权行为。

（六）未经表演者许可，从现场直播其表演。

表演者对其表演享受保护表演形象不受歪曲、许可他人从现场直播、许可他人为营利目的录音录像，并获得报酬等权利，但未征得表演者许可，擅自从现场直播的，便属于侵权行为。这类侵权行为最为广泛，但也最不为大众所熟知。

三、专利权侵权

专利权侵权主要是指未经专利所属人允许，以生产经营为目的使用期依法受维护的有用专利的做法，以及其他法律规定的危害专利权人合法权益的做法。专利侵权行为的表现形式包括直接侵权行为、间接侵权行为、假冒专利的行为及冒充专利的行为。

（一）直接侵权行为

直接侵权行为是指在未经专利权人许可的情况下，以生产经营为目的，直接使用他人所属专利获得专利产品或制造、使用、销售他人专利产品，以及制造、销售、许诺销售、进口外观设计专利产品。

其表现形式包括：

一是制造发明、实用新型、外观设计专利产品的行为；

二是使用发明、实用新型专利产品的行为；

三是许诺销售发明、实用新型专利、外观设计专利产品的行为；

四是销售发明、实用新型或外观设计专利产品的行为；

五是进口发明、实用新型、外观设计专利产品的行为；

六是使用专利方法以及使用、许诺销售、销售、进口依照该专利方法直接获得的产品的行为。

（二）间接侵权行为

是指行为人本身的行为并不直接构成对专利权的侵害，但实施了诱导、怂恿、教唆、帮助他人侵害专利权的行为。例如，侵权人知道有关产品只能用于实施特定发明或者实用新型专利的原材料、中间产品、零部件、设备等，仍然将其提供给第三人以实施侵犯专利权的行为，权利人主张该行为人和第三人承担连带民事责任的，人民法院应当支持；该第三人的实施不是为生产经营目的，权利人主张该行为人承担民事责任的，人民法院应当支持。

（三）假冒专利的行为

为生产经营目的使用或者销售不知道是未经专利权人许可而制造并售出的专利产品或者依照专利方法直接获得的产品，能证明其产品合法来源的，仍然属于侵犯专利权的行为，需要停止侵害但不承担赔偿责任。

具体包括以下几种：

一是未经许可，在其制造或者销售的产品、产品的包装上标注他人的专利号；

二是未经许可，在广告或者其他宣传材料中使用他人的专利号，使人将所设计的技术误认为是他人的专利技术；

三是未经许可，在合同中使用他人的专利号，使人将合同设计的技术误认为是他人的专利技术；

四是伪造或者变造他人的专利证书、专利文件、专利申请文件。

（四）冒充专利的行为

冒充专利的行为是指以非专利产品冒充专利产品、以非专利方法冒充专利方法的行为，包括以下几种：

一是制造或者销售标有专利标记的非专利产品；

二是专利权被宣告无效后，继续在制造或者销售的产品上标注专利标记；

三是在广告或者其他宣传材料中将非专利技术称为专利技术；

四是在合同中将非专利技术称为专利技术；

五是伪造或者变造专利证书、专利文件或者专利申请文件。

	表 3-2-1　知识产权领域侵权主要形式		
	商标侵权	著作权侵权	专利权侵权
知识产权领域	未经许可，使用与已注册商标相近或相同商标	未经著作权人许可，发表其作品	直接侵权
	销售侵犯注册商标专用权的商品	未经合作作者许可，将与他人合作创作的作品当作自己单独创作的作品发表	间接侵权
	未经商标注册人同意，更换其注册商标	没有参加创作，为谋取个人名利，在他人作品上署名，剽窃他人作品	假冒专利
	给他人的注册商标专用权造成其他损害	未经著作权人许可，以表演、播放、展览、发行、摄制电影等方式使用作品	冒充专利
	—	使用他人作品，未按照规定支付报酬	—
	—	未经表演者许可，从现场直播其表演	—

第三节　社会消费领域

国家长期以来，一直强调治国新理念、新思想、新战略，大力加强市场监管力度，推进监管体系向现代化、智能化迈进，持续修订和完善相关的法规和标准，用紧跟时代的信息化技术手段全面提高打击制假售假的工作力度，不断完善商品防伪溯源技术标准，严格要求企业在商品生产过程中做到商品信息可追溯，提高自身的责任意识，净化市场环境，为推进经济高质量发展提供有力支撑。

然而，消费结构差异、社会心态失衡、社会诚信失范等众多因素如同一只只"拦路虎"，使得打击假冒伪劣违法行为进展艰难，假冒伪劣商品在利益熏心的商贩中不断产生并流向市场。假冒伪劣违法行为多方面危害市场经济环境，扰乱经济秩序，制约着我国经济健康有序发展。可以说，假冒伪劣现象是市场中一项顽疾，其涉及的行业之广泛，形式之多样，<u>丝丝缕缕渗透进各行业</u>领域，尤其是社会消费领域，因消费者对这一领域具有普遍性需求，而被造假者瞄准，产生多种形式的制售假冒伪劣商品行为，其就像一颗"毒瘤"，缠绕着国家经济的"神经"，侵害着讲诚信、重质量的企业千辛万苦创立的品牌形象，使整个市场秩序陷入混乱。

一、食品领域侵权与制售假冒伪劣产品的形式

民以食为天，"食"是人生存的根基，然而造假者的渗入与猖狂，使得人们的生存根基产生了动摇，食品领域的假冒伪劣形势越来越严峻，严重危害着人们的生命安全。食品安全不仅影响着民生，还关系着市场机制的运行与稳定。要消除食品安全隐患，整顿与规范日益严峻的食品安全问题，就要正确认识假冒伪劣食品形式，提高辨识能力，之后必须重拳出击，精准打击。

（一）标签含有虚假内容

食品标签是消费者综合判断食品品质的一项重要参考依据，消费者购买商品时会关注食品的生产日期、生产者名称、保质期、原材料等内容，但几乎没有消费者会查证信息的真实性。于是，不少假冒伪劣商贩便会在无标签的产品包装上标注虚假生产者名称、地址、电话，以欺骗消费者。

（二）混淆包装形式

食品包装造假是很多制售假冒伪劣食品的商贩常用的手段，这类食品多出现在农村。很多假冒伪劣商贩会利用农村打假制度不健全、人们维权意识不强、辨假能力较低等，在食品的包装上进行伪装造假，与正规食品包装保持基本相同，只做细微性改变，以混淆包装的形式让消费者无法辨出食品真伪。例如，改变包装上字体的位置；改变包装上的图案；品牌名称雷同文字。这一系列的造假行为让农村文化程度不高的消费者难以辨识，从而购买假冒伪劣食品。

（三）以香精调制品冒充真实的材料

以香精调制品冒充真实的材料多用于饮品类的造假，造假者会将各种饮品中本应是原浆的材料换成香精调制品，以欺骗消费者。例如，核桃露、红枣牛奶、麦香奶等，按国家相关规定，这类饮品必须要以原料制作。但很多造假者为了节约成本，便会用香精进行调制，以冒充原材料。消费者稍不注意也极易购买到以香精调制成的饮品。

（四）添加制剂品

假冒伪劣食品最常见的类型便是添加制剂品，"白""艳""长"等是假冒伪劣食品最明显的特征。所谓"白"，是指添加增白剂，为了让一些面食外表看起来更加白嫩，不法商贩会添加增白剂，以保持面食，如馒头、花卷表皮的洁白。"艳"是指颜色艳丽，很多不法商贩为了让一些食物看起来颜色鲜艳，会在食品中添加人工色素，以保持食品外表鲜亮。"长"是指为了延长食品保质期而在食品中添加过量防腐剂。

二、医药领域的侵权与制售假冒伪劣产品的形式

一直以来，食药安全是国家重点关注的领域之一。药企药品问题层出，制售假冒伪劣药品的事件被持续曝光，大量网络销售的代购药、处方药等来源不明，贴牌药品更是难以监管，消费者健康受到极大威胁。药品市场利润高，药品造假形式多样，加之消费者对辨别药品的知识了解不深，从而使得假药猖獗。

（一）假冒知名品牌药品

随着造假技术的升级，粗制滥造的手工操作逐渐被摒弃，造假者以较为先进的技术、设备、工艺对药品进行加工生产，从药品到包装，仿冒知名品牌药品，做到以假乱真。

（二）无正规国药准字号

正规药品都会印有由国家食品药品监督管理局审批后获得的国药准字号，而没有国药准字号的这类假药一般以互联网或邮递的形式进行销售，盗用其他

药品的批准文号，无具体的生产地址，所针对的症状也多用于糖尿病、高血压、类风湿等慢性疾病，标示的生产单位多为科研机构、部队医院等，在权威上给消费者一种安全暗示。

（三）非法添加西药成分

药品造假形式多样，非法添加西药成分是中成药造假的一种新趋势。若某些中成药需要添加西药成分，必须经过国家药监部门审批，才可添加适量。例如，在治疗感冒的中成药中，允许添加起到解热、退烧、止咳等作用的西药成分。超量添加西药成分或在明示了纯中药的制剂中添加西药成分，按照国家《中华人民共和国药品管理法》的规定属假药范围。

（四）硫磺熏药

以硫磺熏药是中药材中最常见也是最简单的造假形式，硫磺熏具有不招虫，使药材便于保存的作用，但其还有另外一种作用即使药材变色。部分中药材商以硫磺熏的形式让一些劣质的药材展现出鲜亮的颜色，以次充好。

（五）以廉价相似药材代替高档药材

这类造假形式同样多出现在中草药行业，很多中草药外形相似，普通消费者没有专业的知识难以分辨，药材商便会用廉价的东西对其进行替代。例如，山萸肉外表与发红的小个葡萄相似，很多药材商便会将真正的葡萄进行染色、去味以充当山萸肉。

三、白酒领域侵权与制售假冒伪劣产品的形式

市场上经销的白酒品牌众多，同系列白酒更是有千余种，随着白酒品类的增多，企业对白酒的包装更换速度加快，不断更换的包装极易使消费者对商品认知产生混淆，如此，便为制假售假者提供了机会。近年来，制售假冒伪劣酒类产品尤其是假冒品牌酒的违法犯罪行为十分多样，各种造假形式令消费者防不胜防。

（一）侵权名优酒的商标、标识

很多消费者在购买产品时，会特意确认商品上的商标、标识是否齐全，确

认无误后才会购买，但打开商品后会发现购买的是假冒伪劣商品，究其原因，众多商贩在未经授权的情况下对外宣称自己是某类名优酒的经销商、代理商，并擅自使用正规品牌商标标识及注册商标，以对商品进行混淆，让消费者误以为购买的为正规名优酒。

（二）仿冒名优酒

对正规品牌的白酒在外包装、名字、瓶身等方面进行雷同仿冒是造假者的常用手段，他们会利用视觉混淆，在商品的包装及标识上进行相似的仿冒，让消费者在视觉上辨别不出商品的不同，从而使消费者在不谨慎、无法辨别的情况下购得假酒。

（三）外用真包装，内放低级别酒

有些制造假酒者会从大酒店中高价收购已经消费完的酒品包装，经过特定的技术处理，装上口味相近的低档酒，以次充好。

（四）劣酒换上新包装

有的造假商批进正规新包装的品牌酒，但会以"巧妙"的方式在不破坏外包装的前提下倒出真酒，并将其放入使用过的旧包装盒，销售给熟人，而用新包装匹配上口味相近的劣质酒推向市场进行销售。

（五）非法制作名优酒包装

有一类造假商贩专门制作加工各类品牌的名优酒包装，而后再销售给制造劣质酒的商贩。

四、化妆品领域侵权与制售假冒伪劣产品的形式

在市场各行业领域中，造假曝光率最高的便属于化妆品领域，化妆品造假的新闻层出不穷，造假窝点被查处事件屡见不鲜，尤其是大牌化妆品更是造假者的重点关注对象，而消费者面对化妆品多样的造假形式，也无法全面辨别真假。

（一）盗用合法产品许可证号

很多消费者在购买化妆品时，并不会过多关注商品的产品许可证号，如此

便给造假者可乘之机，其会盗用其他合法化妆品的批文编号，消费者在购买商品时，只会确认有无许可证号，而不会去核实产品许可证号的真实性。

（二）设置假的防伪溯源查询标签

随着国家防伪溯源相关政策的不断完善，企业与消费者的防伪溯源意识也在不断提升，很多消费者会查看商品的防伪溯源标签。造假者便会设置假的防伪溯源查询标签，以欺瞒消费者。例如，在化妆品外包装上设置"全国免费防伪查询电话"，而这一电话实际是由造假者仿造，即便消费者按照其号码进行查询，最后得到的结果也会是正品。

（三）配方为真，料体为假料

这类化妆品使用的是正规品牌化妆品的配方，但有些配方对工艺设备有相当严格的要求，对独有的原材料也有一定的要求，造假者即便使用正规品牌的配方，但并不会使用相应的原材料与工艺设备，这类假货与正品在效果上便会有一定的差别。

（四）一半真料体，一半假料体

这类假货主要集中于膏霜类化妆品中，造假者为了节省成本，同时也为了掩盖假货的本质，在最上面使用正品，而下面则使用假料。因此，这也是很多消费者在最初使用产品时，感觉与正品没有任何区别，而在使用一段时间后，发现料体完全不同的原因。

国家长期致力于在全国范围内打击侵犯知识产权和制售假冒伪劣商品的违法行为，强调手段要硬，标本兼治，围绕假冒侵权重点领域，开展专项整治。针对医疗药品行业，加强对药品生产企业、城乡药店药品采购渠道和医疗卫生机构的整治，严肃查处制售伪劣药品行为；严厉打击利用互联网非法收售药品行为；针对化妆品领域，加强化妆品生产企业原料供应商审核。此外，加强对消费者的宣传与引导，为保护消费者权益建立完善长效机制。

表 3-3-1　社会消费领域侵权与制售假冒伪劣产品主要形式

	食品领域	医药领域	白酒领域	化妆品领域
社会消费领域	标签含有虚假内容	假冒知名品牌药品	侵权名优酒的商标、标识	盗用合法产品许可证号
	混淆包装形式	制售无国药准字号的假药	仿冒名优酒	设置假的防伪溯源查询标签
	以香精调制品冒充真实的材料	非法添加西药成分	流通特供酒	配方为真，料体为假
	添加制剂品	硫磺熏药	外用真包装，内放低级别酒	一半真料体，一半假料体
	—	以廉价相似药材代替高档药材	劣酒换上新包装	—
	—	—	非法制作名优酒包装	—

第四节　商品贸易流通领域

商品贸易流通业及商品市场是生产与消费者之间的连接枢纽，是城乡、地区甚至国际之间经济互通的桥梁，是社会化大生产的重要环节，影响着经济运行速率，同时反映着经济和社会的繁荣程度与成熟程度。改革开放以来，"走出去"与"引进来"对商品贸易流通业产生深远影响，多业态的经营使得商品贸易流通领域配置不断增大，但同时，假冒伪劣商品也开始逐渐泛滥，商品贸易流通的秩序被严重扰乱。

一、电商交易平台

互联网技术的成熟与完善，对人类社会生活产生了巨大影响，这一影响不仅体现在生活层面，还体现在消费层面，衍生出全新的商品交易模式。凭借着互联网技术，电商平台不断崛起，网上购物逐渐成为人们消费的主要形式。网络商品交易具有即时性、便利性、跨区域性等特点，人们随时随地都可通过电商平台实现商品的销售与购买。正因如此，电商平台深受商家与消费者的喜爱。

电商平台的数量逐步上升，网络商品交易量也随之增加，整个电商交易市场的总额度呈平稳上升的态势，成为我国经济发展的重要力量。然而，电商平台迅猛发展的背后，也隐藏着诸多的问题。网上虚假宣传、冒用品牌名义、销售假冒伪劣商品等违法行为在网络商品交易中频繁出现，严重阻碍了电商平台的健康可持续发展，扰乱了正常的网络商品交易秩序，损害了消费者和经营者的合法权益。

（一）制造虚假宣传广告

电商平台给予了消费者全新的购物体验，为消费者提供了便利也提供了多样化的选择。但网络的虚构性同样存在着风险，网络是一种信息传播媒介，电商平台中的一些商家会制作虚假宣传广告，欺骗消费者，以假冒伪劣产品充当正规产品进行宣传销售。

1. 夸张性虚假宣传

很多以电商交易为主的商家会滥用不切实际的夸张词，拔高商品的质量或者功能，利用消费者"成效性"心理，进行夸张性虚假宣传，从而达到营销的目的。尤其是电话购物、电视购物活动，常常以"夸张艺术"进行商品宣传，使人产生误解。

2. 误导性虚假宣传

很多以电商交易为主的商家会采用模棱两可、似是而非的宣传语进行宣传，给商品披上一层虚假外衣，对商品的内容宣传看似真实可信，实际并无科学依据，极易形成误导，让消费者信以为真。

（二）混淆性销售

很多消费者在购买产品后会发现所购买的产品与商家实际营销的产品不同，这是因为，很多电商平台的商家会"挂着羊头卖狗肉"，表面宣传正品，实际配送给消费者的却是假冒伪劣产品，以混淆性的营销欺瞒消费者，侵犯消费者的正当权益。

（三）虚构、冒用正规商家名义

网上交易秩序混乱，就在于一些不法商家利用互联网特性，进行虚假信息发布、销售侵权假冒伪劣商品及其他违法行为。由于电商平台数据庞大，商家混杂，有时难免会让一些不法商家抓住漏洞，如某些商家会伪造或冒充一些正规品牌，打着合法营销的旗号，销售假冒伪劣商品，而消费者无法查实其真实性，从而上当受骗。

网上交易在一定程度上具有消费风险，侵权与销售假冒伪劣商品事件在电商平台上屡见不鲜，虚构性的网络让消费者无法验证商品的真实性。为了规范网上交易秩序，国家实施一系列政策，开展电商平台专项整治，加强对网上交易主体、客体、行为的搜索检查，重点强化对涉嫌违法行为人网站（网店）的检查，全面推进网络经营主体数据库建设，对电商平台落实自然人实名登记情况开展检查，完善网络交易监管平台功能，推进对网络交易行为及有关服务行为的动态监管。

二、商品进出口环节

一个国家的进口贸易与出口贸易是相平衡的，进出口贸易标志着一个国家的支付能力与经济能力。在经济全球化的格局下，各国经济彼此连接，相互促进。随着全球化的进程，世界各国的经济关系由"孤岛"转变为"链条"，进出口贸易从单纯的商品进出口发展为商品贸易、服务贸易、劳务贸易、旅游贸易等多形态的进出口贸易，而且随着时代与经济的发展，进出口贸易的结构与形式发生了巨大改变。通过对外贸易，各国之间相互作用、合作，在一定程度上改善国际环境，并为本国经济在国际上的发展创造良好条件。

但是，商品进出口贸易不断繁荣的同时，侵权与销售假冒伪劣商品行为也逐渐进入这一领域。虽然各国对进出口商品的检验更加严格，但总有一些不法商贩为了追逐利益，而对出口商品掺杂掺假，以假充真，以次充好，以未检疫商品冒充合格商品，侵害消费者的权益。在进出口商品环节制假售假，严重损害国家形象与信誉。

（一）假冒或伪造检验检疫证书

进出口商品贸易是国际经济发展的一项重要支撑，是对外经济贸易关系的链接带。随着全球化进程的加快，进出口贸易也更加繁荣，但有一些不法商家在开展进出口贸易时，伪造未经检验检疫的假冒伪劣商品的检验检疫证书，以不合格产品冒充合格产品，并通过不正当渠道使商品对外出口，不仅侵害其他国家消费者的权益，更是损害国家荣誉。

（二）冒用、伪造或买卖原产地证书

进出口商品在一定程度上更加严格，大多数的进出口产品属于名优品牌，更看重商品的溯源信息。有些进出口产品为了制造出正规品牌的假象，会冒用或买卖正规品牌商品原产地证书，甚至提供虚假材料骗取出口货物原产地证书，打上"正宗"的标签，刻印正规品牌原产地标记，以非正宗产品冒充品牌产品进行出口贸易，混淆市场。

（三）伪造或冒用出口注册登记证书

据相关规定，一家合法有资质的出口企业，需要办理海关进出口货物收发货人报关注册登记证书。一些不法商贩并不具备出口资格，为了开展进出口贸易，规避检验检疫监管，而伪造或冒用出口注册登记证书，以充当合法有资质的出口企业。

国家高度重视打击假冒伪劣商品工作，近年来采取了一系列措施，强调进一步做好打击出口假冒伪劣商品工作。开展进出口环节侵权假冒专项整治，以"国门之盾"行动为抓手，深入开展打击进出口环节侵权假冒违法活动。加强进出口货物检验检疫，严厉打击骗取、假冒或伪造检验检疫证书行为，严肃查处逃避检验检疫监管行为。加强进出口商品装运前检验，加大原产地标记查验与管理力度，严厉打击冒用、乱用和买卖原产地证书等违法行为，以维护公平竞争的外贸秩序和中国制造的国际声誉。

表 3-4-1　商品贸易流通领域侵权与制售假冒伪劣产品主要形式			
	主要领域	侵权与制售假冒伪劣产品的形式		
商品贸易流通领域	电商交易平台	制造虚假宣传广告	混淆性销售	虚构、冒用合法市场主体名义
	商品进出口环节	假冒或伪造检验检疫证书	冒用、伪造或买卖原产地证书	伪造或冒用出口注册登记证书

第四章

侵权与制售假冒伪劣产品的
危害与根源分析

【本章提要】

假冒伪劣产品泛滥折射的是诚信缺失。

从古至今，社会得以进步，经济得以发展，人类得以交往，是因为有诚信的保障。诚信早已融入中华民族发展的长河之中，是中华民族的精神元素，从"人无信不立"到"商无信不旺"，再到"国无信不兴"，无一不是在传递信用价值观。然而，随着时代的发展，人类也在不断挑战诚信的底线，尤其是经济市场中诚信基因被金钱篡改之后，人们深刻认识到诚信的价值。在不安中寻求信任，寻找丢失的诚信，建立新时代的"诚信中国"势在必行。

本章主要内容：

1. 阐述侵权与制售假冒伪劣产品对市场与企业的危害

2. 分析造假存在的社会性因素

3. 分析造假存在的经济性因素

第一节　侵权与制售假冒伪劣产品的危害

2019 年，轰动一时的快播侵权案最终由广东省高级人民法院以"维持原判"而落定尘埃，判处快播 2.6 亿元的罚款，在其《行政处罚决定书》写明，首先快播未经许可侵犯他人合法权益；其次快播的行为不仅扰乱了网络视频版权秩序，而且存在严重的损害公共利益行为。

无论是侵权还是造假，世界各地都有层出不穷的事件在上演。美国在 20 世纪 70 年代就出现过心得宁药物中毒事件。据说在 1968 年至 1979 年的时间轴上，美国因服用心得宁而出现毒性反应的人数高达 2257 人，病症表现为"眼 – 皮肤 – 黏膜综合症"。在 1974 年，针对这一药物中毒事件，英国医学杂志上发表过一篇关于心得宁可引起"眼 – 皮肤 – 黏膜综合病变"的相关报道。随着时间的推移，各地也陆续报道类似的病例。经过国家跟踪调查，明确因果关系后，1975 年医学界强烈要求停止心得宁的销售。数据显示，心得宁致毒是在世界范围内每年 100 万病人广泛用药后才发现的。

事关人们衣食住行的商品，一旦出现问题就会给人类带来致命的打击。世界卫生组织有数据指出，全球死亡患者中有三分之一是死于药害。

一、扰乱市场秩序的侵权与造假

各类侵权与制假售假的行为已经成为扰乱市场秩序的头号问题。

什么是扰乱市场秩序？顾名思义就是违反国家对市场监督管理规定、法规而进行的不正当竞争行为。扰乱市场秩序的可以是个体也可以是非法经营贸易机构或者中介服务组织；所体现出来的行为均是进行了破坏公平交易的，即违反了平等交易的市场秩序。

（一）侵权在市场中造成的严重影响

互联网行业的纵深发展，让这里成为当下知识密集型发展的头部产业。在信息化的大环境中，知识产权一度成为互联网企业竞争的关键"武器"。知识产权的专利成了互联网企业争夺市场的"利剑"，这里充满了无硝烟的战争，甚至一些"厮杀"让网民都看得目瞪口呆，比如其中就有搜狗与百度输入法专利之争，就刷新了我国专利诉讼索赔额纪录。

2006年，搜狐公司正式发布了搜狗输入法产品，并在输入法市场中占据了绝对的头部优势，俨然成为输入法软件市场的先行者。互联网产业细分的市场哪怕蛋糕再大，也会被越来越多的入场者分掉一块。2010年，百度公司以百度输入法进入输入法市场。

有利益就有争夺。百度输入法虽然没有像搜狗输入法那样一鸣惊人，但是同样在这场争斗中留下了深刻的印记。2015年10月和11月，搜狗公司先后以百度公司的百度输入法产品侵犯了其17件专利权为由，向北京知识产权法院分别提起8起和9起共计17起的专利侵权诉讼，第一次索赔8000万元；第二次索赔1.8亿元，并指控百度公司侵犯其专利权。此次搜狗公司向百度公司合计索赔2.6亿元，也让我们看到了专利之"利"以及侵权对市场造成的巨大伤害。[①] 2020年3月，上海市高级人民法院驳回了搜狗公司的全部上诉请求。

（二）非法经营中"扰乱市场秩序罪"的危害

《刑法》第二百二十五条规定："违反国家规定，有下列非法经营行为之一，扰乱市场秩序，情节严重的，处五年以下有期徒刑或者拘役，并处或者单处违法所得一倍以上五倍以下罚金；情节特别严重的，处五年以上有期徒刑，并处违法所得一倍以上五倍以下罚金或者没收财产：（1）未经许可经营法律、行政法规规定的专营、专卖物品或者其他限制买卖的物品的；（2）买卖进出口许可证、进出口原产地证明以及其他法律、行政法规规定的经营许可证或者批准文件的；（3）未经国家有关主管部门批准，非法经营证券、期货或者保险业务的；（4）其他严重扰乱市场秩序的非法经营行为。"

本条规定中对非法经营罪所处罚的行为范畴进行了规定，但是在实际的市

---

① 资料来源：《知识产权报》。

场环境中，依然有很多问题不能得到很好地解决。这里对非法经营中关于"扰乱市场秩序"的行为界定进行简单地分析。

从古至今，立法初衷都是为了保证市场经济秩序的正常运转。国家从律法上规定，商品要遵循一定标准才能进入市场，否则无法获得经营许可权。这就要求经营者要重视产品的防伪，为产品申请专利，以防止产品被侵权，给自己的企业造成名誉损失和经济损失，同时有效防止产品被他人跟风造假。

扰乱市场秩序罪的主要内容包括：损害商业信誉、商品声誉罪、虚假广告罪、串通投标罪、合同诈骗罪、组织、领导传销活动罪、非法经营罪、强迫交易罪、伪造、倒卖伪造的有价票证罪、倒卖车票、船票罪、非法转让、倒卖土地使用权罪、提供虚假证明文件罪、出具证明文件重大失实罪、逃避商检罪。

对于"扰乱市场秩序罪"与防伪溯源之间的关系，以其中虚假广告罪为例。虚假广告罪指的是，广告的主体人发布了违反国家律法规定的内容，以广告的形式向消费者进行了虚假宣传，造成了严重扰乱市场秩序的行为。

广告是商品经济的产物。在当前的市场经济发展中，广告早已成为企业和经销者联系消费者的重要纽带，在经营活动中占据重要地位。源于自身的蓬勃发展，广告却出现了过度失真，虚假广告让经营者和消费者苦不堪言，已经严重十扰了国家对广告的管埋秩序，侵犯其他商品生产者、经营者和消费者的合法利益。

《中华人民共和国广告法》第五条规定："广告主、广告经营者、广告发布者应当遵循公平、诚实信用的原则。"我国《反不正当竞争法》第二条也规定："商品经营者在市场交易中，遵循自愿、平等、诚实信用原则，遵守公认的商业道德。"也就是说，虚假广告的行为侵犯了法律所保护的产品交易的正当活动。为了保障市场上的公平竞争，保护企业经营者和消费者的合法权益，除了必须运用刑罚制裁虚假广告的行为外，建立防伪溯源体系也至关重要。

对于那些采取不正当竞争行为的企业来说，通过广告来传播产品虚假内容，如针对产品或服务的质量、技术、功效达不到广告所宣传的质量、技术标准和功效的，这些都属于以假充真、以劣冒优的违法乱造行为。如果这些造假广告没有及时地管控制止，可能会造成不可估量的损失。第一点就是会造成数额较大的经济损失，第二点有可能会对消费者身体健康造成巨大的损害，第三点是对环境造成恶劣影响，第四点是对正品品牌造成不良影响。

二、妨害企业发展的侵权与造假

2017 年 10 月，享誉世界的"日本制造"因为神户制钢又名噪一时。1905 年成立的神户制钢所是日本当时第三大钢铁企业，其主营业务包括钢铁、焊接、铜、铝、机械制造等。对于这样的百年企业，真的让人难以接受怎么会出现这场震惊世界的数据造假事件？为什么会用到"震惊"这个词？与此次造假对社会造成的影响密不可分。

从这组庞大的数据我们就能感到心惊：10 年时间，参与造假的人数超过 10 人，管理层人员包含其中；涉嫌检测信息造假的产品 2.15 万吨；受到牵连的企业更是高达 200 家；造假爆出后，公司股价两天暴跌约 40%。这只是从表面数据看到的造假波及之广、危害之大。

基于此，神户制钢事件又会延伸出哪些更深程度的损害？被牵连的企业又将遭受怎样的损失？据调查结果显示，造假事件波及的企业遍布汽车、飞机、高速列车等多个关乎国家民生的关键领域。

造假事件被揭露后，《纽约时报》登出这样一段文字："几十年来，日本的汽车、飞机和子弹列车制造商都在使用神户制钢所提供的原材料，这家钢铁制造商成为日本至关重要的隐形的经济支柱。然而丑闻在日本和其他地区发酵，给该国精密制造业的声誉蒙上了一层新的阴影。"

其实，造假对企业发展最大的妨害就是从市场中被除名。神户制钢的造假事件带来的危害主要有以下两方面：

一方面，造假丑闻曝光后，神户制钢的市值在两个交易日内蒸发 15 亿美元以上，间接导致神户制钢所前五大客户的市场份额都出现了不同程度的下滑。

另一方面，神户制钢的品牌受到了重创，也给日本制造这个面向世界的国家品牌带来了严重的损失。

随着互联网技术的高速发展,人们在知识产权的维护上也更加深入。但是盗版作为知识产权的天敌,一直活跃在市场经济中。中国作为文明古国,早在半坡村陶器就十分注重产品的保护。考古学家发现,半坡村陶器上除了特制的形状和纹饰外,还刻有生产者的名字。虽然看着简单,但是也表明了那时人们已经在有意识地保护自己的产品了。

总之,企业经营重在诚信为本,一旦企业出现造假、侵权等事件,很可能断绝企业未来的发展之路。

第二节 造假社会因素分析

任何现象的背后都有原因,假冒伪劣产品屡禁不止,甚至一度达到猖獗的程度,其背后存在的原因是非常深刻的,是蕴含多种因素的。

一、造假成本过低

众所周知,高利润和低法律责任成本是造假的重要原因。对于许多商品来说,其生产原理并不复杂,仿制并不需要高新的技术,只要降低对商品质量方面的要求就能降低成本,增厚利润。很多外观类似,不具备实际功效,甚至质量低劣,严重损害消费者权益的产品都能在简易的厂房中被生产出来。

许多造假者也拥有一定的技术水平,能够反推出商品的工艺规格,或者直接仿制出类似品,制造出与正版商品具有竞争力的仿制品来,随后无视市场的规则与法律,大肆仿制与销售,扰乱市场、坑害消费者。

一些商品的出众并不只是因为它们优异的质量,也因为它们包含着民众多年喜爱的特色、由厂家提供的完善的售后服务、企业多年的宣传以及口碑维护成本。

而造假者只需要付出假冒伪劣产品自身的成本费用,所消耗的资金毫无疑问降低了，他们根本不需要售后和宣传，不用在意对消费者健康和心理上的损害，以这种"来快钱"的违法犯罪行为严重扰乱着市场经济秩序。

被坑害的消费者会宣泄对伪造商品的愤怒，而大多数时候这种愤怒最终却会燃烧到销售正版商品的企业上，很难会真正影响到将自身隐藏起来的造假者，这无疑会增加造假者的嚣张气焰，乃至于令更多不法分子认识到造假的"好处"，纷纷效仿。

二、违法成本过低

假冒伪劣产品之所以能够在市场上泛滥不绝，除了造假成本低，还有一个低成本就是造假后的违法成本低。中国律法在针对造假者的惩处上比欧美发达国家处罚的力度要弱。再者就是监管体系不够完善。甚至一些监管者也会在利益的驱动下成为造假者的帮凶，成为造假环节中放风的环节，更有甚者，监管者直接参与制假。最终导致的就是即使造假者被抓获了，也会在惩处中被执法者包庇和纵容，所以最后的结果就是违法成本依然不能够成为抵制造假者的门槛。

三、维权守法成本高

在打假中，"维权成本高、守法成本高、违法成本低"的现象长期存在。在利益最大化的追求中，造假者往往会选择违法，以承担相对轻微的法律责任来换取高额的造假利润，从而导致了一种现象，即不论是企业还是消费者，在维权时都要花费相对较高的维权成本。

四、市场平台的放任

虽然老话说"天网恢恢，疏而不漏"，可是造假者将自己藏在法律触角暂时够不到的地方制造出假冒伪劣商品，随后将其伪装成正版甚至直接大摇大摆进行售卖，这在一开始几乎是没有办法被及时发现，甚至可以说，哪怕被发现了，这种放肆的行为也会被部分市场和机构纵容。

不论是网络平台还是线下商场，其中总有为了增加销量以及赚取利润而不会严格要求商品质量、不对厂家进行严格监管、无视消费者正常诉求、毫无社会责任感的行为，这毫无疑问助长了社会上的假冒伪劣行为。

哪怕假货到处飞、消费者一直大骂、风评越来越差、有关部门提出警告，只要昧着良心照样可以挣钱。造假者是逐利的，他们自然会假装什么都不知道、什么都没有看见、什么都没有发生了。

只要从中获取到的利润大于风险，造假者定然会继续进行这种违法行为，无视消费者的血汗钱与消费体验、无视社会舆论上的严厉谴责，甚至无视法律的严格惩戒，只会继续生产假冒伪劣产品，甚至将规模不断扩大。

而在其中同样赚取到利润的各类平台和市场也会继续纵容这种行为，无视假冒伪劣产品对消费者和正常市场的破坏，化为一把对造假者的保护伞，甚至会为了更多的利润主动邀请造假者参与，制造出一个假货蔓延、不断伤害消费者以及正规厂家的畸形市场，毒害社会。

五、法律惩戒的乏力

对于制造伪劣产品的行为究竟该如何惩罚？究竟是谋财害命还是违法经营？这是非常难以界定的问题。

不法分子知道他们做的是违法行为，因而肯定会将生产场地和物流过程隐藏起来，也会想办法将造假行为包装成正常生产经营来欺瞒执法人员。

在执法人员进行正常查验或者取证调查时，这些不法分子甚至会进行不依不饶的阻挠和欺骗，乃至于付诸暴力。

同时，因为本身就缺乏道德观念，哪怕受到了调查和警告，他们基本上也会无视执法人员的调查与有关部门的警告继续生产，甚至在收到罚款与惩戒之后还会制造出更多的假冒伪劣产品，誓要把被罚走的钱从消费者身上成倍赚回来。

六、败坏社会风气

造假售假是对国家社会风气的挑战，泛滥的造假行为在经济发展中将滋生大量败坏党风廉政建设和社会风气的腐败现象。

那么，是否可以通过严格惩戒来阻止造假行为呢？

其实，如果法律的惩戒严重了，确实能够起到一定的遏制作用，但也可能是对违法者的重大打击，会让他们更加跌入犯罪的深渊，造成更加巨大的危害。

可如果施以过轻的惩罚，有可能起不到应有的警示作用，无法遏制假冒伪劣产品的蔓延，而且会激发民众集体谴责。

两头堵，有时候却两头都堵不住，也就只能不上不下留在中间了。

法律只是遏制恶行的最后一步，想要完全依靠法律彻底掐灭违法行为，这是一种不现实的想法，它需要社会多方面的共同努力。

七、部分消费者的纵容

造假也有近似词，那就是仿制、山寨。仿制与山寨是一种在部分场合成为褒义词的行为：

甲国制造出了强大武器，该武器具有极大的威慑力，能够大大提升甲国军事实力，他们自然不会将制造工艺说出来，而乙国按照参数将其仿制出来，对于乙国人来说就是好事。

丙公司生产出了一种极为优秀的产品，比市场上同类型产品都要好，甚至就没有同类型产品，它是完全划时代的，可该产品实在过于昂贵，囊中羞涩的民众买不起、用不上，而丁公司找到机会仿制出了一款类似又不侵权的产品，虽然各项参数比不过丙公司的产品，但胜在便宜，而且该有的功能也都有，于是获得了民众的好评，占领了一大片市场。

苹果开创智能机之后，众多山寨机便迅速抢占市场，这也并不恶劣，它们不仅满足了大量民众的需求，甚至本身就非常有趣。

不得不说，仿制和山寨有时候在普罗大众眼中是一种褒义行为，甚至充满了正能量，值得大力称赞。

所以，民众很多时候会产生这样一种错觉：只要是便宜能用的货，哪怕勉强能用，那买到就是赚到了，他们不关心自己是否使用的是假货还是山寨品，只要便宜就是对的。

受到假冒伪劣产品的坑害之后，部分人甚至只会埋怨正版的昂贵、埋怨那些合法公司不靠谱、埋怨社会风气不正，丝毫不反思自身有没有问题。

虽然勤劳节俭是中华民族的传统美德，这种美好的品质值得我们保持，可总有人省钱省惯了，又为人朴实，就很容易受到某些假货宣称的"便宜又好用"的蛊惑，因占小便宜吃大亏，跌倒在假货的大坑中，甚至"不信邪"地一次又一次被骗。

一次令人痛苦的购物体验只是一个人的悲剧，但聚沙成塔，就会让这种悲剧演化成极为广泛的社会负面现象，演变成民众对市场的失望和不满，演变成对那些知法守法为社会生产、制造出正版产品的企业的损害。

第三节　造假经济因素分析

经济行为遵循相应的法律法规是其发展与成长的基础，但是它同时也要受到一定伦理道德的约束与规范，否则就会出现种种见利忘本、坑蒙拐骗、造假泛滥的现象。

通过这种"假冒伪劣商品"或是"假冒伪劣现象"获取暴利的经济行为就属于造假经济的范畴。随着科技化发展的推进，造假企业已呈现生产规模化、造假团队"专业化"现象。造假给消费者带来的灾难难以想象，同时也给经济发展发出了严重的警告。

每当重大造假事件爆发时，都会对市场经济造成难以估量的损失，一如"毒奶粉"、"瘦肉精"等造假事假，让曾经行业的领头羊跌入低谷，并被市场所淘汰，不仅给消费者带来巨大的伤痛，也给国家和社会带来了深远的信用影响。在痛定思痛中我们不难发现，造假事件都会有惊人的相似之处。

一、造假的经济成因分析

改革开放 40 多年的发展历程中，我们不难发现在这期间普遍存在的市场监管不完善、同类行业恶性竞争、信用缺失等现象。究其根源，我们可以从以下几方面来看。

（一）市场信用体系缺乏约束力

"法者，治之端也。"法治是保障国家发展的重要基石，也是治国理政的基本方式；信用则是维系社会生活与经济发展正常进行的道德准绳。总之，法治和信用是社会主义市场经济发展的建设基石。纵观中国现代经济发展历程，中国的法律法规在信用体系方面存在一些监管空白，这让部分企业在利益和法律之间打起了"擦边球"。法律法规不能很好地约束失信企业，在一定程度上"纵容"了失信企业，加剧了不守诚信企业有恃无恐地进行造假。

（二）消费者守法消费意识淡薄

随着经济消费的高速发展，贫富差距逐渐增加，高消费人群注重品牌的选择和潮流的追求。一些投机的企业就打起造假、仿冒等不良的主意，重要的是，这些仿冒品可以满足部分消费者的消费欲望，心甘情愿选择仿冒品。如一些国际上的奢侈品，正品价格高昂，一些受到收入约束而无法达成购买愿望的消费者往往会主动选择仿冒品。这部分消费者的"认同"间接促进了造假经济的增长。

（三）高速发展为造假提供了生产条件

高速的经济发展造就了很多创利空间，很多企业在短期利益的驱动下，快速形成一条龙式的造假生产流程。这些企业首先缺乏有效的监督机制，更是无法遵守道德和诚信，所以直接呈现出来的就是企业行为失信。

（四）过度的低价竞争

同质产品间低价竞争的持续发酵，要从生产成本上找回利益补偿。行业内头部企业以绝对的品牌优势占据着巨大的市场份额，很多中小企业只能在一块小蛋糕上进行角逐。为了获取更高的利益，在低价竞争中，只能不断降低生产成本，产品质量自然无法得到保障，因此形成了恶性循环，最终导致伪劣产品不断流入市场。

（五）缺乏创新动力

低价竞争、利益驱动等诸多发展因素成为制约企业技术创新的拦路石。缺乏创新技术使企业无法更新换代跟上市场需求，逐渐被市场边缘化，让企业在生死线徘徊。随着竞争压力的积聚，企业经济行为逐渐偏离诚信航线。

二、造假对经济的危害

在中国，造假售假已经成为社会一大"毒瘤"。每年315晚会都会有众多企业进入黑名单，尤其是在涉及民生的衣食住行等消费品上，造假伪劣现象尤为严重。

（一）扰乱市场经济秩序

国家信用关系到一个国家市场经济发展进程。信用体系的缺失将无法保障金融环境的规范性，甚至会成为经济发展的制约因素。例如一部分中小企业因为存在信用问题，恶意违约或者不按期还款等行为，在企业融资时就会受到限制。

（二）加剧社会信用缺失的风险

缺失诚信在社会上具有一定的示范效应，即负面诱导作用。当一家企业因为造假行为获利并未受到相应惩罚时，就会让很多企业或个人看到"有利可图"，并快速投入进去。这就会对社会信用和道德规范造成极大的冲击。

（三）削弱竞争力，危害经济发展

信用的缺失会导致企业失去市场角逐的资格，就像曾经的知名品牌"三鹿"一样，一次信用危机便使企业消失在市场历史长河之中。对于一些头部企业来说，信用缺失还将影响其在国际市场中的竞争。由三鹿事件就可以看出，企业一旦出现信用缺失，必将被市场无情淘汰。

不信不立，不诚不行。随着5G大数据时代的到来，面对后疫情时代的现状，世界经济主体间的信任作用愈加重要。诺贝尔经济学奖获得者肯尼思·阿罗曾指出："信任就是经济交换的润滑剂，是控制契约的最有效机制，是含蓄的契约，是不容易买到的独特的商品。"无论时代如何发展，信用体系都是发展不可缺少的重要部分。

第二部分
防伪溯源政策导向

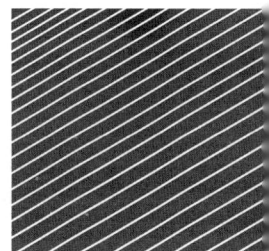

第五章
防伪溯源相关政策与体系建设

【本章提要】

随着时代的发展和市场的需求，防伪溯源得到了前所未有的发展机遇。但不可否认的是，在发展之初，防伪溯源存在着一些不规范之处，究其原因，很大程度上在于没有相关的政策和体系来对其进行规范和监管。

如今，防伪溯源作为当下发展前景广阔的行业之一，相关政策与体系的建设也必须跟上其发展，这样才能确保防伪溯源行业的健康稳健发展。

本章主要内容：

1. 防伪溯源相关政策和措施

2. 防伪溯源标准体系

3. 防伪溯源法律法规体系

4. 防伪溯源社会诚信体系

5. 防伪追溯体系

第一节　防伪溯源相关政策和措施

防伪溯源是新兴的产业，也是特殊的行业，与所有新兴事物一样，防伪溯源行业在发展与应用中还存在很大的发展空间，同时也存在很多不规范之处，需要从全球发展的角度对其进行规范化监管，建立国际标准，各个国家再对标国际标准制定符合本国市场情况的国家政策，以确保防伪溯源行业的健康稳健发展。

一、国内外防伪溯源相关政策

从技术角度而言，国外的防伪溯源行业相对成熟，在市场应用中立法较早；从发展角度来说，中国的防伪溯源体系起源较早，但是后期发展因历史等多种因素导致相对缓慢。

（一）国外关于防伪溯源的相关政策

造假售假不是哪一个国家独有的问题，而是世界各国都在面临的公害。造假行为不仅会给国家带来经济上的损失，同时也会给国家造成各种各样的社会问题。为了抵御市场上的造假行为，世界各国都在积极深化防伪溯源技术的发展，并以立法为基础，从政府角度出台了各项政策对市场经济进行律法监管。

从服务的角度看，防伪溯源技术最终服务的对象就是消费者，让消费者放心购买到真正心仪的产品，也是维护市场经济稳定性、促进企业稳健发展的根本。对于消费者合法权益的保护，早在1985年4月9日，联合国大会就通过了第39/248号决议——《保护消费者准则》。该准则首先指出要保护消费者的健康和安全不受危害、促进和保护消费者的经济利益；其次是消费者在购买产品时能够获得与产品相关的较全面的信息，以供其参考。单从这两点内容看，就已经具备了立法角度上防伪溯源的雏形，这当之无愧是一部具有世界意义的保护消费者的纲领性文件。

有些政策一开始只是在某个行业应用，随着功效的放大，逐渐被引入更多领域，甚至被立为典范。

HACCP 体系（全称 Hazard Analysis Critical Control Point）是一种控制食品安全危害的预防性体系，即确定危害分析的临界控制点。用 HACCP 体系来降低食品安全危害风险，即使不能降至最小但要求降至可接受的水平范围。简单理解就是，HACCP 体系主要是防患于未然，降低产品损耗，即用来预测和防止在食品生产过程中出现影响食品安全危害的标准。

HACCP 体系应用的领域主要包括：饮用牛乳、奶油、奶酪、发酵乳、乳酸菌饮料、水果汁、蔬菜汁、生面条类、鱼肉火腿、蛋制品、蛋黄酱、沙拉类、脱水菜、调味品、豆腐、盒饭、冻虾、罐头、牛肉食品、机械分割肉、盐干肉、糕点类、清凉饮料、冻蔬菜、蜂蜜、动物饲料等。另外，与食品生产密切相关的行业，如食品添加剂、食品设备、食品清洁服务、食品包装材料、杀虫剂、兽药、储运等也可以采用 HACCP 标准建立食品安全管理体系。

通常 HACCP 标准可以单独应用，但随着发展的需要，它也与其他管理体系标准联合应用。如与 ISO9001：2000 联合应用。其中，《ISO22000——食品安全管理体系要求》是自愿采用的国际标准，值得一提的是，该标准对全球食品安全管理体系提出了一个统一标准。基于此，大多数国家在应用时都会采取联合使用的方式。

HACCP 系统最早用于航天食品中，是由 20 世纪 60 年代美国 Pillsbury 公司 H.Bauman 博士等与宇航局、美国陆军 Natick 研究所共同开发的系统。1971年被美国食品药物管理局（简称 FDA）接受，并在 1974 年将该体系引入低酸罐头食品的 GMP（是 GOOD MANUFACTURING PRACTICES 的简称）生产质量管理规范，GMP 是一套具有强制性的适用于制药、食品等行业的标准。

美国科学院（NAS）在 1985 年发表了评价结果指出，HACCP 系统在食品法规中显示出了有效性。随后 1992 年美国农业部食品安全检验署（FSIS）等政府部门联合高等院校以及民间相关机构组成的美国食品微生物学基准咨询委员会（NACMCF）采纳了食品生产的 HACCP 七原则。

1995 年 12 月，FDA 颁布了强制性水产品 HACCP 法规。1997 年颁发了新版法典指南《HACCP 体系及其应用准则》，FDA 鼓励并最终要求所有食品工厂都实行 HACCP 体系。同时，要求所有对美出口的水产品企业都必须建立 HACCP 体系，否则其产品不得进入美国市场。

20 世纪 80 年代后期，联合国粮农组织（FAO）和世界卫生组织（WHO）就大力推荐 HACCP 这一食品安全管理体系。随着世界权威机构的不懈推行，HACCP 体系得到了国际上普遍的采纳。如英国、日本、加拿大、澳大利亚等国紧跟美国之后积极推广和采纳 HACCP 体系，各国分别颁发了相应的实施法规，即针对本国不同种类的食品分别提出了 HACCP 模式。HACCP 推广应用较好的国家大部分是强制性推行实施 HACCP 体系，如加拿大、泰国、越南、印度、澳大利亚、新西兰、冰岛、丹麦、巴西等国。

1991 年，泰国渔业局开展了 HACCP 水产品检验项目，并为企业实施 HACCP 制定了行之有效的规定，如出版符合本国渔业行情的 HACCP 计划和文件归档指南。同时，渔业局还为企业提供了专项的实施 HACCP 体系的基础培训，并对实施 HACCP 计划的企业进行评估，形成了一套闭环的质量安全管理模式。

目前，HACCP 体系是国际上共同认可和接受的食品安全保证体系，已经成为鉴别、评价和控制对食品安全是否存在危害的至关重要的一种体系。

欧盟议会和欧盟理事会分别于 2006 年 12 月 13 日和 12 月 18 日通过了欧盟化学品管理新法——《关于化学品注册、评估、许可和限制规定》，英文全称是《Registration，Evaluation，Authorisation and Restriction of Chemicals》（简称 REACH）。REACH 法规在 2007 年 6 月 1 日正式生效。

REACH 法规就是对进入欧盟市场的化学品安全方面的预防政策，其目的就是在保护人类健康和环境安全的基础上，强化欧盟在化学工业上的优势地位。所有进入市场的化学物质必须经过风险分析和实验研究后，证明无害时才能确定其安全性，并准入市场。REACH 法规一项重要的原则就是"No data，No market"，意为"没有数据，没有市场"。直白的理解就是，产品没有安全注册，就不能合法投放欧盟市场。

值得一提的是，REACH 法规具有强大的法律支撑和欧盟之于化学品管理的丰富经验为基础，同时又结合了欧盟的实际情况。一部 REACH 法规涵盖了欧盟 40 多个法规，且具备了防伪溯源的基本架构。REACH 法规要求，供货链上所有参与的企业有义务提供相互交流信息，如供应商与用户信息的双向反馈，即供应商有义务向用户提供产品信息，而用户同样需要向供应商提供使用信息。这也就是当下推行的防伪溯源体系中所强调的产品在整个运行中的透明度的体现。另外，REACH 法规也指出了企业要承担所要交易的化学物质在安全数据收集、确认以及风险判断上的责任。

REACH 法规监管应用范围相当广泛，几乎涉及了所有行业中化学品生产、贸易、使用安全等环节，既有工业应用中的化学物质，也有日常生活中用到的使用化学物质生产的各类产品。由此可见，REACH 法规涉及的范围已经远远超出化工行业及相关行业的范畴了。事实上，REACH 法规已经对全球各个行业产生了巨大影响。

以美国为例，加利福尼亚州州长施瓦辛格在 2008 年 9 月 29 日签署了两项法案（AB 1879 和 SB 509），这两项法案的原型就源自欧盟的 REACH 法规。

两项新法案的出台所要达到的标准是减少和消除有害化学品在消费产品中的使用，同时促进加州走向全面绿色的化学之路，推动加州政府在识别、分析和管理消费品中的化学品方面承担更多的责任。基于此，我们可以看到 REACH 法规对受管控的化学品和消费品生产行业产生了巨大而深远的影响。

防伪溯源产业的形成历史比较短，但是世界各国随着经济发展的需要，陆续出台了与之对应的政策，以此来保障防伪溯源体系的规范性。如欧盟颁布的 2000/1760/EC 法令和 EC178/2002 正式生效、日本推广的农产品与动物性食品追溯系统、美国农业部建立家畜追溯系统等。

（二）国内关于防伪溯源的相关政策

中国的防伪溯源产业起步较晚。虽然 1991 年农业部渔业局就派遣专家前往美国参加 FDA 组织的 HACCP 系统研讨会，但正式启动 HACCP 体系认证机构的认可试点工作却在 2002 年。

中国引进 HACCP 体系应用最早的是食品和水产界。1993 年，国家水产质检中心就针对中国水产界实际情况首次举办了关于水产品 HACCP 培训班。1996 年，中国农业部结合中国当时水产品出口贸易形势紧跟着颁布了冻虾等五项水产品行业标准，与此同时，较大规模的 HACCP 体系培训活动也逐渐展开，此举加深了该体系在中国应用的宣讲贯彻力度。

2011 年根据《中华人民共和国食品安全法》、《中华人民共和国认证认可条例》等有关规定，对食品行业危害分析与关键控制点（HACCP 体系）进行了认证工作，制定了《GBT 27341-2009 危害分析与关键控制点体系食品生产企业通用要求》，自 2012 年 5 月起实施。

针对食品生产和贮存卫生等方面颁布的政策通常都是政府强制推行的。自1994 年中国卫生部在《食品卫生法》的基础上，参照国际粮农组织（FAO）和世界卫生组织（WHO）颁布的《食品卫生通则》[CAC/RCP Rev.2（1985）]，并结合中国国情制定了中国食品企业必须执行的国家标准政策《食品企业通用卫生规范》（GB14881-1994）。

在有据可循的国际政策基础上，卫生部也制定了食品加工企业的政策规范，这为后期的防伪溯源发展奠定了律法基础。1994 年，国家商检局颁布了《出口食品厂、库卫生要求》，之后以此政策为延伸又相继发布了多个专项政策。

对于我国化学工业和相关产业影响较大的 REACH 法规，从发展的角度来说则进一步推动了我国企业必须不断提高产品质量和科研水平。换句话说，引进 REACH 法规对我国化工及周边产业的发展具有一定的积极作用。因为REACH 法规相当于一套完善的防伪溯源体系，它将化学品从生产到销毁的整个生命周期全都纳入了统一的监管系统中，这就为保障人民健康和环境安全提出了严格的要求和标准，所有涉及该法规的行业都必须严格执行，产品才能在市场中流动。

除了对标国际政策制定符合国情的法规，中国也在 1995 年施行《食品卫生法》之后陆续出台了很多规范防伪溯源的专项政策。

2001 年，开始建立关于食品质量安全追溯体系后，上海市率先发布了《上海市食用农产品安全监管暂行办法》，提出了在食品流通环节构建可追溯体制。

2003 年，通过了《食品生产加工企业质量安全监督管理办法》，要求凡是经检验合格的食品进入市场时也必须加贴食品质量安全标志才能在市场上销售。

2004 年，中国物品编码中心颁布了《中国牛肉制品跟踪与追溯指南》。

2005 年，中国国家质检总局颁布《出境水产品溯源规程》，规定必须标识出口水产品及原料。

时至 2011 年，国家发展和改革委员会、工业和信息化部联合发布了《食品工业"十二五"发展规划》，提出在"十二五"期间持续推进食品安全可追溯体系建设工作，规定了乳粉、肉类、蔬菜、酒类、保健品等门类首先推进电子追溯。2012 年《国务院关于加强食品安全工作的决定（国发〔2012〕20 号）》明确提出建立食品追溯系统。

随后 2014 年，国务院发布《国务院关于加强食品安全工作的决定》，又进一步提出了食品安全全程追溯的建设要求，以及持续完善农产品质量安全追溯体系建设，进而促进食品安全电子追溯系统的总体建设。通过政府部门颁布的各项政策，尽快建立国家统一的追溯手段和技术平台。

2018 年 9 月，农业农村部印发《关于全面推广应用国家农产品质量安全追溯管理信息平台的通知》中要求，推动农产品"从农田到餐桌"全过程可追溯管理。同年，农业农村部又印发了《关于农产品质量安全追溯与农业农村重大创建认定、农产品优质品牌推选、农产品认证、农业展会等工作挂钩的意见》，强制性要求，农业品质量安全追溯必须与农业农村重大创建认定、农业品牌推选、农产品认证、农业展会等方面挂钩。

2019 年，国家标准化管理委员会发布《2019 年全国标准化工作要点》，食品消费品的追溯标准化试点工作正式启动；同时开展"引领食品产业高质量发展的国家标准体系"的建设。同年，《GB/T 38158–2019 重要产品追溯——产品追溯系统基本要求》规定了产品追溯系统的总体要求、追溯系统建设要求、追溯数据管理要求、追溯系统运维要求以及追溯系统安全要求等内容。国家认证认可监督管理委员会发布《RB/T 011-2019 食品生产企业可追溯体系建立和实施技术规范》，该规范不仅指明了食品生产企业可追溯体系的建立、实施和测试要求，同时也指出食品生产企业在可追溯体系中可以进行评价管理。

2020 年，由中国防伪协会、百度等公司起草的《基于移动互联网的防伪溯源验证通用技术条件》首次进入防伪溯源类的国家标准，该标准对区块链在防伪溯源领域的应用做了明确要求，这一标准的实施推动区块链在防伪领域应用树立了新的里程碑。

二、国内外防伪溯源相关措施

从消费者角度而言，世界各国在对其合法权益的保护上主要包括以下几个方面：

（一）国际层面的监督

随着商品经济的发展，国际贸易的扩大，防伪溯源的需求日益明显，尤其是当消费者利益受损害的问题已经跨越国界，成为一种国际现象时，国际性质的防伪组织应运而生。1985 年成立了国际性组织——国际防伪情报局Counterfeiting Intelligence Bureau（简称 CIB）。另外，CIB 是第一个国际性的民间防伪打假机构，它和各国政府的警察局、海关等机关有密切的联系。这是一个非营利性的组织，全世界 140 多个国家和地区都有它的会员单位，会员性质包括企事业单位或者政府机构等。

国际层面的监督措施需要各国政府通力合作，在抵御不法经营活动中，组织了"国际反冒牌货联盟"等活动，以此来对有损消费者利益的造假企业进行处罚管理。

（二）国家层面的监督措施

每个国家的经济环境和市场发展不同，采取的措施也不尽相同。如美国设有"联邦贸易委员会"，其内部设有"消费者保护司"，主要针对消费者权益保护提供便利。英国成立英国公平交易局（OFT），也是专门保护消费者权益的机构。中国也出台了《中华人民共和国消费者权益保护法》。

（三）行业层面的监督措施

首先为了维护企业的声誉，制定行业规章制度，加强监督管理。其次是加强防伪溯源技术的企业应用与管理，从技术指标到生产标准再到销售管理等各个环节都做到安全保密的标准管理。最重要的还是提高造假门槛，企业持续追踪科技新成果，在产品制造上占据独有性。

（四）社会层面的监督措施

从社会角度杜绝假冒伪劣品在市场上的流动，通过教育宣贯，让消费者树立正确的消费观，购买真品拒绝假冒伪劣产品。从政府监管部门发力，让造假者无法在市场中存活；同时加大对造假的处罚力度。再者就是企业提高产品技术壁垒，让造假者在造假成本面前望而却步。

总之，所有的防伪溯源措施都要以法为基，通过法律的强制推行让人们守法购物，以诚消费。

表 5-1-1　国外防伪溯源相关政策列表（部分）

序号	名称
1	欧盟食品卫生要求
2	欧盟水质标准 9883EEC
3	美国 FDA 的食品添加剂使用卫生标准
4	美国 FDA 食品标签要求
5	美国食品药品管理局对食品标签成分表的规定
6	联邦食品、药品和化妆品法令
7	公共卫生服务法
8	食品质量保护法
9	联邦肉类检查法
10	禽类产品检验法
11	蛋类产品检验法
12	联邦杀虫剂、杀真菌剂和灭鼠剂法

表 5-1-2　中国防伪溯源相关政策列表（部分）	
序号	名称
1	中华人民共和国侵权责任法
2	中华人民共和国药品管理法
3	中华人民共和国商标法
4	中华人民共和国广告法
5	中华人民共和国著作权法
6	中华人民共和国消费者权益保护法
7	中华人民共和国食品安全法
8	中华人民共和国行政处罚法
9	中华人民共和国专利法
10	中华人民共和国产品质量法
11	中华人民共和国反不正当竞争法
12	中华人民共和国农产品质量安全法

第二节　防伪溯源技术标准体系

为加强防伪溯源标准化管理，2017 年，国家质量监督检查检疫总局国家标准化管理委员会批准发布了《防伪溯源编码技术条件》等国家标准（《中华人民共和国国家标准公告 2017 年第 20 号》第 115 项），自 2018 年 2 月 1 日开始实施。

《防伪溯源编码技术条件》防伪国家标准的正式发布，标志着我国重要产品质量安全溯源逐步走向规范化、科学化、有序化和系统化的发展阶段，大力推进了我国防伪行业的快速发展。

一、防伪溯源技术标准体系

（一）防伪溯源技术标准体系的概述

标准体系主要方向	标准体系主要内容	标准体系重要意义
防伪	1. 政府/协会背书发码，确保源头问题 2. 云+端对数据进行双重加密，确保安全问题	标准体系的发布，建立了防伪溯源编码的基本规范，有力推动了防伪溯源行业的发展
溯源	1. 以质检报告为依据，让消费者打消疑虑 2. 以人+过程为流程，让消费者形成认知	
营销	1. 整合公共资源，实现资源最大化 2. 借助平台互动玩法，实现可持续运营	标准体系的发布，可以向公共平台建设提供助力，在一定程度上为政府部门监管提供了支撑
数据	1. 连接消费者和品牌/企业 2. 利用大数据进行决策	标准体系的发布与我国重要产品溯源体系建设是协调进行的，为未来的发展奠定了良好的基础

表 5-2-1　防伪溯源标准体系主要内容

（二）防伪溯源二维码防伪技术要求

1. 通用技术要求

用于防伪溯源的二维码需满足防复制要求，其印刷、打印应与物理防伪技术相结合，并符合 GB/T 19425、GB/T 23704 要求。

2. 码制技术要求

用于防伪溯源的二维码的码制应选用符合国家标准的二维码码制，可以选用 GB/T 31770、GB/T29260，或基于标准码制原理并结合其他防伪技术的异构异形二维码。

（三）标准体系的应用技术要求

1. 票证应用技术要求

用于防伪溯源的二维码在票证应用中，应满足票证唯一性的防伪技术要求。二维码内存储信息、二维码的形状和尺寸应满足票证相关技术标准。

2. 标识应用技术要求

用于防伪溯源的二维码在标识上应满足二维码生成唯一性和识别安全性需求。二维码内存储信息应符合相关的技术要求。

带有防伪溯源二维码的防伪标识应具有防转移功能，并符合 GB/T22258 要求。

3. 网络空间应用的技术要求

用于防伪溯源的二维码在网络空间上应用，应满足二维码生成唯一性和识别安全性需求。二维码内存信息应符合相关的技术要求。

二、防伪溯源技术标准体系的主要特点

（一）吸收行业代表意见，更具专业性

该标准由中国防伪行业协会牵头，联合中国物品编码中心、全国组织代购代码管理中心、工业和信息化部电子工业标准化研究院、中国信息安全测评中心防伪测评中心等管理、检测及研究机构，以及中防验证（北京）网络服务平台股份有限公司、浙江甲骨文超级码科技股份有限公司、北京鼎九信息工程研究院有限公司、山东泰宝防伪技术产品有限公司等具有代表性的防伪溯源企业共同编写，进一步保证该标准更为专业。

（二）与国内外主流编码体系兼容

该标准与国内外主流编码体系相衔接，与现有的国家标准和国际标准相适应，通过防伪溯源编码节点结构，对接 EPC、Ecode、OID 等国际编码体系，以便更好适应国际商品贸易的防伪需求。

除此之外，该标准逐步采用纸质载体和电子信息等多形式载体，填补了国内外防伪溯源码领域的标准空白。

（三）适应现有防伪溯源编码的应用现状

考虑到经济型和安全性的需求，各个防伪机构采用的是不同的编码规则和编码长度，同时也采用通用或是自编的加密方式对编码进行加密。可以说，该标准在最经济的原则和最简单的技术的基础上，将现有的防伪溯源编码融入到

了我国物联网体系中。

（四）科学合理的防伪溯源编码体系

考虑到防伪溯源领域的发展形势，以及防伪溯源编码的兼容性，该标准提出了科学合理的防伪溯源编码体系。其中包括防伪机构编码、适用于电话电码和二维码的编码、适用于 EPC 的电子标签、适用于 OID 电子标签的编码，同时对这些编码做出格式等方面的规定。

（五）规定了二维码防伪技术的相关技术要求

该标准中明确规定了防伪溯源的二维码防伪技术通用要求，需符合防复印要求，同时要求印刷、打印应该与物理防伪技术相结合，并符合 GB/T19425 和 GB/T23704 规定。

三、防伪溯源技术标准体系的重要意义

（一）该标准建立防伪溯源基本规范，推动防伪行业发展

防伪溯源虽然前景广阔，越发受到各行各业的重视，但不可否认，在发展过程中，防伪溯源依然存在不少问题和分歧，这些已经成为行业快速发展的主要瓶颈，具体体现在 3 个方面上。

1. 各个防伪机构没有统一的标准。都是按照自身的防伪技术编码和加密技术，缺乏整体标准。

2. 无法与国际编码及标识体系相适应。

3. 防伪溯源系统标准尚不完善。

而该标准的出现，则在一定程度上改变了这些问题。

1. 兼容了各个防伪机构的防伪溯源方案，拟定出了行业通用的规范要求。

2. 在制定该标准的时候，与国际编码体系相对接，促进了行业开放性发展。

（二）该标准适应我国相关行业的建设需求，为物联网发展奠定了坚实基础

我国出台众多政策推进重要产品追溯体系的建设，而想要实现这一体系的

建设，就需要先建立基础范围溯源编码标准，如此，可以解决现存的一些问题。

1. 防伪行业缺少信息互通互联的产品溯源体系，使得大数据效能无法全面发挥其本身的优势。

2. 缺少信息安全和防伪机制保障的产品溯源体系，信息的真实性和溯源的有效性都无法得到保障。

3. 监督机制不完善，缺少统一入口查询的产品溯源验证服务，消费者在购买商品之后，无法分辨真伪。

该标准的出现，完善了我国追溯体系的建设需求。

1. 该标准根据防伪溯源编码的基础要求，在源头建立了我国防伪溯源的编码基础规范。

2. 将防伪要求与多种通用编码体系相结合，在信息互通互联的基础上，保障信息的真实性和溯源的有效性，继而为产品溯源和物联网发展奠定良好的基础。

（三）服务公共平台建设，有利于政府部门监督

1. 由防伪机构统一规划防伪机构的识别代码，通过公共平台为消费者提供查验产品与相关数据的服务，同时也便于政府监管部门的统一监管。

2. 为政府监管部门及时提供生产、流通和消费的信息，为质量追溯、责任追究和执法打假提供一定的技术支持。

《防伪溯源编码技术条件》在兼顾现有防伪信息核验编码机制基础上，使国际国内编码体系相衔接，可满足产品在流通等环节中对安全唯一编码的需要，并支持建立多媒体数字信息防伪溯源验证统一入口。

第三节 防伪溯源法律法规体系

假冒伪劣是一个全球性问题，长期以来，打假防伪、维护消费者权益一直是各国治理经济环境的重点内容。防伪溯源市场乱象横生，乱象的背后是监管

的不到位。为了对抗这巨大的伪造品市场，各国实施了一系列办法，并制定相应的法律法规，以法律意义上的强制性惩治假冒伪劣。

一、世界范围内防伪法律法规

早在 20 世纪 70 年代末，韩国政府便制定了《消费者保护法》，内容涉及防止伤害、质量合格、合同关系、价格标准及交易竞争等各方面，为防伪治劣提供法律依据。2016 年，韩国颁布《商标法》修正案完整版，《商标法》中提出，制造、销售仿冒伪劣商品，侵害商标品牌权益的，构成侵害罪，可被处以 7 年以下有期徒刑或 1 亿韩元以下罚金。

日本制定的《防止不正当竞争法》，内容包括：混同行为，即混同公众所熟悉的氏名、商品、商号和商标；假冒名牌行为；模仿其他商品行为；盗窃经营秘密行为；引起误认行为，即以虚假的手段标明商品、劳务和广告的原产地、质量、数量和制造方法；损害他人信誉行为；冒用他人商标行为等条例，严令禁止贩卖、制造和进口假冒、仿冒产品，禁止以贩卖为目的持有仿冒产品。

美国《商标保护法》明确规定，制假售假初犯者将面临 10 年以上的监禁，重犯者将面临 20 年以上监禁和 500 万美元的罚款，因假货造成死亡后果的个人将会被终身监禁。

2011 年 6 月，欧洲议会和欧盟理事会就防止假药进入合法的供应链，修正人用药品的共同体法典。

二、国内防伪治劣法律法规

（一）《产品防伪监督管理办法》

为了加强对产品防伪的监督管理，预防和打击假冒违法活动，维护市场经济秩序，有效地保护产品生产者、使用者和消费者的合法权益，2002 年，国家质量监督检验检疫总局制定了《产品防伪监督管理办法》，其中：

第五条 国家对按本办法获得合法资格的防伪技术、防伪技术产品、防伪鉴别装置及使用防伪技术的产品给予法律保护。

第六条 产品防伪监督管理机构、中介机构、技术评审机构、检测机构及其工作人员必须坚持科学、公正、实事求是的原则，保守防伪技术秘密；不得滥用职权、徇私舞弊、泄露或扩散防伪技术秘密。

第二十四条 禁止任何单位和个人在不合格或者假冒产品上使用防伪技术产品。

第二十七条 防伪技术产品的生产企业有下列行为之一的，应当分别予以处罚：

1. 生产不符合有关强制性标准的防伪技术产品的，责令停止生产、销售，并按照《中华人民共和国产品质量法》和《中华人民共和国标准化法》的有关规定处罚。

2. 生产假冒他人的防伪技术产品，为第三方生产相同或者近似的防伪技术产品，以及未订立合同或者违背合同非法生产、买卖防伪技术产品或者含有防伪技术产品的包装物、标签的，责令停止生产、销售，没收产品，监督销毁或做必要技术处理，有违法所得的，没收违法所得；并处 2 万元以上 3 万元以下的罚款；情节严重的，吊销生产许可证。

这一系列条令，更是彰显出国家对防伪治劣监管的加强。2018 年，国家质量监督检验检疫总局局务会议审议通过《国家质量监督检验检疫总局关于废止和修改部分规章的决定》（国家质量监督检验检疫总局令第 196 号），对《产品防伪监督管理办法》做出修改，删除第二十四条。

（二）《消费者权益保护法》

1993 年 10 月 31 日，第八届全国人民代表大会常务委员会第 4 次会议通过《中华人民共和国消费者权益保护法》，2014 年 3 月 15 日，新版《消费者权益保护法》施行。其中，对销售假冒伪劣产品的处罚提供了下列法律依据。

第五十五条 经营者提供商品或者服务有欺诈行为的，应当按照消费者的要求增加赔偿其受到的损失，增加赔偿的金额为消费者购买商品的价款或者接受服务的费用的 3 倍；增加赔偿的金额不足 500 元的，为 500 元。法律另有规定的，依照其规定。

第五十六条 经营者有下列情形之一，除承担相应的民事责任外，其他有关法律、法规对处罚机关和处罚方式有规定的，依照法律、法规的规定执行；法律、法规未作规定的，由工商行政管理部门或者其他有关行政部门责令改正，可以根据情节单处或者并处警告、没收违法所得、处以违法所得 1 倍以上 10 倍以下的罚款，没有违法所得的，处以 50 万元以下的罚款；情节严重的，责令停业整顿、吊销营业执照：

1. 提供的商品或者服务不符合保障人身、财产安全要求的；

2. 在商品中掺杂、掺假，以假充真，以次充好，或者以不合格商品冒充合格商品的；

3. 生产国家明令淘汰的商品或者销售失效、变质的商品的；

4. 伪造商品的产地，伪造或者冒用他人的厂名、厂址，篡改生产日期，伪造或者冒用认证标志等质量标志的；

5. 销售的商品应当检验、检疫而未检验、检疫或者伪造检验、检疫结果的；

6. 对商品或者服务作虚假或者引人误解的宣传的；

7. 拒绝或者拖延有关行政部门责令对缺陷商品或者服务采取停止销售、警示、召回、无害化处理、销毁、停止生产或者服务等措施的；

8. 对消费者提出的修理、重作、更换、退货、补足商品数量、退还货款和服务费用或者赔偿损失的要求，故意拖延或者无理拒绝的；

9. 侵害消费者人格尊严、侵犯消费者人身自由或者侵害消费者个人信息依法得到保护的权利的；

10. 法律、法规规定的对损害消费者权益应当予以处罚的其他情形。

经营者有前款规定情形的，除依照法律、法规规定予以处罚外，处罚机关应当记入信用档案，向社会公布。

（三）《中华人民共和国产品质量法》

1993 年 2 月 22 日第七届全国人民代表大会常务委员会第三十次会议通过《中华人民共和国产品质量法》，2018 年 12 月 29 日第十三届全国人民代表大会常务委员会第七次会议对《中华人民共和国产品质量法》进行了第三次修正。该法明确作出以下规定。

第五条 禁止伪造或者冒用认证标志等质量标志；禁止伪造产品的产地，伪造或者冒用他人的厂名、厂址；禁止在生产、销售的产品中掺杂、掺假，以假充真，以次充好。

第十二条 产品质量应当检验合格，不得以不合格产品冒充合格产品。

第二十九条 生产者不得生产国家明令淘汰的产品。

第三十条 生产者不得伪造产地，不得伪造或者冒用他人的厂名、厂址。

第三十一条 生产者不得伪造或者冒用认证标志等质量标志。

第三十二条 生产者生产产品，不得掺杂、掺假，不得以假充真、以次充好，不得以不合格产品冒充合格产品。

以法律法规为底线，规范市场秩序，严厉打击假冒伪劣行为，为防伪溯源应用提供合理合规的法律依据，破除监管盲区，根治市场乱象，以绝对的公信力构建诚信社会、诚信市场，维护消费者权益，推动防伪溯源更好发展与普及。

第四节　防伪溯源社会诚信体系

社会诚信体系的构建作为反假冒和反侵权的重要防线，在保护企业利益、维护消费者权益和规范市场秩序等方面发挥着不容小觑的作用。但是，社会诚信体系的建立绝不是一日之功。

在建设社会诚信体系这一艰巨的工程中，不管是企业、市场，还是政府，都应该清楚地意识到，政府诚信是社会诚信体系的基础，个人诚信是社会诚信体系的根本，企业诚信是社会诚信体系的主体。

一、构建社会诚信体系

2020 年 12 月 7 日，中共中央印发的《法治社会建设实施纲要（2020 —

2025 年)》中指出：要推进社会诚信建设；完善企业社会责任法律制度，增强企业社会责任意识，促进企业诚实守信、合法经营；完善诚信建设长效机制，健全覆盖全社会的征信体系，建立完善失信惩戒制度；完善全国信用信息共享平台和国家企业信用信息公示系统，进一步强化和规范信用信息归集共享。

随后，在 2021 年 1 月 10 日，中共中央印发的《法治中国建设规划（2020—2025 年)》中又指出：要持续营造法治化营商环境，实施统一的市场准入负面清单制度；加强政务诚信建设，重点治理政府失信行为；加快推进社会信用立法，完善失信惩戒机制；规范失信惩戒对象名单制度。

诚然，构建社会诚信体系依然被列入发展重点。

（一）社会诚信体系的四大要素

社会诚信体系，是以社会诚信制度为核心，所展开的维护经济活动、社会生活正常秩序和促进诚信的一种社会机制，也是一项政府推动全社会参与的社会系统工程。在市场经济的发展中，社会诚信体系主要由四大要素组成。

表 5-4-1 社会诚信体系的四大要素

社会诚信制度	信用管理服务系统	社会信用活动	监督与惩戒机制
建立完善的信用法律体系、行政规章和行业自律规则等。	由各社会主体单位，包括行政机关、企业的信用管理系统；社会专业机构承担的信用评级、信用担保等社会专业服务系统所组成。	主要包含消费者信用活动、企业信用活动、银行信用活动和政府信用活动等。	围绕信用监管制度和失信惩戒制度，通过经济、法律和道德等多方面手段，对信用活动行为建立起监管和惩戒的标准，将严重失信行为的企业和个体从市场中清除出去。同时，还建立奖励机制，对守信的企业和个人进行奖励。

（二）构建社会诚信体系的四大原则

社会诚信体系的建设，对优化经济发展环境和落实国家相关政策方面有着极为重要的意义。但当前，我国诚信体系建设仍存在不少问题，最为常见的有失信频率高发化，失信主体多元化，失信手段多样化，失信后果严重化。要构建社会诚信体系，就要先了解构建社会诚信体系的四大原则。

图 5-4-1　构建社会诚信体系的四大原则

1. 政府推动，社会共建

在构建社会诚信体系时，政府需承担起制定、实施发展规划的责任，健全相关法规和标准，做到培育和监管信用服务市场的职能。同时，政府还要发挥市场机制作用，对市场的资源配置做出合理的协调和优化，并以行动来鼓励和支持社会力量，让全民参与到构建中来。

2. 健全法制，规范发展

随着市场的不断发展，相关法律法规和诚信体系也应逐步建立和完善，以达到强化信息管理和规范诚信体系的效果。

3. 统筹规划，分步实施

社会诚信体系的构建必然是一个长期性和系统性的过程，所以在构建的过程中，需要统筹规划，着眼当前，放眼未来。

4. 重点突破，强化应用

选择典型领域作为榜样，积极推动社会诚信体系建设，促进信息交流，营造一个诚信、自律、互助的社会环境。

（三）构建社会诚信体系的三大方法

1. 加强诚信教育与诚信文化建设

信任危机的出现大多是因为人与人之间，尤其是陌生人之间的信任度极低。追本溯源，是由于诚信教育薄弱，导致人、企业和行业之间无视诚信，对失信行为不以为然。针对此等情况，应该从根源着手，普及并强化诚信文化理念，让整个社会都形成守信的良好氛围。同时，还可以建立诚信教育制度，重点对企业、家庭、学校等团体加强社会诚信、职业道德等观念的灌输。除了建立诚信教育制度，还应依托各大媒体，加大宣传诚实守信典范的力度。

2. 建立失信列入黑名单制度

政务、商务、社会民生和司法公信等重点领域与生活、生产均有着密不可分的联系。这些重点领域的诚信情况在一定程度上不仅反映了整个社会的诚信度，还反映了社会诚信体系的健康情况。个人或企业若是在重点领域出现了失信行为，就要视情况与影响将其拉入黑名单，并及时向社会公开，让其他人和组织引以为戒。

3. 推行诚信信息互通制度

在电子信息时代，个人和社会组织的诚信行为可以通过数字化建立出数据库，存储信用记录。信息化建设是诚信信息互通制度的基石与保障，它可以实现个人与组织间的诚信信息共享，进而提升诚信度。

当构建起社会诚信体系之后，市场竞争才能有序进行，发展环境也得到优化，交易风险便能降低，消费者的信任度才能提升。如此，才能有力推动国民经济长足健康协调发展。

二、防伪溯源加强社会诚信体系建设

防伪溯源作为构建社会诚信体系的重要组成部分，在构建社会诚信体系中起到了重要的推进作用。

（一）加强防伪行业管理，构建社会诚信体系

不管是在过去，还是在当下，假冒伪劣产品是市场面临的重要难题之一，在防治和打击假冒伪劣产品时，防伪溯源在这一环节中起着不可替代的作用。社会诚信体系的构建需要防伪行业和防伪溯源技术的支撑。可以说，防伪溯源

是构建社会诚信体系的重要保障。

然而，近年来，防伪行业也出现了一些良莠不齐的防伪技术与相关产品，各个企业之间的竞争越发激烈，恶性竞争的不规范现象也频频出现。针对此等情况，进一步做好防伪行业的监督与监管，完善管理制度，并注重事中、事后的一系列监管措施是重中之重。如此，才能充分发挥好防伪行业在为市场提供服务、反映消费者诉求、规范行为方面的积极作用。

（二）运用防伪溯源技术，构建社会诚信体系

国务院在《质量发展纲要（2011—2020年）》中提出，健全产品质量和追溯体系，强化质量安全监管，增强产品质量安全溯源能力。现代市场经济是信用经济，建立社会诚信体系已迫在眉睫。社会诚信体系的构建是规范市场经济秩序、改善市场信用环境、降低交易成本的重要措施与内容，而防伪溯源恰恰是建立社会诚信体系的重要技术手段。

运用防伪溯源技术，可以有效推进供给侧改革，促进消费转型升级。供给侧改革作为经济发展新趋势，改革的重点环节在于供给和生产端，所要提升的不仅是数量，更是质量。防伪溯源技术的应用，可以加快推进物联网的防伪溯源技术在重点行业和产品领域的推广与应用，从生产源头和供给就开始运用该技术，继而有效提升产品质量，满足消费者的需求。

（三）抓好电子商务领域，完善社会诚信体系

随着世界经济发展的潮起潮落，我国经济发展已进入到新常态，国家也相继出台了一系列鼓励政策措施。电子商务的快速发展，为消费者创造了新的消费需求，同时也为"大众创业、万众创新"提供了新的发展空间。

但在电子商务飞速发展的同时，虚假交易和假冒伪劣等情况屡屡出现。而诚信是电子商务发展的根本。构建电子商务诚信体系，需要实现以下三点。

1. 健全电子商务防伪溯源机制，遏制假冒产品的出现

充分运用信息化手段，建立起以组织机构代码和商品条形码、二维码电子商务产品的产品质量追溯体系，通过粘贴防伪标签等手段，保证产品有处可查、有源可寻。

2. 完善电子商务标准体系，建立标准规范

电子商务发展势头正盛，所以更要保障电子商务的交易方和交易产品质量。对此，从国家层面而言，要加快研究并公布国家的相关标准，规范电子商务的整体交易质量。

3. 加强诚信体系建设，建立激励与惩戒机制

以组织机构组织代码和身份证号码为基础，以防伪溯源为手段，让各大电子商务平台对网店经营者和产品供应商进行实名认证，并对其信用进行记录和管理，进而打造出诚信为本的社会环境，建立激励与惩戒机制，让失信者在电子商务领域"一处失信，处处受限"，提升平台的服务质量。

在社会诚信体系构建的过程中，防伪溯源必然是主力军之一。社会诚信体系的构建，绝不是仅靠一方就可以实现的，它需要国家、市场、行业、企业和消费者的共同努力，并在防伪溯源技术的强大助力下，才能最终实现。

第五节　防伪追溯体系

防伪追溯体系可实现对企业产品的识别、溯源、防伪、跟踪、质量监测与控制，在防伪行业扮演着重要角色。

一、建立防伪追溯体系，做到责任可究

当下，防伪追溯体系和防伪追溯体系建设频繁被提及，那么，防伪追溯体系是什么？它为何被重点关注？

防伪追溯体系当下被广泛运用于各行各业，其主要职责就是采集并记录产品的生产、流通和消费等各环节信息，实现来源可查、去向可追、责任可究和信息可视化，进而强化产品质量安全管理的生产控制体系。

防伪溯源体系		
产品生产 供应商-原料-生产-加工-包装	**流通** 入仓-出仓-经销商	**消费** 消费者购买-消费者查询

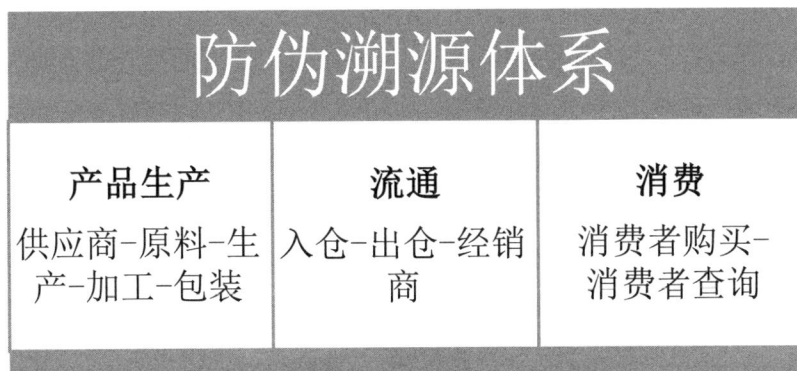

图 5-5-1　防伪溯源体系的主要内容

来源可查，主要是通过产品质量追溯系统对产品源头进行信息采集，对产品原料进行出入库管理，从而保证对产品原料、生产、包装、仓储和售出渠道及信息的全周期追溯管理，同时从源头上遏制假冒伪劣产品的出现。

去向可追，主要是通过产品质量追溯系统对产品的售出或流向进行及时记录，全面记录分销商信息、已发货产品质量和数量。这样，可以确保当对追溯码进行扫描时，可以了解到产品的发货信息，最终做到去向可追。

责任可究，主要是通过产品质量追溯系统对各个环节的负责人进行登记，当产品出现问题和缺陷时，可以细究到人，进而提升企业的生产管理。

信息可视化，主要是通过产品质量追溯系统实现一物一码，即每个产品都有一个独一无二的追溯码，消费者扫描追溯码，就可以获得该产品的各类信息。

防伪追溯体系是由数据采集、数据汇总、数据处理和数据公布及查询四大板块组建而成的。防伪追溯体系的实现过程主要是通过追溯条码秤所记录产品的流通信息的交易终端机来获取，然后将追溯条码秤所获得的数据汇总到数据服务器，最后经过数据处理程序将所得数据分类记录，以便消费者在网上查询产品信息，并鉴别真伪。

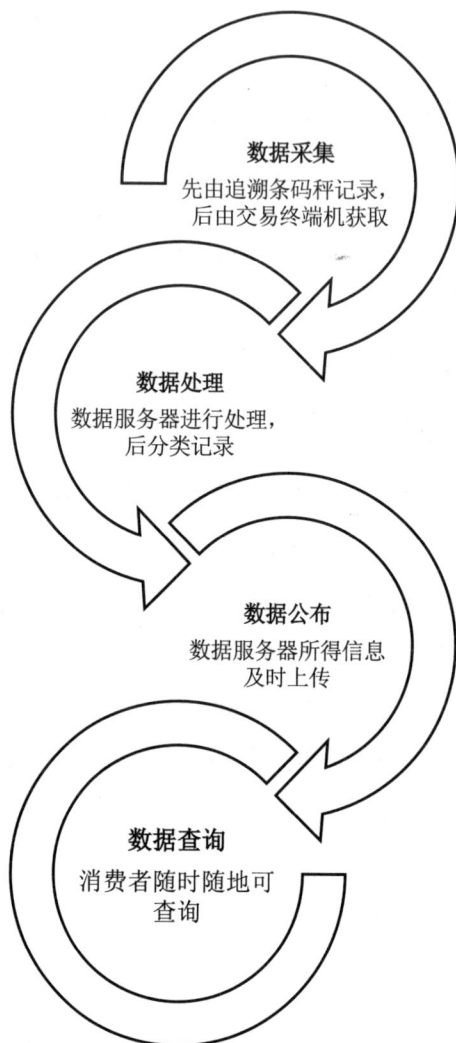

图 5-5-2　防伪追溯体系的运作流程

　　防伪追溯体系的出现，不管是对市场，还是对企业都起到了重要作用。

　　一是保障食品质量。在防伪追溯体系的控制下，生产管理变得规范化和标准化，这是提高食品质量的强有力保障。

　　二是召回缺陷产品。若是产品出现任何质量问题时，可以通过追溯体系召回缺陷产品，从而将损失降至最低。

三是提升品牌形象。防伪追溯系统可以保障产品的质量，也在很大程度上保护了消费者权益不受侵害。可以说，追溯体系是提升企业品牌形象的重要手段，不仅可以为品牌正源，还在一定程度上遏制了假冒伪劣产品的销售。

四是提高管理效率。通过互联网技术，追溯体系可以用更短的传输时间、更快的传输速度对信息进行传输，实现供应链效率的提升。

此外，在供应链中，原材料追踪、本地追踪和交货后追踪共同组成了追溯系统。而它的优势主要体现在三个方面。

一是全程追溯。其中包含原材料、生产过程追溯和售后追溯。

二是生产管理。通过电子化生产管理，加强生产防错和生产管理功能。

三是质量管控。对来料质量控制、过程质量控制、出货检验和统计过程控制进行全面管控。

追溯体系的出现和使用，一方面有效提升了消费者对产品的信心，让消费者可以轻而易举地辨别产品真伪，另一方面也有效帮助企业节省了大量的人力和物力成本。

二、各行业的追溯体系建设

鉴丁防伪追溯体系对市场和行业的广泛影响，《国务院办公厅关于加快推进重要产品追溯体系建设的意见》（以下简称《意见》）中提到，当前及今后一个时期，要将食用农产品、食品、药品、农业生产资料、特种设备、危险品、稀土产品等作为重点，分类指导、分步实施，推动生产经营企业加快建设追溯体系。各地要结合实际制定实施规划，确定追溯体系建设的重要产品名录，明确建设目标、工作任务和政策措施。

可以说，追溯体系建立在来源可查、去向可追、责任可究和信息可视化的基础上，将重点落在了追溯产品原料、生产和销售等信息，同时还注重行业和产品的防伪功能。

（一）食用农产品追溯体系建设

食用农产品追溯体系建设既是社会各界关注的焦点，也是体系建设的难点。《意见》中提到，建立食用农产品质量安全全程追溯协作机制，以责任主体和流向管理为核心、以追溯码为载体，推动追溯管理与市场准入相衔接，实现食用农产品"从农田到餐桌"全过程追溯管理。推动农产品生产经营者积极参与国家农产品质量安全追溯管理信息平台运行。中央财政资金支持开展肉类、蔬菜、中药材等产品追溯体系建设的地区，要大力创新建设管理模式，加快建立保障追溯体系高效运行的长效机制。

构建全程溯源体系，需要严格把控农产品生产全过程，同时加快健全现代农业质量标准体系的步伐，让食用农产品有标准可依，及时发现并处理有问题的农产品。同时，通过采集农产品在种植、加工、物流、仓储和销售等全过程信息，对溯源信息进行系统整理、分析、评估和预警，最终奠定食用农产品质量保障基础。

（二）食品追溯体系建设

《意见》中提到，推进食品追溯体系建设。围绕婴幼儿配方食品、肉制品、乳制品、食用植物油、白酒等食品，督促和指导生产企业依法建立质量安全追溯体系，切实落实质量安全主体责任。推动追溯链条向食品原料供应环节延伸，实行全产业链可追溯管理。鼓励自由贸易试验区开展进口乳粉、红酒等产品追溯体系建设。

想要推进食品追溯体系建设，需要从三方面入手。

1. 督促和指导相关企业依法建立食品追溯体系

企业作为食品安全的第一责任主体，要承担起保证食品质量和提升食品水平的责任。所以，企业要对食品追溯体系进行广泛宣传，让上下游的合作企业也重视起来，从而加入到追溯体系的建设中去，最终让整条供应链上的企业规范食品生产，提升食品行业的整体水平。

2. 加大政府扶持力度，追溯食品源头生产环节

鉴于当下市场可追溯食品的源头环节信息不完善，政府可以综合运用政策工具，将源头环节纳入食品追溯体系中去。通过制定溯源技术标准，形成全国统一的标准体系和信息平台。

3.改善食品可追溯体系的整体市场环境

可以借助电视、媒体和网络等途径让食品追溯体系深入人心，减少消费者对食品质量和安全的担忧。

（三）药品追溯体系建设

《意见》中提到，推进药品追溯体系建设。以推进药品全品种、全过程追溯与监管为主要内容，建设完善药品追溯体系。在完成药品制剂类品种电子监管的基础上，逐步推广到原料药（材）、饮片等类别药品。抓好经营环节电子监管全覆盖工作，推进医疗信息系统与国家药品电子监管系统对接，形成全品种、全过程完整追溯与监管链条。

药品追溯体系建设，是长期工程，需要循序渐进。对此，国家药品监督管理局发布了《关于药品信息化追溯体系建设的指导意见》，其中明确提出了六项工作任务：一是编制统一信息化追溯标准；二是建设信息化药品追溯体系；三是推进追溯信息互联互通；四是拓展药品追溯数据价值；五是建立数据安全机制；六是药品监督管理部门应指导和监督追溯体系建设。此次《药品信息化追溯体系建设导则》和《药品追溯码编码要求》两项信息化标准的发布，是对《指导意见》的贯彻落实，推动药品信息化追溯体系建设。

（四）主要农业生产资料追溯体系建设

《意见》中提到，推进主要农业生产资料追溯体系建设。以农药、兽药、饲料、肥料、种子等主要农业生产资料登记、生产、经营、使用环节全程追溯监管为主要内容，建立农业生产资料电子追溯码标识制度，建设主要农业生产资料追溯体系，实施全程追溯管理，保障农业生产安全、农产品质量安全、生态环境安全和人民生命安全。

（五）特种设备和危险品追溯体系建设

《意见》中提到，开展特种设备和危险品追溯体系建设。以电梯、气瓶等产品为重点，严格落实特种设备安全技术档案管理制度，推动企业对电梯产品的制造、安装、维护保养、检验以及气瓶产品的制造、充装、检验等过程信息进行记录，建立特种设备安全管理追溯体系。以民用爆炸物品、烟花爆竹、易制爆危险化学品、剧毒化学品等产品为重点，开展生产、经营、储存、运输、使用和销毁全过程信息化追溯体系建设。

（六）稀土产品追溯体系建设

《意见》中提到，开展稀土产品追溯体系建设。以稀土矿产品、稀土冶炼分离产品为重点，以生产经营台账、产品包装标识等为主要内容，加快推进稀土产品追溯体系建设，实现稀土产品从开采、冶炼分离到流通、出口全过程追溯管理。

追溯体系的出现，让各行各业都发生了一定的改变，也逐渐成为各行业都离不开的重心。在民生行业，追溯体系让消费者对食品更为放心，提升了信任度；而在其他行业，追溯体系提升了企业的管理效率，同时也对产品实现了更为精准的掌控和更为严格的管理，降低了产品事故的发生率。

第六章

防伪溯源治理监管途径

【本章提要】

防伪溯源是链接企业和消费者的平台，可以在较大程度上减少信息壁垒，更好发挥企业主导和市场作用。想要实现防伪溯源作用最大化，第一步是要制定行业标准、建设相关体系，第二步则是要从多个方面进行治理监管，进而规范市场秩序。

本章主要内容：

1. 全球溯源体系与多方共治

2. 加强防伪溯源宣传力度

3. 防伪溯源与数据治理监管

4. 中国商品诚信数据库

第一节　全球溯源体系与多方共治

溯源体系的建立绝不是仅靠企业和市场就可以实现的，而是需要多方共治。为实现这一目标，全球溯源体系应运而生，并在防伪溯源行业起到了不可忽视的重要作用。

一、多方共治、国际交流背景下的溯源体系

全球溯源体系是中国（广东）自由贸易试验区广州南沙新区片区全自主知识产权打造的制度创新成果，属于全国首创，获得世界多个国家的认同和高度参与。

（一）全球溯源体系的内涵

全球溯源体系是世界各国政府部门、企业和消费者共享共建的价值传递体系，借助物联网、云计算等新兴技术，创新市场化、法制化、国际化核心规则，以分级形式对商品全周期信息进行采集和归纳，对其进行科学分析和精准识别，进而实现风险可识别、可控制、可处置，实现对货物流通、贸易便利和权益维护的全方面服务，最终构建质量安全与风险可控的国际贸易生态链。

全球溯源体系是国际贸易一体化、便利化和多样化的全新规则，它的核心是通过全世界企业、消费者自主选择、共同参与、共同建设实现共同分享。

全球溯源体系也可以被称之为主动担责体系，换言之就是要让参与者主动承担责任、主动承诺和自主申明，促使在现行的检验体系、认证体系基础上打造出一个共建共享价值传递体系，以最低成本实现商品价值的真实传递和国际贸易质量识别。

全球溯源体系在遵循市场化、法制化、国际化规则的基础上，引导市场自由选择，有效解决全球贸易一体化合法性问题。

（二）全球溯源体系的发展

2018 年 5 月 4 日，在国务院关于《进一步深化中国（广东）自由贸易试验区改革开放方案》的通知中指出，推进进出口产品质量溯源体系建设；同年，在广东省政府办公厅印发《深化中国（广东）自由贸易试验区制度创新实施意见》的通知中强调，"建设全球进出口商品质量溯源体系，打造实体溯源中心"；2019 年 2 月 18 日，在中共中央、国务院印发的《粤港澳大湾区发展规划纲要》中提出"支持广州南沙建设全球进出口商品质量溯源中心"。

当下，全球溯源中心建设已被列入湾区建设的重点任务，主动应对国际贸易进入"质量竞争"与"产业链竞争"的深度变革趋势，在探索相关规则体系的同时，解放思想、大胆探索，打造新时代国际贸易的中国规则和中国方案。

（三）全球溯源体系的影响

全球溯源体系作为广东自贸区制度创新经验入选国家商务部制度创新案例，在国际社会和国内市场都取得了不错的成效。

1. 全球溯源体系推广范围变大，在国际社会中取得了良好反馈

全球溯源体系已在广东、湖南、福建等地全面推广应用，并得到国、澳大利亚、西班牙、意大利、泰国等多个国家相关机构、行业协会和企业积极响应进而赞扬，在当下被誉为自贸制度向国际规则转变典范。

2. 全球溯源体系促使全链条监管模式初步成型

全球溯源体系已经在不少行业中取得了不错成绩。截至 2020 年 9 月，共赋码 9947 万个，溯源商品货值达 605.573 亿美元，京东、天猫、美赞臣等全球 14948 家企业参与溯源，涉及的商品品牌达 8716 个，已有约 1679.448 万人次进行溯源查询，赢得消费者广泛的认可和信赖。

3. 全球溯源体系提升了监管效能

通过溯源体系的应用，实现单纯的口岸监管向全链条闭环监管的转变，微观监管向宏观与微观并重的大质量监管的转变，单一部门监管体系向多元共建的社会性体系的转变。

全球溯源中心定位为公共基础设施，秉持"共建共享、真实安全、开放便

利"的原则，建设成为集溯源展示、业务运作、数据监控、产业培育、风险分析、智能预警、公共培训、国际交流、学术研究于一体的现代化、智能化综合性多功能平台，致力于实现全球商品基础数据库可视化及其应用。

二、"一带一路"全球质量溯源体系

"一带一路"倡议是构建我国对外合作开放新格局、旨在积极发展与沿线国家的经济合作伙伴关系，共同打造政治互信、经济融合、文化包容的利益共同体、命运共同体和责任共同体。

在"一带一路"倡议的带动下，沿线国家经贸往来越发频繁，关系越发紧密，但在长期的合作中，仍出现了一些障碍和瓶颈，以关税壁垒与非关税壁垒为主。除此之外，贸易便利化软件水平较低，海关清关效率低、过境管理不透明、通关手续的烦琐等也使得贸易受到不同程度的影响。

针对此类发展现状，我国正试图通过推进跨境监管程序协调、推动质量方面全球质量溯源体系证书国际互联网核查和开展"经认证的经营者互认"等一系列措施，逐一解决掉这些合作障碍和瓶颈。而全球质量溯源体系可以说是"一带一路"的重要工具。

"贸易畅通"是"一带一路"建设的重要内容，但当下的世界贸易正放缓增长。对此，技术性贸易措施将会改变贸易便利化的现状。

（一）全球溯源体系多边合作奠定互认基础

国际认可领域多边互认合作框架是由国际认可论坛和国际实验室认可合作组织建立。"一个标准、一次评定、全球承认"是该框架的愿景，也就是说，当检测、检验、校准以及认证等合格评定结果通过了框架认可，那么也就在一定程度上意味着得到了全球认可。

国际认可领域多边互认合作框架已签署了12项国际互认协议，其中包括机构认可、食品安全管理体系认证机构认可、产品认证机构认可、全球良好农业规范认证机构认可、信息安全管理体系认证机构认可国际互认协议，检测实验室、校准实验室、医学实验室、标准物质生产者、能力验证提供者，以及检验机构认可国际互认协议。该协议范围覆盖全球 95 个经济体认可，而这 95 个经济体占全球经济总量的 95%。此外，我国颁发的全球质量溯源体系证书，成为多个国家市场准入的凭证。

（二）全球溯源体系双边合作实现共同发展

双边合作协议的签署加强了合作双方在检验、检测、认证等领域的认可技术，从而加强双方的信任度。

双边合作进一步完善和加强了认可技术，同时也推进了双方认可事业的发展。其中，认可委员会与印尼签署双边协议，为我国与东盟签署《关于加强标准、技术法规与合格评定领域合作的谅解备忘录》的实施提供了技术支撑。

（三）全球质量溯源体系是"一带一路"的着力点

围绕"全球质量溯源体系检验检测'走出去'初步形成规模，服务'一带一路'建设卓有成效"这一目标，认可工作将进一步推动和加强与沿线国家的多边、双边互认，深化务实合作，在"一带一路"建设中发挥强有力的作用。

国际认可互认体系对消除贸易技术壁垒、实现便利贸易起着举重若轻的作用。为实现"一次认可、全球承认"的目标，认可委员会将推动能源管理体系、信息技术服务管理体系认证机构认可，以及人员认证机构认可的国际互认。同时，我国也将进一步完善认可约束与行政监管，枳极构建全球质量溯源体系行业治理新秩序。

三、通过溯源体系实现多方共治、国际交流的方式

（一）打破地域限制，建立跨地区协作机制

侵权假冒行为具有跨区域、链条化的特点，各地区和各相关部门可以建立联络员制度，定期对侵权和假冒伪劣的犯罪形式进行研究判断，进而确定重点打击的目标与措施。

通过建立线索通报、案件协办和定期会商等制度，逐步完善立案协作、调查取证、协助执行和应急联动的工作机制，规范执法协作流程；同时也不断完善发现线索、追溯源头、属地查询及查处机制，继而推动执行程序和标准统一

化；加强跨区域执法信息共享和执行协作，进而提高跨区域的执行协作效果和监管效能，缩小甚至是消除监控空白地带，并对假冒产品的生产、流通和销售进行全链条打击。

除此之外，执法监管部门和行业主管部门等都要充分发挥自身优势，加强对假冒伪劣的打击和制裁。在对假冒产品进行检查、检验和认定方面要互通有无。同时，还要加强对基层综合执法部门的指导，明确监管职责，坚决抵制监管空白。

（二）加强社会监督，动员社会力量参与

全国各地区都应充分发挥举报投诉热线电话和网络平台的作用，积极引导公众参与进来，加强举报投诉平台和举报处置指挥信息化平台建设。建立并完善举报受理机制和有奖举报制度，最大程度上落实奖励经费，进而鼓励全社会参与到打假的行列中去。但后期还是需要加强跟踪抽查，切实做好举报投诉信息受理和案件查办工作。

除此之外，行政执法部门要及时公开侵权假冒案件，同时也要依法将侵权和假冒伪劣案件及时纳入政府信息公共范围，接受社会与公众的全程监督。

（三）加强组织领导和统筹协调

设立全国打击侵犯知识产权和制售假冒伪劣商品领导小组，其主要职责是领导打击侵犯知识产权和制售假冒伪劣产品。当地政府负责该地区的打击侵权和假冒伪劣工作，统一领导和协调对侵权假冒重点区域和重点市场的整顿；各相关部门要制定和完善监管的具体措施和规定，指导并监督基层顺利开展工作，肩负起监管责任，最终形成"全国统一领导、地方政府负责、部门依法监管、各方联合行动"的工作格局。

除此之外，还应整合行业力量，充分发挥行业的资料作用，引导企业强化主体责任，加强知识产权意识，进而打击侵权假冒现象。

（四）积极开展合作，加强国际交流合作

加强国际经贸合作，同时建立并完善多双边的合作机制，不断加强对跨境侵权和假冒伪劣行为的打击能力。建立健全企业知识产权海外预警、维权和争端解决机制，提高企业在对外贸易投资中的知识产权保护和运用能力。加强多双边知识产权交流，增进互利合作。建立国际知识产权法规政策和动态信息资料库，学习和借鉴先进经验，提高我国知识产权保护水平。

加强国际交流合作。通过多双边对话等多种方式，加强知识产权执法信息交流和执法合作；推动双边知识产权合作协议的启动和落实，增强各领域能力建设；组织赴海外开展知识产权宣传活动，举办知识产权国际合作论坛、政府业界知识产权圆桌会议等；发挥企业知识产权海外维权援助中心作用，做好海外重点展会知识产权工作，开展企业培训和重点热点问题研究，更新完善国际知识产权制度和动态信息资料库，不断建立健全海外预警、维权和争端解决机制，提升企业知识产权创造、保护、运用和管理能力。健全知识产权海外维权机制，鼓励和支持企业海外维权。进一步做好涉外知识产权应对工作。

（五）完善海外维权援助机制

完善国际经贸领域知识产权海外维权机制，引导我国企业积极开展海外维权。建立海外知识产权问题及案件信息提交平台，推动形成海外知识产权维权援助服务网。健全境外展会防侵权管理体系，完善知识产权综合服务机制，帮助企业加快适应国际知识产权规则，做好政策指引、预警、咨询、诉讼等服务，协调处理涉外知识产权纠纷。在重要展会上设立中国企业知识产权服务工作站。

第二节 防伪溯源与数据治理监管

处在产业升级中的中国，正在积极打造"中国制造""中国创造"的高质量发展之路。在产业的转型升级阶段，高品质是着力点。但侵犯知识产权和制造假冒伪劣商品的企业层出不穷，严重影响着产业升级，市场高质量发展。无论是国家还是企业都意识到保护品牌，建立防伪溯源体系的重要性。政府重拳出击，进一步强调重点行业企业必须强制建立防伪溯源系统。

防伪溯源体系建设主要通过记录产品从源头生产到终端消费的各环节信息，实现产品的来源可查、去向可追、责任可究，从而加强产品流通全过程质量安全管理。各地区的有关部门也在联合农产品、药品、食品等重要行业，积极搭建物联网、区块链等技术建设防伪溯源体系，以提升企业对产品质量的监管能力，保护企业品牌的同时，保障消费者的消费安全。

2016 年国务院办公厅发布《关于加快推进重要产品追溯体系建设的意见》，提出："到 2020 年，追溯体系建设的规划标准体系得到完善，法规制度进一步健全；全国追溯数据统一共享交换机制基本形成，初步实现有关部门、地区和企业追溯信息互通共享。"在国家的整体管控下，追溯体系建设实现落地，企业防伪溯源体系建设不断完善，防伪溯源的技术标准不断提升，相关的法律法规也趋于完善。随着防伪溯源在企业中的普及，社会大众对设置防伪溯源标签的产品也越发看重，防伪追溯体系建设市场环境明显改善。

随着防伪溯源体系的不断完善，各行业防伪溯源建设比例不断提升，企业防伪溯源的数据不断增长。数据是防伪溯源的基点，是企业分析市场的重要依据，加强对防伪溯源数据平台的建设与监管，是保障防伪溯源高效运行的长效机制。

一、加强防伪溯源数据平台建设与监管的重要性和必要性

（一）保存企业防伪溯源数据，防止数据污染

随着防伪溯源体系的不断完善，企业所形成的防伪溯源数据会不断增加，庞大的数据需要得以妥善储存与监管。防伪溯源数据平台建设相当于第三方机构，打造防伪溯源体系建设的监管空间，通过数据搜集建立防伪溯源云服务平台，通过系统大数据分析监理防伪溯源体系，以隐秘性与安全监管模式，构建大数据监管机制及预测预警机制，防范重要产品的安全风险，从而防止数据污染，避免防伪溯源数据遭到恶意篡改与攻击。

（二）监管企业数据存储，规范企业追溯体系

加强防伪溯源数据平台建设与监管，可以进一步提高对企业追溯体系的监

管效率。针对建设防伪溯源体系的企业，建立健全监管企业数据储存的平台与监管部门，制定追溯数据公开、共享的管理保护办法，加强对企业防伪溯源数据采集、利用的规范性管理，从而规范企业防伪溯源体系建设。

（三）通过数据，追溯企业源头

当前，商品质量安全仍存在众多现实问题，假冒伪劣产品的泛滥，从侧面反映出市场诚信的失衡。防伪溯源数据平台的建设不仅是对企业的保障，同时也是对企业的一种监管。当出现质量问题的产品，防伪溯源数据平台可以通过中心数据追溯源头企业，有效做到来源可查、去向可追、责任可究。如此一来，不仅可以规范企业的产品质量，更可以通过对商品源头的追溯，实现对整个产业链条的监管，以全方位的溯源流程，构建防伪溯源循环生态体系。

近年来，国家积极推进防伪溯源体系建设，相应的防伪溯源监管系统也在不断完善，各地方政府也在监管系统建设上共同努力，为市场监管提供有力支持。宁波推出了进出口食品防伪溯源监管平台，此外，全国商品可追溯信息查验平台、国家农产品质量安全追溯管理信息平台、中国追溯云公共服务平台等一系列监管平台也在有效监控企业防伪溯源体系建设，通过管控防伪溯源大数据及时追踪、追溯问题产品的源头与流向，规范源头生产企业的生产操作过程，从而有效地提高商品质量安全，推动国家监管手段的加强，为社会诚信体系建设、经济高质量发展做出贡献。

二、防伪溯源数据平台内部运行情况

（一）全国产品防伪溯源验证公共平台

全国产品防伪溯源验证公共平台是在全国"双打办"和国家质检总局指导下，由中国防伪行业协会和中国反侵权假冒创新联盟共同发起，联合相关行业商、协会和联盟，以及知名企业共同搭建的权威、公正、公益性第三方服务平台。具备正品认证、质量背书、信誉担保、数据监管等功能，是一家跨行业、跨领域参与制定国家重要产品追溯标准化体系制定的国家级平台机构，是国家产品追溯体系的重要组成部分。

2015 年 12 月，全国产品防伪溯源验证公共平台正式启动，纳入"全国双打办"行政执法与刑事司法衔接平台等政府监管平台，可提供打假案源等信息；纳入国家产品质量信用平台，可提供产品质量信用等信息。全国产品防伪溯源验证公共平台有效调动了社会各方防伪打假资源，整合各行业、地方追溯平台和防伪企业的溯源信息，利用互联网＋、大数据、先进的防伪溯源验证等信息技术手段，形成社会共治打假防伪新局面。

全国产品防伪溯源验证公共平台主要通过对产品溯源及真伪验证所产生的数据进行管理，建立产品假冒伪劣风险分析模型，协助政府做好打击假冒伪劣工作。全国产品防伪溯源验证平台还建立了全国防伪标识备案库，采集完整、准确的防伪标识图像、识别特征等信息，为执法打假队伍提供专业的防伪识别验证工具，提高执法打假效率，为产品真伪鉴定提供标识比对基础数据库，也可为消费者提供进一步验证手段。

（二）国家农产品质量安全追溯管理信息平台

国家农产品质量安全追溯管理信息平台为各级监管机构提供基地巡查和任务发布信息化管理手段。各级监管机构通过国家追溯平台查验产品生产经营者身份码，查看主体信息，采集录入监管信息。农产品质量安全追溯管理信息平台作为农产品质量安全监管信息的大数据中心，是政府智慧监管和公众信息查询的统一平台。随着追溯工作的深入和铺开，国家农产品质量安全追溯管理信息平台进一步研究制定农产品质量安全追溯管理配套制度，明确追溯要求，健全管理规则。抓紧制定追溯管理编码规则、数据格式等基础标准。

（三）中国商品诚信数据库

想单纯通过技术手段，做到商品 100% 防伪溯源，打击假冒伪劣，可能性极小。所以中国商品诚信数据库在使用先进的技术时，同时配备了一个商品流通场景大数据规则表，主要作用是将技术手段反馈回来的数据加上商品本身流通的场景，建立一个数据库模型，将零散的数据以及异常数据分析出一个最终结果，生成一份单个商品流通数据报表，如果有异常，系统会把此报表自动推送至相关打假部门，进行精准打击假冒伪劣。

此外，中国商品诚信数据库通过"一物一码"实现个人秘钥数字签名加密、与线下离线 SDK 数据验证相结合、三个判断、四个参数的方式，确保每个商品对应的二维码独一无二。如果有不良品牌商复制个别二维码造假销售，企业可借助中国商品诚信数据库企业自主管理后台大数据的扫码数据分析，以及打假雷达自动追踪扫码地理位置，迅速排查出假冒伪劣产品售假地址，从而截断线上线下售假渠道。

第三节　防伪溯源与防伪宣传

防伪溯源对市场、行业、企业和消费者都有着极大的影响。虽然大部分企业都开始注重防伪溯源，却很少对防伪溯源进行宣传，导致一部分企业和消费者都尚未意识到防伪溯源的重要性。

一、加强防伪溯源宣传力度的必要性

当下，在各行各业的共同努力下，防伪溯源已日趋成熟。但消费者对防伪溯源的认知还很有限，这也在一定程度上出现有高质量、可溯源的优质产品但却鲜为人知的困境。所以，加强防伪溯源宣传力度迫在眉睫。

加强防伪溯源宣传力度的必要性，主要体现在以下五个方面。

一是可以使消费者意识到防伪溯源的优势和意义，让消费者树立防伪意识，并从实际行动抵制假货。

二是可以树立和加强企业对产品的防伪溯源意识，让企业把关各个环节，并做到随时责任到人，责任到环节。

三是可以让供应链中的上下游企业建立防伪溯源体系，保证产品从生产到销售的每一个环节都可以追溯，进而提升每个环节的工作质量和效率。

四是有利于在全国范围内帮助消费者树立起"品牌"观念，助力品牌价值快速提升。

五是可以从源头上扼杀假货的横行，让制造假货的企业意识到造假已经没有任何发展前景。

加强防伪溯源的宣传力度，不管是从整个市场的角度，还是从企业、消费者的角度，都是有利于市场和行业发展的，所以，要将加强宣传力度落到实处，制定出具体的措施和方案。

二、加强防伪溯源宣传力度的措施

当下，防伪溯源对市场、行业、企业和产品越来越重要。但与此相对的是，一部分企业和消费者还是不重视防伪溯源。针对此类情况，需要通过各个层面加强对防伪溯源的宣传。

（一）政府完善相关政策

2015年，国务院办公厅发布了加快推进重要产品追溯体系建设的意见，根据此意见：到2020年，追溯体系建设的体系得到完善，法规制度进一步健全，重点行业的企业要采用信息技术防伪溯源，社会公众对追溯产品的认知度和接受度逐步提升，追溯体系建设市场环境明显改善。

换言之，就是政府将着重关注重点行业的企业，并强制建立防伪溯源系统，同时也要求消费者尽量购买带有防伪溯源标识的产品，通过企业和消费者的共同努力最终打击假货。

（二）建立企业移动宣传门户

企业可以建立一个移动的宣传门户，比如企业 WAP 门户网站等，消费者可以通过扫描企业分布在平台、报纸、网页等媒介上的二维码，或是扫描产品包装的二维码防伪码便可以登录企业的移动宣传门户，进而培养消费者打假、防伪的观念。

（三）联手上下游合作企业

企业作为产品的第一责任主体，承担着产品质量安全和水准的重担。而企业想要让产品不出现瑕疵和纰漏，就要对防伪溯源进行广泛宣传，让上下游的合作企业意识并重视防伪溯源的重要性，促使他们也建立防伪溯源追溯体系。最终使整条供应链上的企业都实现规范生产。

（四）产品包装上打印防伪标签

如果产品上的防伪标签具有可识别特征，那么就可以让消费者精准判断产品的真伪。可以说，一枚小小的防伪标签是帮助企业打假的重要工具。企业在印制防伪标签的时候，可以将其印制在产品包装较为显眼的位置，并配上"请扫描鉴别真伪"等字样，进而树立消费者的防伪意识。

（五）建立会员俱乐部

企业可以建立无线会员俱乐部，通过防伪二维码，可以将企业的客户聚集在一起，在企业与消费者之间建立起长期的价值关联。

通过建设会员俱乐部系统，对企业、对品牌进行宣传，让品牌深入人心，提升品牌价值，并同时向消费者传递防伪溯源的重要性和必要性，帮助消费者形成购买产品就要扫码鉴别真伪的习惯。

可以说，防伪溯源的出现在很大程度上挽救了消费者对产品的信任。所以，各方不仅要在产品上进行防伪，还要向消费者宣传防伪溯源，让他们具有防伪意识，进而不断提升消费者的信任度。

第四节　中国商品诚信数据库

防伪溯源体系对社会、经济、民生等众多领域有着深刻广泛的影响，其自身也因而蕴含巨大的商业价值。一方面，在不同行业、企业的场景环境中，防伪溯源体系的建设与实际应用需要根据不同的情况拟定不同的解决方案，使防伪溯源网格具备最大的单体物品联接属性；另一方面，防伪溯源网格也需要具备统一管理的"中枢"和"主轴"，使灵活性强、适应性高的分枝能够归属于统一管理。

在这一行业属性要求下，为了确保消费者能买到合格商品，打击、遏制假冒伪劣商品的流通泛滥，统一商品身份信息的数据库——中国商品诚信数据库应运而生。

一、中国商品诚信数据库简介

中国商品诚信数据库是中国防伪溯源行业领先者，备案于国家发改委重大建设项目库，国家信息中心全国联合诚信服务中心授权的防伪溯源体系，具有高度的统一性及权威性。中国商品诚信数据库在诞生的那一刻便决定了他重大的责任与使命，一个数据库，管理数万亿商品，给每一个流通商品都贴上唯一性标签，运用大数据、物联网、5G、人工智能、区块链等前沿技术对供应链各个环节的资源、能力和流程进行高效协同，确保消费者买到合格商品、确保企业销售的商品不被仿冒。

没有消费者参与的防伪溯源是个伪命题，因此 CPS 云平台尤其注重消费者体验。通过粒子码全新一代防伪技术，消费者可以轻松解析终端，识别商品身份，确保该商品经过国家认证并具有独一无二的商品身份信息，真正做到全民打假。

源头生产企业通过 CPS 云平台（全称 Cyber-Physical Systems）即信息物理系统进行在线申请，以数据入库的方式，为每一款商品从原材料、加工、物流到终端销售，建立实时跟踪系统，在支持产品服务及商业模式创新落地的同时，通过用户画像，为企业制定精准营销方案，帮助企业增加销售利润，简化管理方式，维护价格体系，保护品牌信用，优化用户体验，它将是各生产企业信息化升级的最优组合。

CPS 云平台一直围绕着 To B 方向深耕，具备安全、高效、多元、稳定、权威、开放、标准、灵活、唯一、实时、交互、易用十二大特性及平台十一大云应用，开辟了防伪溯源领域平台化服务先例，将引领各需求企业、行业协会、第三方平台、专业服务企业共享平台技术与资源，共建我国追溯体系新标准。

中国商品诚信数据库始终秉承着防范胜于救灾的理念，用数据记录商品轨迹，确保消费者购前验真伪，推进我国企业防伪溯源主体责任意识，加强商品生产全过程质量安全管理，保护民族品牌，保障人民生命及财产安全，助力中国质量强国之路的推进。

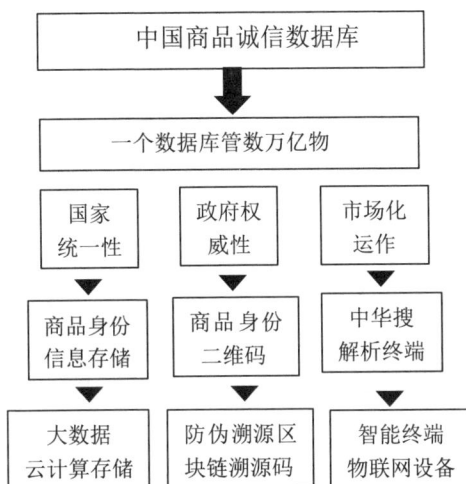

图 6-4-1　中国商品诚信数据库建设核心原理

二、中国商品诚信数据库的发展与运营

2013 年，以陕西省为主导的地方政府机构率先对以二维码为识别方式的商品真伪鉴别体系进行了立项。其后，国家信息中心对这一体系进行了可行性研究调查，并于同年起草相应的研发计划。

2016 年，开发手机软件"中华搜"平台。用户在购买商品前，便可通过智能终端"中华搜"APP对生产厂家的商品质量信息进行追踪查询，获得产品从原料验收，到生产加工过程，成品自检等相关信息。"中华搜"通过"一物一码"实现个人密钥数字签名加密，与离线 SDK 数据验证相结合，可以确保每个商品对应二维码的独特性。对于不法分子违法复制个别二维码造假销售的行为，生产企业与监管部门可通过"中华搜"大数据的扫码数据分析系统、"打假雷达"对扫码地理位置进行反溯追踪，排查假冒伪劣产品销售地，有效打击和遏止售假行为。

图6-4-2　中华搜 APP 验证工具

2017年，中国商品诚信数据库项目启动 CPS 1.0 云平台建设。CPS 系统是综合大数据计算、互联网络和现实物理环境的多维系统。使商品防伪溯源体系的技术建设进入实时感知、动态控制和信息服务的有机融合与深度协作阶段。

2018年，在技术与多项发明专利的奠基下，中国商品诚信数据库正式成立。经过前期的探索研究，中国商品诚信数据库不断取得防伪溯源行业内的重大突破，于2020年上线区块链产品质量追溯系统，随后粒子码2.0系统与 CPS 云盾数据安全解决方案也陆续上线。

2021年，基于中国商品诚信数据库的吾品商城正式上线运营。吾品商城定位为可溯源的正品商城，通过一套技术体系，解决企业产品从生产到流通过程中本身存在的一系列问题，确保产品质量，保护商品不被仿冒，结合一物一码等多种可扩展的运营模式，将企业自身流量价值放大化，为老百姓输送放心商品，为企业争取更大利益，为国家高质量发展助力。

国家信息中
心起草可行
性研发计划

新华社平台
授权中华搜

获得购前验真伪多项发明专利
成立全国商品诚信溯源服务中心
备案于国家发改委重大建设项目库
建立中国商品诚信数据库

启动源链 CPS 生态系统
吾品商城上线内测
区块链产品质量追溯上线
粒子码 2.0 上线
CPS 云盾数据安全解决方案上线

陕西发改委
立项，以二维
码的方式识
别商品真伪

陕西发改委
项目备案立
项通知下发

项目启动
CPS1.0
云平台建设

CPS2.0 云平台运营
粒子 1.0 设备运行

吾品商城 1.0
上线试运营

2013　2014　2015　2016　2017　2018　2019　　2020　2021

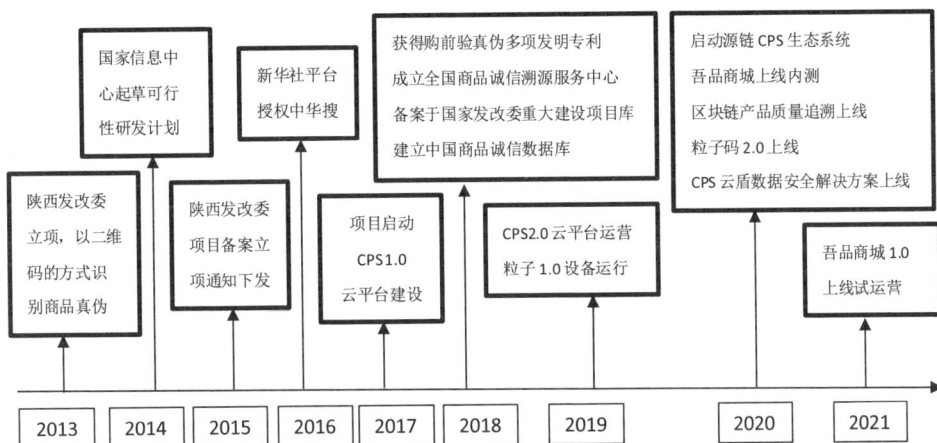

图 6-4-3　中国商品诚信数据库发展历程

三、中国商品诚信数据库的技术研发与布局

中国商品诚信数据库围绕商品防伪溯源具体目标的实现，通过七大抓手，大力推进相关工作的落实与开展。

一是成功研发新型加密算法——"粒子码"防伪溯源技术，采取信息化和物理化双重防伪，使商品防伪溯源效率在市场同类商品营销平台中占据优势地位。

粒子码实物　　　　　　　　粒子码设备

图 6-4-4　粒子码防伪——购前验真伪

二是建立数据库 CPS2.0 云平台，这一平台系统能够高效联结申报服务商、平台服务商、监管机构、开发平台、源头性生产企业及消费者，通过商品全产业链的参与，有效支撑各行业防伪溯源体系的快速建立。

CPS 云平台是中国商品诚信数据库的核心系统之一，各行业源头生产企业可以在 CPS 云平台进行在线申请，以数据入库的方式为商品建立从原材料、加工、物流到终端销售的实时跟踪系统。

CPS 云平台在提供产品防伪溯源支持服务及相应商业模式创新落地的同时，也可以进行用户画像，优化营销、管理方式，保护品牌信用等，为合作的生产企业提供信息化升级的最优化组合方案。

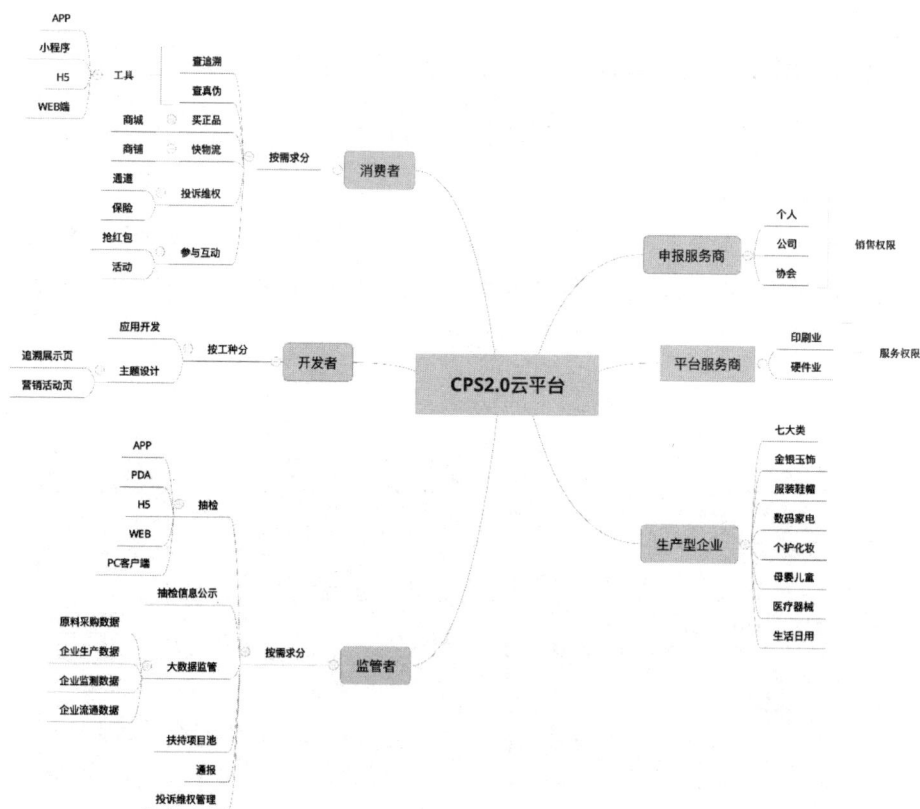

图 6-4-5　CPS2.0 平台原理图

三是开发出加密算法的 CPS 云盾（加密 U 盾），在保障商品生产信息清晰透明的前提下，对企业生产数据进行篡改防护，有效保障企业数据安全。

CPS 云盾是银行转账安全级别的数据加密传输神器，是追溯、营销、防伪、管理的数据安全最优解决方案。

图 6-4-6　CPS 云盾

四是打造无伪的全正品商城——吾品商城，保障商品质量，防伪溯源数据信息安全可靠。

五是建立业务中控平台，对加入中国商品诚信数据库防伪溯源体系的生产企业提供更贴近、更实时的防伪溯源数据服务，优化企业交付程序，提高商品防伪溯源相关业务效率。

六是加快智能硬件设备平台建设，中国商品诚信数据库在加强防伪溯源行业创新技术研发的同时，也在进行自身智能化硬件平台建设，为企业防伪溯源体系产业与技术的不断升级改造提供保障。

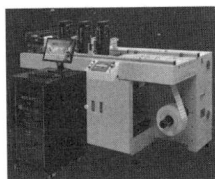   

UV 喷码机　　　　箱子侧方喷码机　　　　手持 PDA　　　　粒子码设备

全自动缠绕机　　　数据采集相机　　　条码打印机　　　机器人抓手

基于 LINUX 核心的 CPS 加密云盾　　　物联网采集关联设备　　　综合数据采集终端

手持喷码机　　　溯源云直播视频采集设备　　　4G/5G 通讯组件　　　手持激活枪

图 6-4-7　CPS 智能硬件

　　七是紧紧跟随世界区块链技术发展趋势和国家有关政策要求，打造防伪溯源实业区块链，按照互联网与智能化时代经济的发展规律，探索、实践实体经济数字化升级。

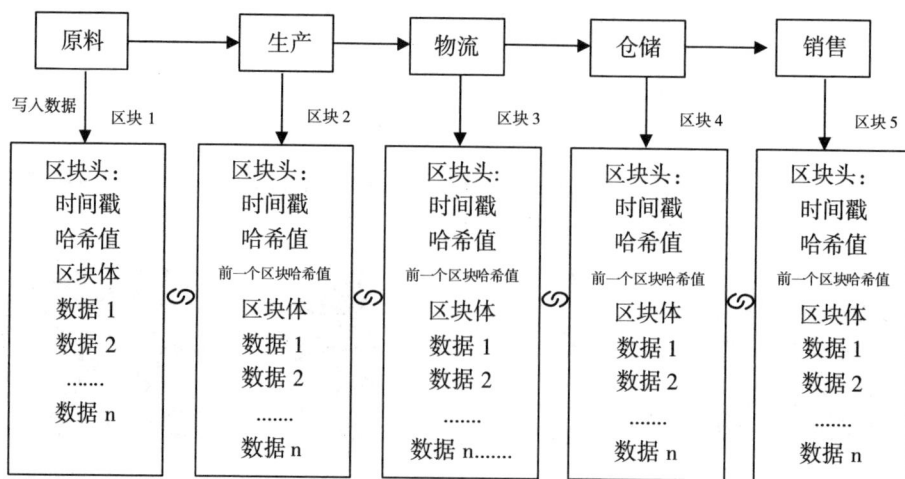

图 6-4-8　区块链产品质量追溯架构

1. 区块链产品质量追溯（食品）

图 6-4-9　区块链产品质量追溯（食品）

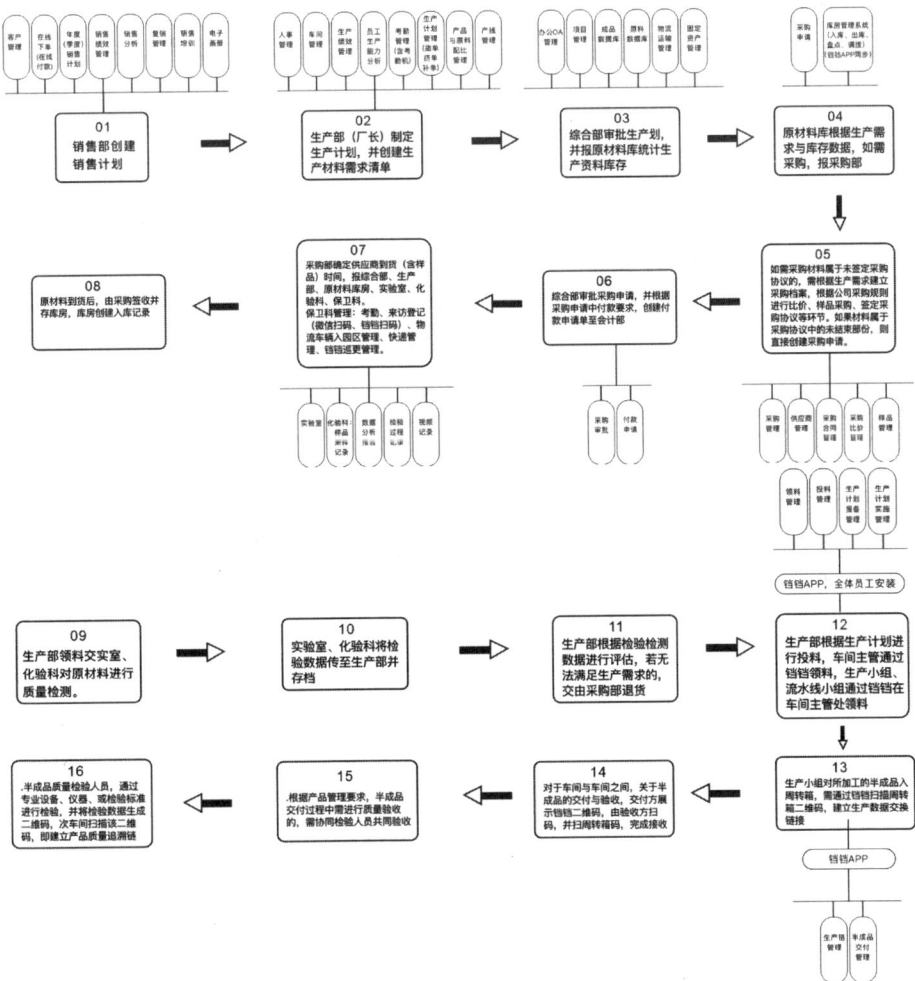

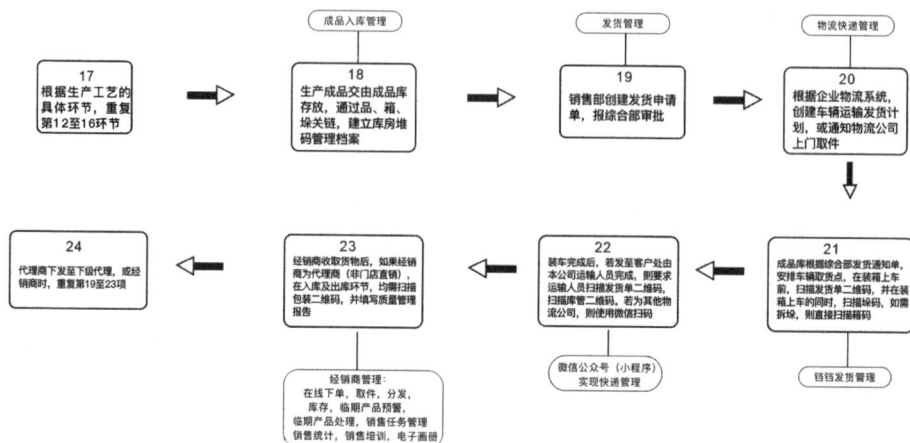

图 6-4-10 食品（药品）产品质量追溯系统

2. 区块链产品质量追溯（农产品）

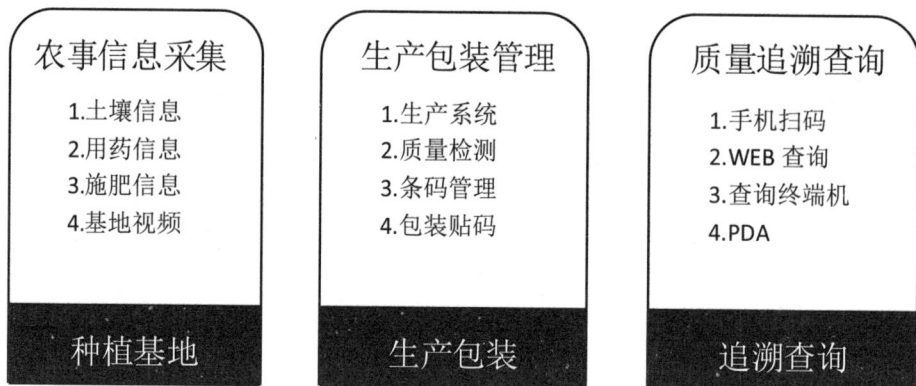

图 6-4-11 区块链产品质量追溯（农产品）

（1）检测数据采集。

基于农产品质量安全三级检测体系，通过质量检测速测设备与系统的连接直接获取质量检测数据，实现对果蔬种植、畜牧、水产、奶制品等农产品种养殖和加工的产地环境、投入品和农兽药残留的检测数据采集、报送、汇总。

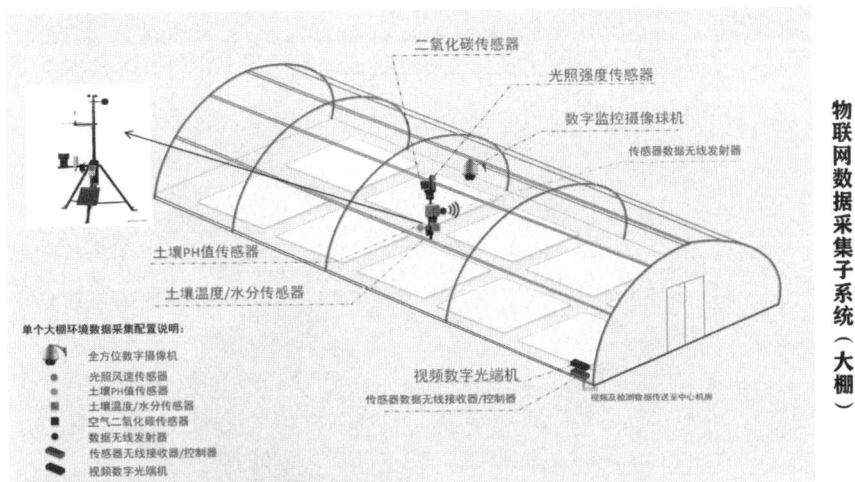

图 6-4-12　物联网数据采集子系统（大棚）

表 6-4-1　检测数据采集表

	检测编号	农产品名称	溯源条码	来源地	检测指标	检测值	标准值	判定	检测单位	检测时间
☐	20110610022	小白菜	123456789	天山区农牧批发市场	六六六	0mg/kg	0mg/kg	合格	天山区检测站	2011-5-13
☐	20110610023	猪肉	345678910	南城区潘真批发市场	瘦肉精	0mg/kg	0mg/kg	合格	南城区检测站	2011-4-12
☐	20110610024	哈密瓜	123409889	天山情水果生产基地	拟除虫菊酯	0.02mg/kg	0mg/kg	不合格	基地检测点	2011-3-10
☐										
☐										
☐										

（2）检测数据分析。

　　针对地区从监测点、区县检测站报送的检测数据，按时间、区域、企业、农产品种类、检测类型等对检测数据进行综合分析，以柱状图、折线图或饼图等形式直观展示农产品质量安全现状和发展趋势，为农产品质量安全监测工作提供辅助决策和重要参考。

表 6-4-2　检测数据分析表

来源地:	请选择		检测单位:	请选择
检测指标:	请选择		农产品名称:	请选择
农产品品种:	请选择		农产品分类:	请选择
检测起始时间:			检测结束时间:	
统计时间段:	按年统计			

统 计

农产品名称:	白菜	■ 合格数 ■ 不合格数
来源地:	乌鲁木齐蔬菜生产基地	99.8%
合格率:	99.8%	0.2%

（3）危害分析管理。

针对农产品生产流通的特点，提取生产、加工、运输和销售过程中危害最终农产品和食品安全的关键因素和关键节点，分析导致最终农产品质量安全的可能原因，确定关键因素的预警阈值，为农产品质量安全预警分析提供决策辅助。

表 6-4-3　危害分析管理表

根据: 检测项　🔍[查询]　　　　　　　　　　　　　　　　　　⊕[增加] ×[删除] ✐[修改]

	检测项	检测指标	标准值	可能危害来源	适用对象	产生原因	采取措施
☐	农药残留	拟除虫菊酯	0	氨基甲酸酯杀虫剂, 有机氯杀螨剂	果蔬	虫害防治	督促检测点加强对这一批次果蔬的抽检
☐	土壤重金属含量	As%	25mg/kg	有机砷农药（杀虫剂）	产地环境		改良土壤, 施用有机肥
		bp%	50mg/kg	有机砷杀菌剂			
☐	兽药残留	瘦肉精	0	莱克多巴胺, 克伦特罗	牛羊猪肉	生产激素	加强对这一批次肉制品瘦肉精含量的抽检
☐							
☐							

检测项:	农药残留	检测指标:	拟除虫菊酯
标准值:	0		

指标分级	预警分级	预警说明
0mg/kg	0级	安全
0mg/kg-0.001mg/kg	1级	不安全
0.001mg/kg-0.002mg/kg	2级	非常不安全
0.002mg/kg-0.003mg/kg	3级	危险
0.003mg/kg-0.004mg/kg	4级	很危险
0.004mg/kg-0.005mg/kg	5级	非常危险

（4）安全预警分析。

基于质量检测数据与质量安全标准值的比较，基于危害关键点分析对农产品质量检测不合格的产生原因及可能导致因素进行分析，推测农业化学投入品的使用情况或病虫害发生情况，对超过预警阈值的因素系统自动报警，并在 GIS 地图上闪烁提示，为检测机构及时发现安全隐患并采取有效措施提供支持。

表 6-4-4　安全预警分析表

检测编号	产品名称	来源地	检测单位	检测值	标准值	预警分级	危害来源	产生原因	采取措施
20110610022	白菜	天山区农牧批发市场	天山区检测站	0mg/kg	0mg/kg	2级	氨基甲酸酯杀…	蚜虫防治	督促检测点加强这一…

3.数字化管理（防窜货管理）

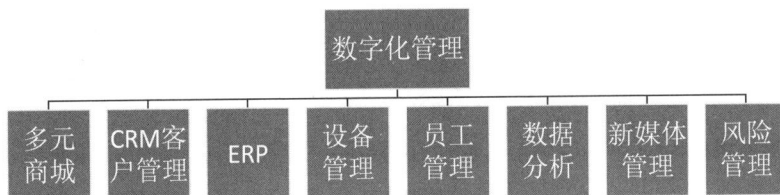

图 6-4-13　数字化管理应用领域

（1）通过一物一码实现防窜货管理。

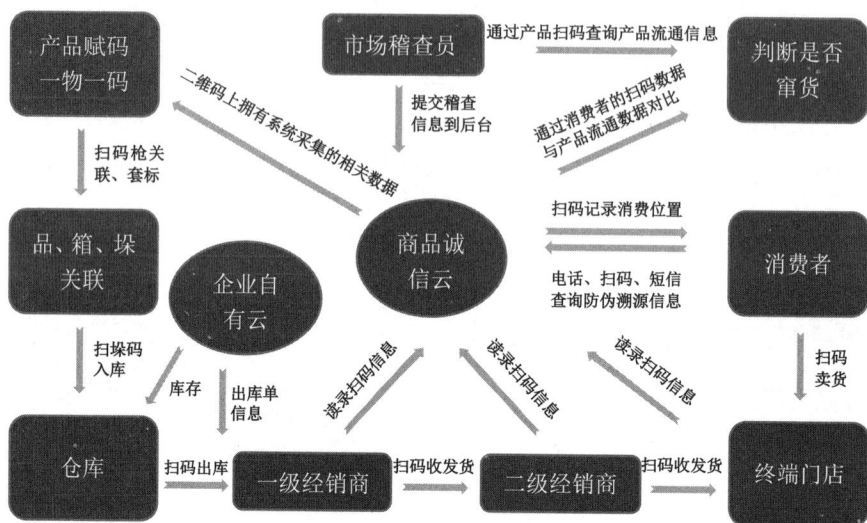

图 6-4-14　防窜货原理设计（防窜货流程）

（2）粒子码一物一码营销系统部分功能。

临期产品管理，主要用于对市场上接近过期的产品给予一种处理方式，通过一物一码，我们能够精准地找到哪些产品即将过期，可实现精准的处理。

临期产品后台：

设置临期产品参数

设置处理价和补贴比例

图 6-4-15　临期产品后台

临期产品前端:

图 6-4-16　临期产品前端

（3）数据安全：CPS 云盾在生产型企业中的应用。

数据需要经过很多角色才能变成一物一码，产品质量管理体系才算搭建完成，那么数据如何保证不泄露？CPS 云盾，即是银行级别的数据安全解决方案。

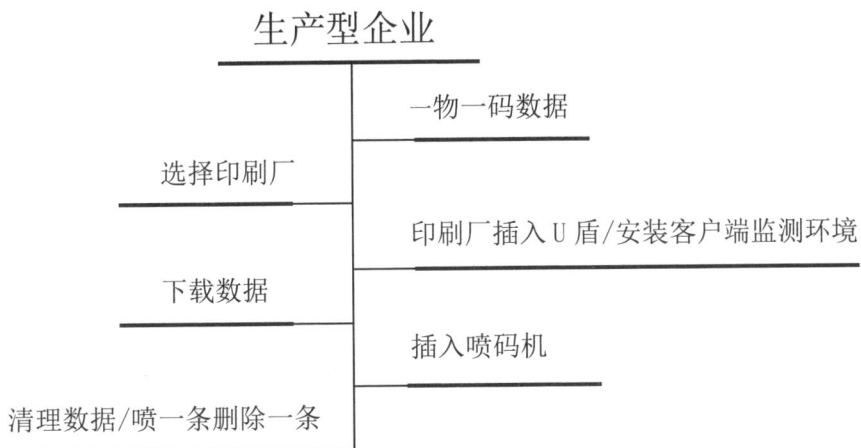

生产型企业

一物一码数据

选择印刷厂

印刷厂插入 U 盾/安装客户端监测环境

下载数据

插入喷码机

清理数据/喷一条删除一条

图 6-4-17　CPS 云盾在生产型企业中的应用

（4）铛铛应用：To B 行业的服务加速器。

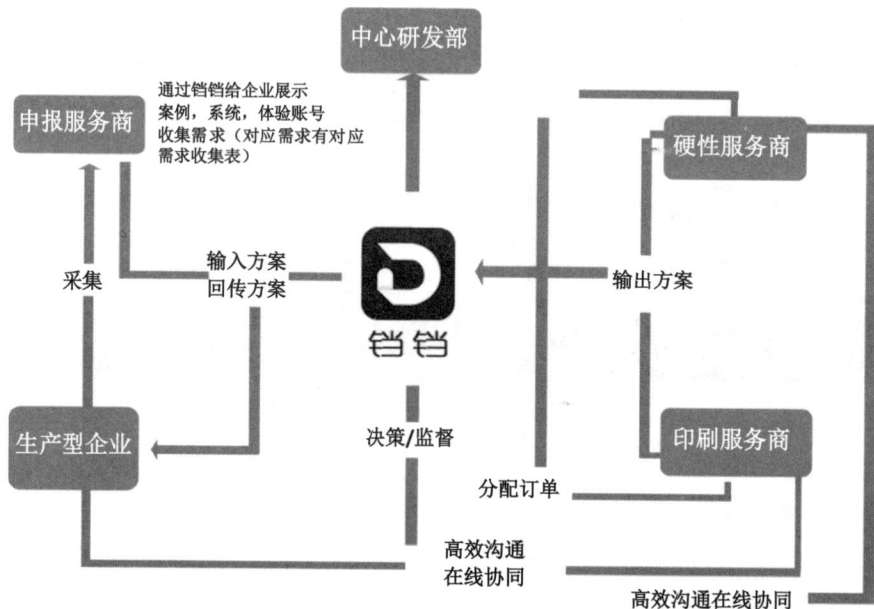

图 6-4-18　铛铛应用——To B 行业的服务加速器

四、中国商品诚信数据库技术专利与诚信产业布局

中国商品诚信数据库是一套独特的"防伪溯源数据标准采集、安全存储防篡改、真实可靠查询"的综合性管理系统。多年来，中国商品诚信数据库持续坚持内部技术研发，已拥有近百项知识产权专利。

除了持续加强内部技术研发与管理建设，中国商品诚信数据库也不断加强与相关机构的合作，共同致力于对防伪溯源行业的诚信产业布局。

图 6-4-19 中国商品诚信数据库取得的知识产权与专利证书（部分）

图 6-4-20 核心技术的商标注册证书（部分）

　　中国商品诚信数据库围绕安全、高效、多元、稳定、权威、开放、标准、灵活、唯一、实时、交互、易用十二大特性在防伪溯源行业领域持续深耕，逐渐形成十一大云应用集成的专业权威平台，开辟了防伪溯源领域平台化数据库先例，引领各企业、行业协会、第三方平台、专业服务企业共享平台技术与资源，共建功能、理念完善先进的国家防伪溯源体系。

第三部分
防伪溯源技术体系

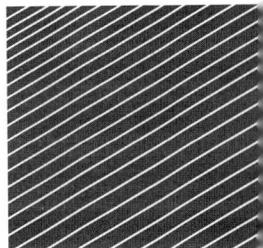

第七章

中国防伪溯源技术发展历程

【本章提要】

　　从最初尚不成熟的防伪手段，到之后的无数产品设置防伪标识，再到之后在防伪的基础之上所具备的溯源技术，中国防伪溯源技术的发展正在逐步趋于复杂与完善。如今，包括物联网技术、区块链技术等一系列新技术，开始与防伪溯源相结合，以提升防伪溯源技术的性能，助推防伪溯源走向成熟。

　　本章主要内容：

　　1.阐述古今防伪技术手段的发展史

　　2.阐述第一代、第二代、第三代防伪溯源技术升级体系

　　3.阐述现代市场常用防伪溯源技术

　　4.防伪溯源技术应用成功企业案例分析

第一节 古今防伪技术手段

防伪溯源事关每个人的切身利益，深刻影响着市场经济秩序。在古代"物力维艰"的资源条件下，政府、商家、民众对制假、售假的甄别与辨识更加看重。不仅银票等之类的流通货币，票证、契约、字画、白酒等高价值物品也都是防伪溯源的关键领域。

在制假售假与辨假打假交替演进、伴生的历史过程中，大量防伪技术被总结和保留了下来。如今时代不断进步，也加快了各行业的发展步伐，防伪溯源技术的更迭速度也随之加快。但在防伪溯源技术的发展史中，也仍有许多关键技术的发明和应用能给予现代溯源技术以启发。

一、古代防伪技术手段

我国是有五千年文明历史的古国，防伪技术由来已久，主要应用于如下领域：

（一）货币

就国家金融体系的安全稳定来说，假币的危害十分严重，甚至有可能摧毁一个国家的经济体系。因此需要在加强货币等物品的防伪机制的基础上，建立配套的防伪溯源技术体系，对假冒伪劣产品形成根源性的打击力度。

在我国古代，货币统由中央政府铸制、发行、管理，为了携带方便，也会印制、发行一定量的纸币，也因此会面临假币问题的困扰。

宋代"交子"问世不久便有人私造。据记载，南宋一起伪钞案中，作案团伙人数多达 53 人，且组织有序，分工明确，可谓纸币造假的历史开端。明朝，随着冶炼技术的炉火纯青，银元造假技术甚至达到了以假乱真的程度。

为了抑制货币造假现象，历朝历代管理者采用了多种防伪技术手段。

1.严格控制制造货币的材料

选择制作工艺特殊的纸作为制造货币的专用纸张，宋代选用的是以楮皮为原料的川纸，到了明代改为桑皮纸，这些专用纸张制造工艺技术要求极高，也都具有不易破损、褪色，经久耐用的特点。

在纸币出现最早的四川，当地各级官员与伪钞制造活动进行了长时期的斗争，期间摸索、总结出了历史上最早的关于钞票纸张的经验——印制钞票须采用特种纸。光亮度高、柔韧性强、经久耐用的精品"川纸"自此专用于印钞，民间禁止采购。这一措施有效防止了钞票的伪造，关于钞票纸张应用的经验与成果也如此一代代保留下来。

对金银、铜钱等金属货币，国家则通过强制手段控制金属矿藏开采来加以控制。在古代，货币类金属的矿藏通常不允许私人开采，即使有私人开采，政府也会对此类开采严密监控或者课以较重的税收。

2. 加大货币制造的工艺技术难度

纸币的防伪一定程度上取决于币面图案复杂程度。因此，古代纸币上多以文字、印章或者线条复杂的花鸟、风景等图案为主，以此提升纸币的造假难度。如宋代纸币，图案多以房屋、花鸟甚至人物为主，到了清代，宝钞多以龙纹图案为主，在四周点缀图形复杂的花纹，仿造难度较高。

对金属货币，则是通过冶炼技术的管控来加强防伪。在古代，民间私铸货币由于技术条件差，伪币含铅量不同，容易断裂，因此冶炼铸造技术是金属货币的极大的技术壁垒。

（二）契约文书

在我国古代，社会对制度性安排多以契约文书为主要载体。人们将其作为遏制、避免争端诉讼的必要证据。因此，人们对契约文书的伪造和辨识保持高度的警觉性。

契约的造假主要有伪造新契和揩改旧契两种。伪造新契指完全伪立新的假契约，包括伪造买卖双方、见证人，甚至官府字迹、印信等，辨识难度相对较大，但是新纸难以仿造旧有契约的黯淡纸色、墨色效果。揩改旧契指在旧契约上篡改信息，增减内容等，技术水平要求相对较低。

1.特殊文字防伪

特殊文字防伪法指契约中的部分文字、数字采用大写或者花码的形式，或对特殊信息、名字等在契约双方、见证人约定的情况下进行涂改、添加等，以此作为特殊标识。

2.特殊记号防伪

特殊记号包括花押、半书等，在契约特定位置采取一分为二的形式，出现问题后，用两半文书完整贴合的验证方式进行防伪。

（三）身份证明

古代身份证明是从事相关职业必备的身份验证物品，有鱼符、龟符、腰牌等。

二、现代防伪溯源技术手段

在现代社会，由于制造技术的复杂化，货币已经不再是造假的重灾区。而与生活息息相关的食品、药品、食用农产品等行业，出现越来越多的假冒伪劣商品。

为了保障人民群众的生命健康与财产安全，我国持续对假冒伪劣产品保持高压打击态势。经过多年探索实践，我国防伪溯源技术手段已趋于完善，通过多年的体系建设，一套有效的监管手段不断加强，完全能够实现精确监控产品生产流程，保证产品质量，及时追踪问题产品流向，追溯质量问题源头，规范生产企业的生产流程，不断提高商品质量与流通效率的目的。

打击假冒伪劣需要从根源上着手，从产品管理升级到原料、生产、仓储、物流信息的全程监控管理，这成为近年来防伪溯源技术发展的方向。随着科技的进步，防伪溯源技术渐渐形成了以信息追溯标志为主的体系，主要包括条形码、射频识别技术和二维码等技术手段。

（一）条形码

首先登上历史舞台的是条形码，其原理是将多个宽度不等的黑白条纹按照一定的编码规则进行排列，用以记录、传递和表达载体商品相关数据信息。

通常将条形码粘贴在产品上，利用条形码扫描器将检测到的信号传输到计算机中处理。

条形码对于 ISO9000 质量管理体系引进之初强调的质量管理的可追溯性，展现了较强的适用性。利用条形码，对出现质量问题的产品，能够快速根据条形码的信息追溯出它的生产时间、操作者和其他该产品的生产数据，为追踪溯源和查找问题原因、改进产品质量提供了强大助力。

（二）射频识别技术

其次被广泛应用到多产业领域的是射频识别技术。其原理为粘贴标签于产品，使其与专用识别阅读器进行一定空间距离的非接触式的数据通信，以此达到识别目的。

其"过人之处"，在于稳定性。射频识别技术的载体普遍具有防水、防磁、耐高温等特点。在产品溯源工作开展的初始阶段，射频识别技术能够极大减少人力劳动，在识别效率、信息量、使用寿命、信息动态更新与信息安全性等方面有较大优势。

射频识别技术的应用，大大提高了产品信息记录与追溯工作效率。除此之外，还可以加设密码保护措施，增加伪造难度，提高安全性。因此，射频识别技术以其识别读取的高效性与伪造难度大的安全性，被广泛应用于个人电子护照、第二代身份证、学生证等的身份识别证件中。在高档烟酒、昂贵药品、票证等贵重物品的防伪领域，生鲜食品等数量大、相似性高的物品或危险品等领域，也可广泛应用。但是也同样具有明显缺点，比如出现时间较短，技术不够成熟，在金属、液体等商品中应用也比较困难。

（三）二维码

如今，二维码技术成熟稳定，已逐渐成为上述两种的替代方案。由于其在条形码的基础上，进化为在二维平面即横向和纵向两个方位记录和表达信息，极大增加了单位面积内的信息量。二维码相较条形码信息存储、传递和识别技术更为先进，日渐得到更多用户的青睐和关注。1993 年，我国开始对二维码技术进行研究，由于其具有数据信息储存量大、信息保密性高、信号追踪性高、成本低廉等特性，被广泛用于安全保密、溯源追踪、证照等方面。

如今的原材料溯源，在原材料供应阶段已经开始了二维码技术的应用。商品原材料的成分、产地等相关信息已经进入二维码信息管理的流程中，包括批次管理信息、生产（种植、养殖等）日期、产地信息、生产者、肥料药剂使用情况等，编录到二维码标签中，粘贴于包装箱后交付。在产品流通的各个渠道，使用网络终端设备读取产品表面二维码图像，都可取得到货原材料的原始生产数据。使产品从产生到消费，全过程可查询、追溯。

上述三种信息追溯标识技术，在当下的防伪溯源中被广泛应用，已经成为信息市场中防伪溯源的主要工具。

溯源技术的演进，极大地推动了产业升级赋能及质量品牌体系打造，溯源体系的建设发展，也深深影响着市场资源的整合，优质硬件设施的改造升级，企业成本的持续降低，可以说，溯源技术的发展，加速推进了国家商品诚信体系建设。

第二节　防伪溯源技术进程

如今是产品的时代，是强调"防伪"远超以往的时代，是重视"防伪溯源"远超以往的时代。在乱花迷眼的当下，防伪溯源技术仍然在按照它自身的逻辑自然生长。在这一阶段，防伪溯源技术不断升级，不仅为消费者提供了更为便捷的查询方式，也让防伪行业未来发展的脉络清晰可见。

一、第一代防伪技术：传统防伪

当市场和用户遭遇了虚假产品所带来的危害，市场和企业最需要做的便是及时建立可追溯、可追责的防伪体系。

电话电码防伪是最先走进大众视野的信息防伪手段之一。电话电码的防伪编码一般采用阿拉伯数字，以标识的形式印刷在标签上。有时，为了防止造假者成批造假，往往会在表面上覆上一层涂层，用户需要刮开涂层才能进行防伪验证。刮开涂层之后，用户便可以通过拨打电话或是发送短信的方式完成防伪码的查验。

电话电码防伪的应用范围极广，不少行业的产品都使用过该类防伪技术。除了市场上流通的实物商品之外，税务发票、银行充值卡等防伪票证中也都在采用这种防伪技术。

在防伪技术经年的发展中，单一的防伪技术已然无法满足市场需求和发展。此时，物理防伪应运而生。在市场中，常用的传统防伪技术主要分为四种。

第一种是激光全息防伪技术，也就是利用激光彩色全息图制版技术和模压复制技术制成的激光彩虹模压全息图文，在产品上印上可见或不可见的图文或信息。

第二种是光学可变色薄膜，此技术由加拿大国家研究院首先推出，并运用在 1988 年版的 50 加元上。这一防伪技术是通过多层薄膜产生特定的反射光谱曲线，用户通过不同的角度，可以看到颜色的变化，如黄、绿、褐、蓝、灰等颜色，从而完成防伪。

第三种是热色液晶，液晶是介于液态和固态之间的物质，随着温度变化而改变。这一防伪技术通常用于各式工艺品、陶瓷、玻璃、纺织品等。因热色液晶的温变特性，它被制成各种类型的防伪标识，且使用便利。

第四种是核径迹双卡防伪技术，当原子核或重带电粒子以一定的速度注入固体材料时，会形成不同的、不可复制的径迹。然后径迹被一分为二，一个保存在计算机识别仪内，另一个隐藏在激光图像中。这一防伪技术具有唯一性，常用于海关的各种票据。

传统防伪往往是用户通过触觉和视觉来进行防伪，它在一定程度上可以帮助用户辨别商品真假，但很多时候，造假者可以仿制出传统防伪标识的触觉和视觉，从而麻痹用户。

二、第二代防伪技术：数字防伪技术

随着信息化进程的快速发展，数字防伪技术也开始被应用于各个行业。作为信息化条件下的新型技术，数字防伪技术对传统的防伪技术进行了补充，并成为防伪技术中的重要支柱之一。

数字防伪技术，也被称为数码防伪技术，大多是通过在产品上粘贴防伪标识物，而标识物中含有具有唯一性的防伪识别码，这些识别码将会被记录和保存在数据服务库中，同时在全国建立电话查询鉴别网络。数字防伪技术由"数字防伪标识物"和"计算机—电话（互联网）识别系统"这两部分组成。

数字防伪的基础是密码技术，利用加密解密的特点，可以对商品定位数字特性，最终达到产品数字化的目的。换言之，也就是利用加密算法对产品进行加密，形成无序的密文，只有这样，才能增加仿冒的难度，最终让每个产品生成独属于自己的数字标识，也就是防伪码。

当消费者购买产品之后，既可以打电话查询，也可以在相关网站上输入防伪码，查询服务器便会在数据库中找出相应产品并验证其真伪，及时反馈给消费者。

数字防伪技术具备三大特点。

一是便于查询。在电话和网络普及的情况下，数字防伪系统大多是采用拨打电话或是网上查询等手段，消费者可以随时随地进行查询。

二是唯一性。数字防伪让每个防伪码只有一次查询产品真实性的机会，若是出现多次查询的情况，数据库便会提醒消费者。

三是可推广性。防伪码的设计、印刷的成本都较为低廉，深受企业青睐。同时，防伪码在验证过程中所花费的时间和精力都较少，也极易被消费者接受。

数字防伪技术的出现，降低了消费者查询真伪的难度，并在一定程度上杜绝了大规模的造假行为。与之前传统的防伪技术相比，数字防伪不再只是为企业单纯提供防伪标识物，而是为企业提供了更为全面、便捷的服务，其中便包括查询鉴别、咨询答疑、监控管理、追踪假货、统计分析等。

三、第三代防伪技术：二维码

二维码是传统条码升级，与后者相比，二维码可以在两个维度存储信息。也正是二维码的这一性质，使它可以存储更多的信息量，具备更高的信息安全性，也更易于识别，同时还更易印刷。最为关键的一点是，消费者可以通过手机摄像头轻易识别二维码，这在防伪溯源过程中极为重要。

但二维码的存在不只是服务于消费者的产品溯源，它还打通了生产和销售环节中的物流信息流通渠道，提升了防伪功效。总的来说，二维码凭借自身优势在物流、防伪、溯源三方面都起到了极为关键的作用。

（一）二维码在物流领域中的作用

1.系统建设投入资金少

（1）企业无需为此专门大量购入电脑，因为用手机就可以直接查询信息。

（2）企业无需为此专门培养相关人员，因为操作简单，只需手机扫描就可以完成。

（3）企业只需要花费少量精力和人力就可以完成辅助开发和维护。

2.缩短信息录入时间

（1）在产品出入库时，相关人员只需要读取商品上的二维码，就可以录入产品的存放信息，同时将产品的特性信息录入数据库。

（2）货物配送完成后，相关人员调出相应订单，验证其条码标签，移动终端便会自动校验配送情况，并及时做出相应提醒。

（二）二维码在防伪中的作用

二维码作为传统条码的升级版，凭借五大优势，通过信息化防伪方式为传统防伪做了有力补充。

1.不可复制性

二维码防伪技术采用了加码算法，本身具有唯一性和高可靠性，无法再次生产相同的防伪编码。

2. 一次性查询

防伪标识类似于一次性产品，不能重复扫描查询，若是多次查询，系统和数据库将会及时提示消费者。

3. 形式多样化

二维码的标签载体形式多种多样，包括有不干胶防伪标签、塑料防伪标牌和防伪瓶标等。

4. 成本较低

采用二维码，企业只需要购买防伪标识物，而防伪标识物大多为不干胶纸或塑料，单件成本低，降低了企业的支出。

5. 查询方便

消费者只需通过手机摄像头进行扫描，就可获得产品的真伪信息。

（三）二维码在溯源中的作用

1. 使用简单

消费者在购买产品之后，通过手机扫描，就可以瞬间完成对产品信息的溯源查询和相关信息。

2. 整合流通环节

从产品流通的各个环节出发，让各个环节之间实现有机结合。

3. 应用范围广泛

二维码溯源的应用范围极广，可用于粮食、饮品、熟食、食品半成品等各类产品。

4. 扩展性高

产品流通含有生产、物流和经销等诸多环节，其最终环节是购买产品的消费者，所以，各环节是环环相扣、紧密联系的。众多环节都可以衍生出使用二维码溯源的应用。

在未来的发展中，防伪溯源也将越来越重视数据，在借助大数据优势的同时，也不断与互联网思维结合在一起，让防伪溯源的查询变得高效、精准，为市场和消费者提供更为优质的防伪溯源服务。

第三节　常用防伪溯源技术

市场竞争激烈，假冒伪劣产品肆意滋生，不断侵蚀正规品牌市场。但防伪溯源技术正在快速普及，国家更是鼓励企业搭建防伪溯源技术，实现产品可追溯。从单纯的防伪技术到防伪溯源，企业不断与制假售假者作斗争，不断探索保护品牌与产品利益的新方法。防伪溯源技术随着各企业机构的不断研究升级而逐渐呈现多样化，市场中常见的有二维码防伪溯源技术、RFID防伪溯源技术、NFC防伪溯源技术等，企业根据自身产品的属性与实际境况而选择不同的防伪溯源技术，对正规产品进行保护。

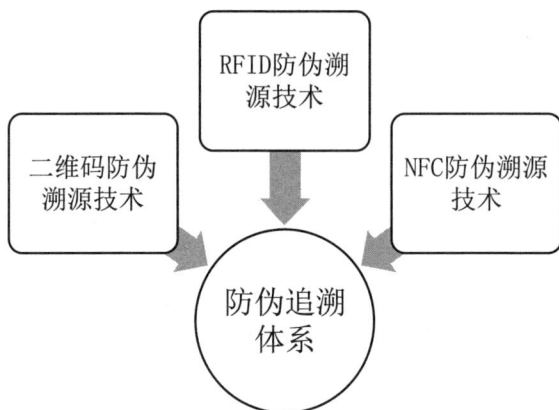

图 7-3-1　多样性防伪溯源技术聚合防伪追溯体系搭建

一、二维码防伪溯源技术

（一）二维码防伪溯源技术基本特征

1.信息储存形式多样

二维码的信息储存形式多样，产品的相关信息可以通过文字、图像、视频等多种形式进行录入，储存容量也较大，除却产品基本信息外，还可以将机构认证书、检验认证书、生产流程等其他相关信息一同进行储存，从而使消费者更加全面详实地掌握产品信息，加强消费者对产品的信任度。

2. 流程监控

产品的生产情况、厂家信息、物流情况等各个流通环节信息都可以通过二维码进行追溯，全流程的监控手段使产品信息得以细节化展示。如此，不仅可以加强对企业生产的监控，更可以阻断仿冒手段，从根源上打击仿冒产品。

3. 信息加密

二维码防伪溯源技术中的每个环节信息都具有各自的加密码，消费者验证不同的加密码可以获取不同的产品信息。使用正规、专业的二维码识读设备不但可以读取加密信息，同时可以激活防伪溯源码，使得消费者精准追溯产品信息。

（二）二维码防伪溯源技术原理

二维码防伪溯源系统主要利用二维码具有信息储存加密的特性，对产品从出厂到流通的整个关键性环节信息进行记录保密，并赋予每一件商品独立的"电子身份码"。企业在运用二维码防伪溯源系统时要先在二维码防伪溯源系统的后台录入一些产品信息，如产品产地、出产批次、出产日期、产品品类、产品经销地等，后台信息录入好后，再利用扫描枪将已生成的二维码扫入系统中，实现对产品流程的严密监控。消费者扫描产品上的二维码防伪溯源标签便可了解产品的出产地、出产批次、制作流程等信息，确保产品的真实性，起到防伪溯源的效果。

二、RFID 防伪溯源技术

（一）RFID 防伪溯源技术基本特征

1. 数据记忆容量大

RFID 防伪溯源系统的数据容量较之其他形式，容载量大，且数据容量不是一成不变的，会随着 RFID 记忆载体的发展不断扩大。由此，可以充分满足携带大量资料信息的物品防伪溯源需求。

2. 稳定性强

RFID 防伪溯源系统承载的是电子式信息，系统中的数据内容受密码保护，不会被轻易伪造或者修改，每个物品具有唯一编码信息。

3. 全流程区块链追溯管理

以 RFID 数据为核心，防伪溯源系统可以实现数据关联、实时监控与验证、实时定位等功能，从而加强对产品的全流程追溯管理。此外，还可实行单双向特殊指令验证，增强保护性。

4. 抗污染能力

二维码防伪溯源在进行信息记录时，需要有专人在各环节进行录入，如产品出库信息，需要仓库管理员在后台进行信息记录。但是如果需要在高温高压等极端特殊环境中追踪产品信息，二维码防伪溯源系统便无法使用。RFID 防伪溯源体系以芯片为载体，无需人工记录，可以避免受到污染，实现产品信息自动化管理。

（二）RFID 防伪溯源技术原理

科普小贴士

RFID 防伪追溯系统是由阅读器（Reader）与电子标签（TAG）也就是所谓的应答器（Transponder）及应用软件系统三个部分组成，其工作原理是 Reader 发射特定频率的无线电波能量给 Transponder，用以驱动 Transponder 电路将内部的数据送出，此时 Reader 便依序接收解读数据，送给应用程序做相应的处理。

激光机是 RFID 防伪溯源标签生成最主要的硬件设备，通过激光机，可以刻写出防伪溯源激光码，再加上 RFID 的芯片载体，从而做到芯片码、骑缝码、激光码，三码合一，对生产线数据进行三重防护。RFID 只有唯一一个码，

RFID 防伪追溯系统只能根据 RFID 唯一码将产品整个生产过程以数字化的形式存储下来。

消费者对所预订的产品通过 RFID 防伪溯源系统的全球唯一码，不仅可以验证产品的真伪，还可以实时追踪产品动态，高效实施物流监控和质量安全追溯。

三、NFC 防伪溯源技术

（一）NFC 防伪溯源技术基本特征

1. 并联性数据库

NFC 防伪溯源系统具有并联性数据库特性的主要原因，是其结合了区块链技术。区块链技术是一种分散的信息存储机制，可以使得多个区块节点共同记录产品信息。与传统的集中式数据储存相比，分布式数据存储更不容易造成数据失效，即使一个节点的数据被篡改，其他节点的数据信息仍然保持真实性。

2. 安全性高

防伪溯源系统中设置的 7 字节 ID，从产品出厂便会被销毁，以保证产品 ID 号具有唯一性；信息数据录入完成后便会被锁定，任何人（包括开发人员本身）都不能更改，只能读取；32 位秘钥保护，未经授权不能写入。

（二）NFC 防伪溯源技术原理

NFC 防伪溯源技术以电子标签为载体，以区块链技术为支撑，生产厂家将产品信息录入区块链中进行加密，之后将所加密的产品信息录入电子标签内。消费者通过手机中的 NFC 功能对产品上的电子标签进行识别，便可对所记录的数据进行解密，查看产品从生产到上市整个过程的记录，从而对产品的真伪进行判断。每个 NFC 防伪溯源电子标签只有专属于其自身的唯一一个电子编码，每个厂家会持有唯一的数字证书，标签的加密数据需要使用数字证书才能解开，如此，可以实现每件物品的独一性，可有效防止被复制。

第四节 技术运用成功案例

各行各业的品牌正在快速崛起，但随着品牌的崛起，产品造假、窜货等现象也日渐猖獗，制假造假市场严重阻碍了品牌的高质量发展。防伪溯源技术的出现，以对产品超强的监控力，为企业解决了这一难题。越来越多的企业为了加强对产品的监督与管理，净化市场，有效保护自身与消费者的合法权益，而采用各种防伪溯源技术。如此，成功阻断了自身品牌的仿冒、窜货现象，以过程可查询、源头可追溯的技术应用为企业创造了一个安全、放心的市场环境。

一、贵州茅台集团防伪溯源技术应用

案例直击

贵州茅台集团（以下简称"茅台"）通过应用唯物链防伪溯源技术，严厉打击了市场中茅台酒制假售假的现象，保护了品牌荣誉，提升了品牌形象。唯物链防伪溯源技术的关键就在于一物一码一区块，主要利用区块链技术的特性生成特有的防伪标签，每个标签专属于一个产品，记录着产品独有的信息。唯物链防伪溯源技术的落地是对传统防伪溯源技术的进一步升级，在传统防伪溯源技术的功能之上实现对产品信息的监控。此外，唯物链防伪溯源技术加强了品牌的信息透明化，使消费者体验到产品信息公开化的便利，感受到品牌的真实性，从而使品牌赢得更加广阔的市场前景。

（一）唯物链防伪溯源技术原理

唯物链防伪溯源技术是基于传统防伪溯源体系"一物一码"的技术，加入区块特性，形成"码中码"技术标签，以一物一码一区块的技术标准，真正实现产品全方位的防伪溯源。

　　唯物链防伪溯源技术的运用主要是指消费者通过验证防伪溯源二维码标签获取产品区块私钥，并根据提示进行私钥激活，以获取产品全流程信息，实现对产品的防伪验证与溯源。区块链具有数据绑定与加密的特性，可以防止产品的全链路信息被篡改。唯物链防伪溯源系统不仅运用了区块链的特性，还对物联网进行了融合升级，利用物联网的特性可以对生产车间进行视频监控，并对产品在原材料 – 生产 – 流通 – 营销这一整个流程中的信息进行整合归纳，再将其录入区块链中实现分布式储存。如此，产品信息便与区块链产生了密切的联系，产品在区块链中的每一条信息都拥有独有的 ID，且每条信息都标有数字签名和时间戳，供消费者查询和校验，精细到一物一区块的全流程正品追溯。

　　（二）应用唯物链防伪溯源场景

　　一瓶茅台酒经过一系列的加工、包装，最终形成完整产品后，便会被赋予一个由唯物链防伪溯源技术形成的防伪溯源标签，防伪溯源标签中记录着原产地、车间、生产及包装人员、检验员、出厂时间、出厂批号等所有与产品相关的信息。茅台酒从出厂到终端商，流通过程的每一个环节信息，都会在唯物链防伪溯源系统的后台实时上传存储。消费者购买到茅台酒后，通过扫描防伪溯源码，便可获知产品的一切相关信息。而茅台酒在终端售出后，其售出的时间，以及后续消费者的扫码验证次数等数据信息也会被实时上传系统并进行储存。

　　凭借着区块链的加密特性，茅台酒的产品信息一旦录入唯物链防伪溯源系统中，任何人便无权篡改。如果茅台生产方想要修正错误信息，或者其他任何第三方想要进行信息造假，便需要对相应的设备进行一一更改，还需要在区块链中查询信息，由于区块链的延伸性，信息查询十分困难，再加上区块链的加密性，因此，修改、造假唯物链防伪溯源体系中的信息可能性几乎为零。应用唯物链防伪溯源技术的茅台酒拥有自己独有的"ID"身份证，之后的活动都记录在案，有迹可循，让假酒无法仿冒，寻不到任何可乘之机，阻断了酒业中的假冒伪劣品。

二、武夷星茶叶防伪溯源技术应用

互联网技术的高速发展，为防伪溯源技术提供了基本的技术支持，随着防伪溯源在企业中的普及，越来越多的优质品牌赢得消费者信赖，同时一大批的假冒伪劣企业不断衰落，制假造假市场也逐渐缩小。各行各业都在落地防伪溯源技术，茶叶市场同样不例外。

自品牌创建以来，武夷星茶叶有限公司（以下简称"武夷星"）始终以茶品品质为核心，以高标准精选茶叶，因此，一直受到品茶人士的喜爱。但由于技术原因，一直无法阻断市场中存在的假冒伪劣等问题，很多商家打着武夷星的旗号，以劣质茶叶冒充优质茶叶，严重损害了武夷星茶叶的声誉。为了阻断这一现象，武夷星积极探索防伪技术，以一物一码防伪溯源技术打击了市场中的假冒伪劣现象，维护了品牌形象。同时，实现对产品溯源、监控等在线化管理，并利用大数据引擎打造互联网＋生态链条，通过防伪溯源技术实现品牌转型升级，助力武夷星产业的高质量发展。

（一）一物一码防伪溯源技术原理

一物一码防伪溯源技术的核心是一个商品一个码，将茶叶从采摘到出品的全过程细节化地呈现给消费者，从而让消费者全面清晰了解到茶叶的品类、生长过程，以及生产方式等信息。

一物一码防伪溯源主要是在每件产品上印刻一个具有数字身份的二维码标签，标签的背后是大数据引擎平台，可记录产品的相关信息，并为产品赋予不同的值，当消费者扫描二维码后，便可获取产品的整个流程信息。企业通过一物一码防伪溯源系统平台可获取终端产品的仓储库存、进出货数据，并对这些数据进行分析，了解产品的市场信息，掌握各地区消费者对产品的需求，从而挖掘潜在市场，实现精准营销，用户黏着。

（二）应用一物一码防伪溯源场景

武夷星搭建一物一码防伪溯源技术体系，并对生产线进行升级改造，结合溯源体系确定可追溯的流程信息，并将信息录入至系统数据库中，赋予每件产品专有的防伪溯源码，做到"一箱一码、一盒一码、一罐一码"的层级性标签防护，加强对终端产品的监控，实时对茶叶假冒伪劣、窜货等进行监控管理。当终端产品产生质量问题时，武夷星只需扫描商品上的二维码，便可实现具体责任到区、户、人的追踪溯源，确认茶叶质量问题的来源，及时、有效地采取措施解决问题。基于此，可建立企业的品牌威信，加强消费者对武夷星品牌的信任度。

茶叶在进入终端渠道后，武夷星会通过防伪溯源系统为终端产品的防伪溯源二维码设置不同的值，每一个值代表一个属性，如防伪值、防窜货值等。消费者购买武夷星的产品后，通过扫码即可查询茶叶的溯源信息。而消费者的扫码行为便会形成数据，被记录在大数据引擎后台，以便武夷星进行数据分析，掌握消费者信息。

第八章
我国防伪溯源技术分析

【本章提要】

　　在日益发展壮大的计算机技术、互联网、电子设备和应用软件等因素的带动下，防伪溯源技术不断升级更新。借助于数字化、区块链、激光等多种技术，防伪溯源所覆盖的行业和产品也越发广泛，同时也可以以不同的形式出现在产品的包装上。这样，既可以加强企业对产品的管控，还可以让消费者轻松识别产品真伪。

　　本章主要内容：

　　1.防伪溯源数字化技术运用

　　2.防伪溯源区块链技术运用

　　3.防伪溯源粒子码技术运用

　　4.防伪溯源激光技术运用

　　5.防伪溯源涂膜技术运用

　　6.防伪溯源技术识别系统

　　7.防伪溯源生物技术运用

　　8.防伪溯源彩码技术运用

　　9.防伪溯源技术发展趋势

第一节 防伪溯源数字化技术运用

各行各业的防伪溯源手段随着信息互通互联不断衍生和迭代升级，防伪溯源也进入以数字化技术应用为主旋律的时代。数字化技术的广泛应用不仅使产品品质有所保证，还能对产品原材料信息、生产过程与物流情况等进行监督管理，从根源上打击了假冒伪劣商品的产生与流通。

一、数字化技术原理与运用

数字化是以计算机为载体，将社会生活中复杂的管理、运算进行数字 0 和 1 的二进制编码，转换成依托计算机算法进行控制和管理的自动化和智能化。在防伪溯源领域，数字化也已经成为新的堡垒，并不断地提高技术创新，加深与传统领域的融合。

防伪溯源技术尽管一代代更迭，在发展过程中演进出越来越多产品防伪特征属性，以识别环节为例，为增加仿制成本，提高造假难度，陆续引入了激光技术、涂层技术等，但其原理模型始终是建立在产品生产信息核心数据库上，需要消费者通过各种技术手段，将产品信息与在生产者核心数据库内存储的信息进行比对以确认产品真实性。

产品信息的数据化原理，是企业为产品原材料和生产批次等基本信息设定特定编码，将这一特定码段通过编译和多重加密等数据处理形成图形标识，在产品经过流水线全部生产工序后，将附有特定码段的标识通过粘贴、喷印、烧刻等方式加工于产品上。通过生产线防伪技术设备的信息扫描系统对产品进行扫描，含有产品信息特征的数据信息被上传至企业核心数据库，有的产品还会对标识施加涂层覆盖。

二维码技术与 RFID 是目前最常用的数字化防伪技术，也叫一般防伪技术。功能更为强大，技术升级空间也更大。

（一）二维码数字技术原理

移动互联网兴起之后，很多企业开始借助二维码进行防伪溯源技术手段的升级。二维码是近年应用较为广泛的一种编码方式，是用几种特定的几何图形在二维平面上按照一定规律排列分布来表示文字数值等信息，在图形输入光电扫描设备后，进行计算机识读和信息处理。二维码的信息存储量比条形码更大，涵盖数据类型也更多。

二维码在形式上分为堆叠式二维码和矩阵式二维码。堆叠式二维码是将条形码堆积成二行或者多行，尽管识读设备可与一维条码技术兼容，但译码算法与软件有所不同。矩阵式二维码编码形式更为复杂，是通过黑白像素在矩阵中的分布进行编码，其原理为在特定矩阵元素位置上以符合出现或不出现代替二进制的 1 和 0 的排列组合表达信息意义。

图 8-1-1　堆叠式二维码与矩阵式二维码

　　二维码对信息的集中表达让产品防伪溯源能够实现便捷高效的标签化管理，对防伪溯源是一种颠覆性的技术变革，不仅免去了传统方式的烦琐，还为查询产品信息，增加产品透明度，获得消费者信任增加了有效途径。除此之外，二维码防伪溯源系统还能为企业数据分析提供支持，便于生产链条的全过程数字化管理，建立行业产业链条信用体系。

（二）RFID 数字计数原理

RFID 也叫射频识别技术，是一种由阅读器和标签为硬件的非接触识别系统，其原理是在交变磁场或者电磁场中，利用射频信号的空间耦合进行无接触信息传递以实现识别的技术。标签由耦合元件及芯片组成，附有唯一的电子码。阅读器发出射频信号，标签凭借感应电流获得能量，发送出电子码储存的产品信息，阅读器读取信息，进行解码，传送至中央信息处理系统进行数据处理。

RFID 的防伪溯源原理与二维码类似，需要以建立数据中心为基础。芯片在制造阶段会由特定算法生成独有的 UID（用户身份证明），这一具有 UID 的芯片在标签制造完成后，作为产品附着物装箱和在经销商处流转的一系列阶段，都可通过 UID 与产品生产信息进行关联，并与数据中心服务器进行数据更新、匹配。

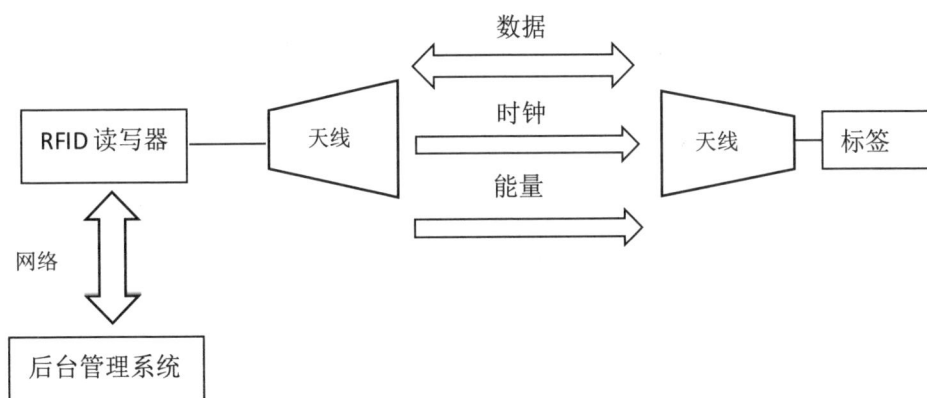

图 8-1-2 RFID 的防伪溯源原理

RFID 操作简单实用，识别自动化程度高，且由于非接触这一特性，可适用于油渍、灰尘污染等各种恶劣环境。除此之外，还有识别效率高、数据容量大、使用寿命长、安全系数高、可更改数据实现重复利用等优点。

二、防伪溯源配套技术的应用

在各行业领域，5G 技术逐渐被作为其新的独立运行模式的基础。5G 技术推动的万物互联将作为行业为客户、用户提供产品和服务的技术基底。而 NFC 芯片技术，则可以说是 5G 技术下产品的最佳网络连接方案之一。

NFC 也称为近场通信技术，是在 RFID 技术基础上结合无线互联技术，原理为：通过在芯片上集成感应式读卡器、卡片等，让使用了 NFC 技术的设备可以在彼此靠近的情况下实现数据交换。随着近些年 NFC 技术的发展，以 NFC 技术为基础的智慧标签越来越多地被应用，其将 NFC 芯片镶嵌于封口处或包装指定位置内层，消费者在防伪溯源过程中只需打开手机 NFC 功能，将手机靠近即可查询真伪，操作极具便捷性。并且，NFC 技术标签由于其特殊结构设计所产生的易碎性，无法被二次利用，较其他防伪溯源方式具有更高的安全性、可靠性。

在云技术和人工智能更深地融入社会生活中后，防伪溯源的多环节也会越来越多地借助云端和人工智能完成。比如产品生产信息与物流信息储存的中央数据处理系统可以采用云端数据处理系统，能够更精准地监控产品生产过程与流向。制造特定编码标签和扫描识别等工作可以通过人工智能工具完成。

数字化防伪技术是防伪溯源领域的潮流趋势，经过不断的技术创新，逐渐向更加经济、简单、高效的方向发展。不仅为消费者权益提供了坚实的技术保障基础，也为企业和商家的长足发展提供了助力。

第二节　防伪溯源区块链技术应用

2006 年，苏丹红鸭蛋掀起轩然大波；2008 年，三聚氰胺奶粉震惊全国；2010 年，屡禁不止的地沟油披露在大众眼前；2016 年，外卖卫生问题频发……

多年来，食药品安全事件频发，安全领域的失范频频示警，信任重建迫在眉睫。而防伪溯源，恰恰是安全管理的重要手段。

一、区块链加持防伪溯源

20多年前，我国便已建立了可追溯管理体系。但限于当时的技术，始终未能建立起全面的溯源体系。近年来，随着经济的快速发展，各行各业的产品，从生产到销售的中间环节越来越多，一些出现问题的产品，甚至是造假产品，都无法准确高效地定位到源头。传统溯源虽然在一定程度上减少了造假行为，但不可否认，它本身所存在的中心化存储和信息孤岛，这都是传统溯源的痛点。而区块链的出现，打破了这一僵局，将原本的传统溯源进化为更为高效的防伪溯源。

区块链，本质上是一个去中心化的共享数据库，利用密码学对存储其中的数据和信息进行维护，进而保证数据和信息的传输和使用安全。

（一）区块链防伪溯源技术的应用

区块链防伪溯源技术是区块链应用的场景之一。那么，区块链是如何实现防伪溯源的？

1. 依靠时间戳

时间戳，是使用数字签名技术产生的数据，是某一时刻的唯一标识，主要由字符序列所组成。在区块链中，时间戳将某一时间段的所有事情记录在数据库中，确保事情的唯一性和不可更改性，进而保证产品的每一个环节都有其特有的、不可更改和伪造的时间戳。

2. 凭借共识机制

区块链中有一种叫联盟链。企业需要完成注册许可，并申请和身份验证等程序。完成申请的企业可以具备读写权限和记账权限，共同维护信息。共识机制主要是通过去中心化维护数据库中数据的唯一性，保证区块链上信息记录的真实性。可以说，企业的参与，在一定程度上提供了管理手段。

（二）区块链防伪溯源技术的优势

如今，区块链防伪溯源逐渐走进大众视野，成为该行业的新宠儿。那么，与传统的防伪技术相比，区块链防伪溯源技术有何优势？

1. 加强各个环节的信任度

鉴于区块链的去中心化，区块链防伪溯源不用依赖任何组织和企业，应用可信任的技术将所有信息记录在"公共账本"上，让各方都可以随时看到信息内容，改变传统溯源中企业各自记账的信息孤岛的状态，从而加强各方的信任。

2. 及时追溯到某个环节

区块链本身的分布式记账功能具有唯一性，即信息和时间戳均不可篡改，这便意味着所发生的交易都有迹可循。当交易数据或是商品信息被篡改时，区块链可以及时定位，有效追责。当产品出现假冒伪劣等情况，相关企业可以精准定位到问题环节，从而找出问题源头。

3. 降低防伪过程的操作难度

传统溯源通常会采用不同技术来防止假冒码的出现，这种技术虽然有效，但对消费者来说，实用性却不大，不同的防伪技术就意味着消费者需要掌握更多的专业知识，经过复杂的防伪操作流程，才能判断真假。

利用区块链防伪溯源技术，商家将产品信息上传到区块链溯源，那么溯源平台就会产生出一个对应产品的溯源二维码，将其印刷或是匹配到产品上，消费者只需要拿出手机扫描，就可以获取到该产品的所有信息，操作简单。

二、区块链防伪溯源的落地实践

随着区块链防伪溯源技术的发展和成熟，越来越多的企业开始引进该技术。下面就以家乐福为例阐述区块链防伪溯源的落地实践。

家乐福，作为欧洲销售额最大的公共食品零售商家之一，早已采用区块链防伪溯源技术，用以记录和追踪供应链中的食品。初期，家乐福将该技术主要运用在食品部门，其中包括鸡蛋、奶酪、牛奶、三文鱼和西红柿等。

在区块链防伪溯源的帮助下，家乐福供应链上的生产者、加工者和分销商等都需要提供产品的特定作用和每批产品的日期、地点、渠道和潜在处理方式等信息，以便追溯。同时，消费者还可以使用手机来扫描产品标签上的二维码，从而得知自己所购买产品的相关信息，以及从生产到上架的所有环节。

举个更为具体的案例，家乐福所销售的放养于奥弗涅的鸡，消费者可以通过区块链防伪溯源，知道这只鸡具体饲养在哪、饲养方式、饲养人姓名和吃什么样的饲料，等等。

当下，区块链防伪溯源技术虽然存在一些问题和缺陷，但它在食品行业的潜在需求量可观。一是因为消费者越发注重食品质量，该技术让产品的生产过程透明化；二是因为生产商想要向消费者展现自身优质的产品，而该技术可以向消费者全方面展现出产品的高质量；三是因为该技术易推广，每个产品标签都含有 QR 码（是二维条码的一种，全称为 "Quick Response"，即快速反应的意思），消费者可用手机扫描，无需购买其他设备。

在数据经济的大趋势下，所有行业都面临着数字化升级，区块链防伪溯源技术的未来发展和走向虽然尚不明确，但大前景还是广阔的。我国市场监管的主动性和改革动力也为区块链防伪溯源提供了有利的外部发展环境，加速防伪溯源的进程和发展，提升整个行业的生产效率。

第三节　防伪溯源粒子码技术运用

在科技快速发展的今天，防伪溯源已经成为一种趋势。而随着智能手机的普及、互联网的发展，粒子码成为快速解决这一难题的选择之一。

一、产品的"身份证"

随着防伪溯源逐渐走进大众视野，市面上最为常见的防伪码形式是图层防伪和二维码，只需要消费者通过电话、扫描或网站就可以一键查询真伪。但近年来，随着造假技术的不断升级，这两种防伪形式的不足开始显露出来：一是查询结果也有可能被假造厂家控制，所以防伪效果并不具有权威性；二是查询功能单一，消费者所能查询到的只有真假结果，信息量不足，并不能让消费者信任。

　　鉴于此种情况，市场上已经出现了新型的防伪溯源技术运用——粒子码。粒子码为每件商品附上独一无二的"身份信息"，就像是每个人都拥有专属于自己的"身份证"，实现"一物一码"。同时，它还与大数据、区块链和加密技术等先进技术相结合，拥有着10亿以上的动态组合，且任何一组动态组合都无法复制。

　　（一）"一物一码"的四大特征

　　1. 不可复制和不可伪造

　　作为防伪溯源新兴技术的粒子码，它借助物理防伪和信息技术防伪之后，其点胶技术已经精准到0.01毫米，这也就意味着在区区一厘米的面积内，组合焦点的颜色、个数、坐标、大小的可能性就超过10亿种。不仅如此，它所打出来的点阵是凹凸不平的，再随机结合二维码，保障每个商品防伪码都无法复制和伪造。

　　2. 安全性极高

　　粒子码利用区块链技术和独特加密技术，在生产环节，就将商品和胶点粘合在一起，并具有不可篡改的特性。如果商品和胶点被迫分开，那么就意味着该胶点已被损坏，进而保证了粒子码存储信息的安全性。

　　3. 信息可溯源

　　粒子码在大数据、区块链、云计算等众多技术的支撑下，可以存储商品在原料、加工、成品、存库、物流、销售等各个环节的信息，可以让消费者在购买商品之前，就获知每件商品的出处和最终流向。

　　4. 易识别易查询

　　商品所印刷的粒子码位置明显，标志显眼，消费者可以用手机扫描获得商品信息，操作方便快捷。

　　当下，一物一码已被运用到防伪、物流追溯、产品溯源等方面，它已经成为防伪溯源行业中最为常见的技术之一。一物一码，一般分为两种类型。一种是明码，另一种是暗码。明码，一般由一组数据组成，消费者仅凭肉眼便可轻松识别；暗码，则是由两种互相关联的数据组成，具有唯一性、随机性和不可破译性，防伪性能更高。

二、一物一码的运用

随着互联网和智能手机的普及，一物一码的运用范围越来越广泛。一物一码将消费者、企业、物流三者连接起来，进而实现全面防伪溯源、防窜货等多方面功能。其中，一物一码的主要运用范围一般是管理，实现每件产品来源可查；防伪，保证产品的正品性；数据，确保产品的透明式管理；营销，完成与消费者的近距离沟通。

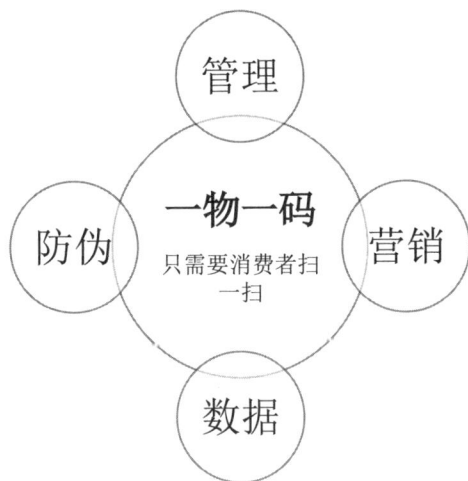

图 8-3-1 一物一码的主要运用方向

（一）智能管理产品信息

1.全网物联，及时并准确记录每件商品的来源和流向，让消费者远离假货，同时也可以保护并提升品牌形象。

2.实时查询数据，为企业提供营销分析，并为企业提供决策依据。

（二）防伪防窜货

1.让每件商品都具有唯一的身份标识，通过 GPS 得知商品的地理位置，保障可以实时掌握商品流向。

2. 对每件商品、包装箱和贴标，进行再关联套码管理。

3. 建立防伪、防窜货管理系统，采用条码、二维码标签对商品进行管理和记录。

4. 经销商和消费者都可以通过防伪、防窜货系统，快速获取产品分销区域、防伪和防窜货等信息。

（三）大数据管理

1. 对原材料供应商和生产供应商进行有效编码、数据管理。

2. 通过大数据，实现对产品从生产到流通的全程软件管理。

3. 每件产品的痕迹都会被记录在软件上，对产品的整体环节进行透明化管理，最终保证有效管控每一批次产品。

（四）精准营销

将一物一码作为桥梁，让品牌和消费者之间实现互动、交流和分享，进而加强两者之间的黏性。

第四节　防伪溯源激光技术运用

如今，市面上越来越多的商品选择采用激光技术作为防伪技术手段。激光防伪技术也以其公认的仿制门槛高、单个标签成本低廉、适用性广等一系列特征，受到众多企业青睐。

激光防伪技术也叫镭射防伪技术。原理是以激光呈现空间图案特征（主要以千变万化的动态色彩为表现形式），通过对光线的调控防止扫描、复印，降低仿造成功概率，以此来保护产品的真实性。

由于激光防伪的呈现形式大多比较精美，因此以其制成的防伪标签广泛地运用于钞票、证件、食品、药品、保健品等防伪领域，不仅能够为产品提供安全保障，也相较一般防伪技术手段有着更大的技术升级空间和经济效益。

一、激光防伪技术原理

激光防伪技术的最大特征是其动态的色彩。其原理如下：

（一）激光技术的产生

激光是由原子受激辐射的光。1958 年，美国科学家肖洛（Schawlow）和汤斯（Townes）用 X 射线拍摄结晶体时，发现这样一种现象：稀土晶体在受到氖光照射时，晶体分子会发出鲜艳的，会聚力极强的强光。他们将这一发现命名为"激光原理"。

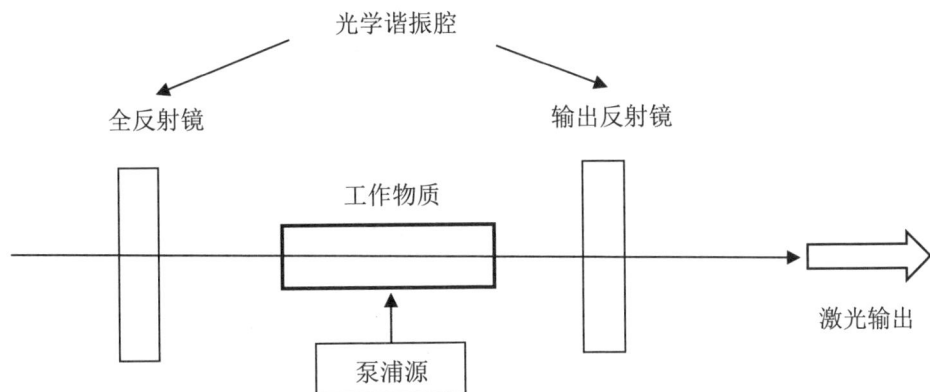

图 8-4-1　激光激发原理示意图

激光具有亮度极高、能量极大、颜色极纯的特点，防伪溯源利用的便是其特有的颜色属性。激光的颜色取决于激光的波长，而波长取决于被激发出激光的材料种类。比如，激发红宝石会产生暗红色的激光束，氩气会产生蓝绿色激光束等。

（二）激光的动态性

激光五颜六色的形态也叫激光的动态性。众所周知，阳光通过光学仪器"光栅"可分离出红橙黄绿蓝靛紫等各种色光。对于激光器发出不同颜色的激光，也可使其通过光栅分开不同的颜色区，形成独特光谱带。将不同光谱产生的干涉条纹用特殊的材料记录于载体标签上。用高能量密度的激光对这些载体标签进行照射，使表层特殊材料汽化，或促使其发生呈现颜色变化的化学反应，以此留下永久性标记。经过显影，一枚独一无二的全息防伪标签就这样产生了。

（三）激光技术的应用

在激光这一重大发现的基础上，激光器于二十世纪六十年代问世，以激光器为载体的立体照相技术也随之迅速发展起来。

立体照相技术以全息激光技术为基础，"全息"的意思为"全部信息"，普通照相只能记录物体表面的明暗变化，激光全息照相在此基础上还能够记录物体的空间变化，也就是物体空间的全部信息。因此，激光技术也称激光全息技术。

用激光制作标签可以表现各种文字、符号、图案等，字符大小也可以从毫米到微米量级，且具有极高的耐久性和稳定性。在工业应用中，通常会将标签进行批量复制生产，实现企业产品的防伪溯源功能。

二、激光防伪技术发展历程

如今的激光全息防伪技术在国际上拥有良好的发展前景。在此之前，它经历了多代的技术更迭演进。

（一）早期激光技术

早期的激光全息图复制，采用的是人工制版，以激光器为光源，以感光材料为载体。只能采取单张复制工艺，流程复杂、成本高、效率低，标签光效较为简单刻板，如今已主要用于一些产品封口或者防伪技术要求较低的场合。

早期激光技术的优点为：在非法仿制过程中，普通影印、照相无法复制全息图案。因为激光全息图片制作过程中，可见光排列角度、宽度等任意一项条件有所变化，激光全息防伪标识的呈现效果都会有差异。

但其缺点同样显而易见。一是全息图像仅能靠简单观察鉴别，普通消费者难以完全区别真假性；二是产品的防伪仅靠激光标签来实现，难以防止标签被二次恶意利用。

（二）第二代激光技术

早期激光全息防伪标识完全失去防伪功能后，第二代改进版激光全息图像防伪标识在其基础上分出三个不同方向的分枝：计算机改进全息图像、透明激光全息图像、反射激光全息图像。

1.计算机改进全息图像

计算机改进全息图像发展分为两个阶段，首先是图像合成技术阶段，原理为利用计算机将一张普通二维图像按照全息图像原理进行光学成像，记录于特殊材料上，这一技术使生成的全息图像不再受观察角度的限制，在不同视角均可呈现出灵动多彩的动态效应；其次是一次成型的曝光技术阶段，原理为计算机直接生成图形，通过控制两相干光束，改变像素叠加强度或光束夹角制成有特殊动态效果的三维立体全息图像。

2.透明激光全息图像

透明激光全息图像是通过改变全息图像压膜的方式进一步凸显动态效果的创新成果。以往为了增加反射光强度，使激光全息图像更明亮，激光全息图像是在镀铝的聚酯膜上压制而成，图像虽然清楚，但并不透明。因此改进版取消镀铝，在聚酯膜上直接压制全息图像。这一创新被应用在了我国居民身份证上，在光线下不仅证件字迹清楚，覆盖膜显现出的长城与中国的中英文字样也清晰可辨。

3.反射激光全息图像

反射激光全息图像是以全息乳胶介质为载体，使激光射入后，在不同的反射层面形成不同的投射度，形成参考光和照射物体反射回的物光，两者相互干涉，在介质内部形成多层半透明反射面，在光照下，从另一面可看到介质内部多层反射面叠加出的原物的虚像。这一技术应用于人民币防伪，在白光点光源下，迎着反光可看见人民币的防伪虚像。

第二代改进版激光全息图像防伪技术不同程度地增加了制伪难度，但是并未根本性解决防伪的人力辨识问题。

随着造假高技术程度化、国际化，防伪辨伪越来越需要依靠专门仪器使结果一目了然。因此，加密的全息图像防伪技术应运而生。原理为采用光学编码加密技术对防伪图像进行加密，使其不可见或失去规律性，在专门的光电解码机照射下才显现原来的图像。光学编码加密技术目前主要有随机位相编码图像加密、莫尔编码图像加密、激光散斑图像加密等，没有专用工具很难破译仿制，防伪功能较为先进。

但即使如此，防伪仍难以达到万无一失的效果，且辨识工具难以普及，消费者辨识产品存在不便。

（三）激光光刻技术

激光光刻防伪技术在上述技术的问题上有了进一步的改善提升。激光光刻防伪技术也是激光编码技术的一种，俗称"烧字"技术。原理为在产品被制造装填工序完成后，用激光在其封口处印刻标识，一半在封盖上，一半在容器上。由于新封盖与原有容器图像难以对齐，避免了伪造产品对容器的重复使用。并且，激光编码机价格昂贵，较大程度上提高了伪造成本，因此有一定的防伪优势。但是，同样因其造价昂贵，在普通企业难以普及。

近年来，激光全息防伪技术有着突飞猛进的迭代发展，在国内外众多普遍关注的领域大展拳脚，随着技术的不断升级，激光全息防伪技术会与更多技术实现叠加应用，创造出新的现代化激光应用技术成果，以其色彩斑斓的外观效果、独特的优势和更高、更新的技术涵盖性受到更多商家与消费者的青睐。

第五节　防伪溯源涂膜技术运用

很多二维码标签会在外表面增加喷涂层或镀一层膜类物质。这是防伪标签众多形式中的一种，目的是将防伪码隐藏于涂层下面，使造假分子难以对其进行批量复制，这既是提升产品造假成本的手段，也间接提升了二维码防伪的保密功能。

覆盖涂层式的防伪溯源标签以其独特性和低成本性迎合了企业商家开展电子商务的时代潮流和需求，在应用阶段不断衍生出表现形式新颖、科技含量更高、防伪溯源功能更为先进便捷的形式，得到广大企业商家和消费者的认可。

一、覆膜类的防伪溯源技术形式种类与应用方法

覆膜类的防伪溯源技术主要应用于以二维码作为防伪手段的产品。二维码是近年来应用较为广泛的一种防伪溯源技术。企业商家在生产制造产品时，无论出于防伪目的还是溯源需求，都可通过二维码对产品进行一物一码地储存记录生产信息，将这些信息储存于企业的核心数据信息库，并在销售领域建立起查询鉴别网络。消费者利用移动终端在扫描产品二维码后可以查询产品相关信息，辨别真伪。并且进行特殊设置后，不仅可以预警消费者对多次扫码产品审慎购买，企业也可以对数据库中多次查询二维码的产品信息进行登记与流向追踪，以此防止产品造假或者恶意二次利用。

在二维码标签上覆膜或者覆盖涂层，目的是为保证购买产品的消费者是第一次扫码，形式主要分为揭开式防伪标签与刮开式防伪标签。

（一）揭开式

揭开式防伪标签是覆盖式防伪标签初期使用较多的一种形式，成本较刮开式防伪标签高一些，其防伪查询的方式也主要以电话查询为主。原理为：在产品包装上附防伪查询电话，用不干胶、塑膜材料、PVC 等材料对其进行粘贴覆盖，消费者对产品进行防伪查询时，需要揭开防伪标签，拨打电话输入防伪编码，以此验证产品真伪。如今，仍有部分企业商家选择揭开式防伪标签，且大多出于美观需求，在粘贴物上设计企业 LOGO，或加上激光式视觉效果以增加高档感和美观度。

（二）刮开式

刮开式防伪标签是目前采用范围更为广泛的一种形式。其优点主要有生产成本较低，易于消费者的查询操作。对产品进行防伪查询时，需将覆盖层刮去，使二维码或类似防伪溯源信息完整清晰露出以便进行查询。刮开式涂层厚

度和性能需满足一定技术要求，涂层过薄，会因产品传递、运输中不可避免的磨损导致涂层消失、缺损，影响消费者查询信息、辨别真伪，给造假分子留有可乘之机；涂层过厚，会增加刮开难度，影响用户体验。

企业选择做覆盖类防伪溯源标签时，一般会进行合理规划，定制相应解决方案，根据产品特性与不同的消费者需求选择合适的标签形式与材质。

二、涂层的制作工艺原理

大多数刮开式防伪标签是用银色涂层覆盖的。涂层一般使用不透光、遮盖力好的刮刮油墨，防伪保密性较好，也具有一定的耐磨性和延展性，易于刮除。在刮开时，油墨会自动回卷，不会成为粉状散落，因此较为环保。

涂层印刷方式是采用有一定厚度的丝网印刷，丝网材质可选用菲林网、聚酯网等等，以聚氨酯和橡胶类胶刮进行辅助操作。印刷完成后，采用热风快速干燥的方式，能够在非吸水性底材，如铜版纸等材质上达到较好的效果。但在覆盖油墨涂层之前，应保证底层的印制干燥良好。如果以平板柯式方法印制图案或号码，在喷粉使用过量时，可能造成图案或数字的凸起，造成覆层不能完全遮盖的情形。因此，在印制防伪油墨之前，底层图案或数字符号必须平整硬化，以此避免覆盖层不均匀导致的内容外泄。

刮开式防伪标签经过十多年的发展，相应技术也在不断提升和改进，在基础的丝网油墨印刷基础上，涂层与油墨都研发出了较为先进的工艺技术。

对于涂层，在以往技术上通过增加层数实现了防水、防污、阻燃等多重功能，如增加离型剂层，能够提高粘合稳定性，为涂层表层设置图案提供技术支撑；增加透明膜层，能够提高涂层防水、防污效果，进而提高防伪标签的使用寿命；增加抗拉纤维丝层，能够提高防伪标签韧性与强度，防止不当缺损等等。

涂层的防伪油墨是一个极为重要的防伪技术领域，近年来，防伪油墨应用面不断加宽，涉及的学科也越来越多。如今，防伪油墨已有较多种类。一是应用较多的光敏油墨，即在光线照射下能够以反射可见光辨识的油墨，主要有紫外荧光油墨、日光激发变色油墨、红外油墨等等。二是温变油墨，也称热敏油墨，原理为利用变色化合物在加热情况下的物理变化或化学变化，使油墨在不同温度下产生不同的色彩效果，如常见的手温变色油墨，就是在人体手部34-36摄氏度条件下发生明显变色效果的油墨。三是磁性防伪油墨，其原理是通过将磁性粉末材料加入油墨，使其具有相应磁性功能。在社会生活中，这是最常应用的一种，因其具有颜色清晰，检测仪器易普及，广泛应用于票证类防伪领域。在此之外，还有压敏性变色油墨、镜像变色油墨等多个功能型油墨，应用于不同的需求领域。

三、涂层覆盖类防伪技术演进趋势

对于涂层覆盖类防伪技术，技术演进趋势以隐形喷码为主要方面。

隐形喷码多用于对外观要求较高的工艺品，如陶瓷。以往在产品本身印制防伪标识会降低产品美观度，阻碍消费者购买。生产企业为了保持产品美观，同时达到冠名产品效果，选择采用UV喷码机和隐形油墨进行防伪标识喷涂，UV喷码内容附着力高，其研发突破了印刷技术瓶颈，使印刷能够在任何材料上完成。

在UV喷码机的作用下，既可将隐形油墨用于产品本体喷涂防伪标识，也可将标识喷涂于外包装并加以覆膜来保障其长期性与稳定性。

随着二维码在防伪溯源上的广泛应用，UV喷码技术在市场上的需求也将呈现上升趋势，结合多种新成果、新技术，为防伪溯源提供更多途径。

覆膜式防伪技术手段在二维码防伪系统的基础上，为信息安全、准确提供了防护力量，在未来发展中，不仅能够增加科技含量，还能在色彩造型、款式等方面有所突破创新。

第六节　防伪溯源技术识别系统

防伪溯源识别系统是整个防伪溯源行业链条的关键环节。识别系统对于防伪溯源标识进行分类提取重要特征、排除多余信息，从而达到识别产品真伪、查询溯源信息的效果，其效率与速度直接关系整个防伪溯源系统在市场经济各商业领域的适用性。

在防伪溯源技术领域，无论是二维码等标签类防伪溯源技术，还是身份核验等特殊防伪溯源技术需求领域，图像扫描与识别都是识别系统主要基础技术，图像识别系统从生产市场经济角度和产品防伪溯源实际需求出发也是最经济实用的选择。

一、常见防伪溯源识别系统工作原理

防伪溯源识别系统一般应用于防伪溯源行业链条末端的标签识别设备，属于其核心软件部分。

（一）光信号识别系统

早期应用较为广泛的图像识别系统是条形码识别系统，其原理利用了条形码标识上黑白条纹对可见光反射不同的现象。当条形码标识经过识别系统时，扫描器光源发出的光通过光阑及凸透镜照射到条形码标识上，由于白色条纹对各种波长的光起反射作用，黑色条纹对各种波长起吸收作用，因此条形码所携带的产品身份信息被转换为了强弱相间的光信号。经条形码反射的光信号，利用凸透镜汇聚后照射到光电转换器上，光电转化器将条形码反射的、经黑白条纹增强或减弱的反射光信号转换为电信号，先通过放大器进行放大，后经整形电路将放大后的模拟电信号进一步转换为数字电信号，由译码接口电路转译为计算机可识别的数字字符等信息。

条形码的图像识别系统被广泛应用于商品的防伪溯源，因其对防伪溯源信息采用图像扫描方式采集，以出错率极低的光学字符识别技术加以识别，一次可采集几十位字符信息等功能特点，被广泛认定为输入速度快、识别可靠度高，采集信息量大的识别技术。

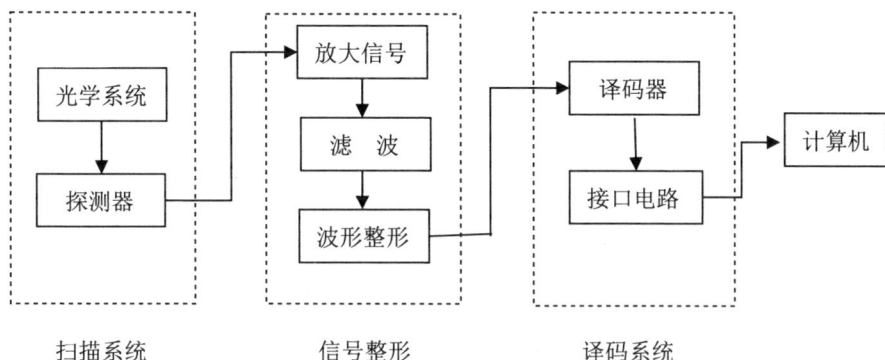

图 8-6-1　条形码的光信号识别原理

（二）图像识别系统

随着科技不断发展，防伪溯源识别系统在图像识别技术的基础上增加了更多技术种类，也逐渐分化出图像处理与生成、图像与模式的理解识别等学科。

在各细分领域的技术发展带动下，防伪溯源识别系统进入以人像识别为代表的多学科种类技术综合运用的阶段。

这一阶段的识别系统主要有如下信息处理过程：

1. 模式识别

模式识别是对时间、空间中可观察事物按照相似程度进行归纳类别，根据输入的某一具体事物原始信息，将其正确地归入相应类别。对于防伪溯源识别系统，主要通过扫描、摄像系统捕捉文字、语音、图像等信号，判定其属于哪种信息处理系统范畴。

2. 图像处理

图像处理也叫图像数字化、数字图像处理、计算机图像处理，是指把原始图像转换成计算机更容易识别的数字信号的处理过程。在防伪溯源识别系统中，图像处理是产品信息接收与转换核心技术之一，也是未来防伪溯源智能化趋势中影响计算机视觉的关键技术之一。

3. 图像理解

图像理解是用计算机对图像中描述的景物进行理解、分析，研究图像目标、场景及相互间的关系的一门学科。其中融合了原始视觉数据信息和语言知识信息，是计算机利用二者交互进行信息表示、处理、分析的过程。

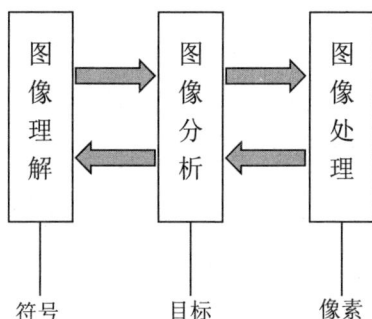

图 8-6-2　图像信息处理原理

4. 图像生成

在一些情况下，识别系统的信息输入端会受标识材质、光源亮度等影响产生大小、明暗、灰度等图像数据缺失，当图像的部分信息缺失时，就需要通过计算机图像生成系统进行去噪、提升清晰度等技术手段实现图像增强和复原，将缺失的信息补上，从而帮助计算机更好地识别图像信息。

对上述计算机图像识别系统的过程举个例子，需要计算机识别出一张照片中的人物形象：

阶段一：计算机扫描元件扫描照片信息后，由于照片本身原因，画面偏暗，计算机识别系统的图像生成方法为照片提升清晰度、亮度，降低噪点，通过图像变换等技术手段使图像元素达到图像理解所需的数据质量层次，图片理解模块会将照片转化为数字信息，传递给计算机数据处理中枢进行处理；

阶段二：在图像数据中进行特征提取，就是在对图像进行阶段一中数据收集处理后，提取的对后续识别有明显作用的特征，对其按照一定的准则进行分类，便于后续图像的理解与识别。

阶段三：将阶段二中提取的特征值归纳入单独的特征空间，以便识别、分类。如人物五官分类、发丝分类等，在分类好的数据基础上，计算机可以进行信息的识别判断，做出相应指令、决策。

二、新型防伪溯源识别系统

当今市场上，产品采用防伪溯源技术多以二维码标识作为信息载体，因为二维码标识具备存储信息量大，经济实用等优势。二维码标识记录着产品从制造、流通、销售过程中主要环节的相关信息。消费者能通过二维码查询和了解企业生产中心数据库中存储的详细生产、物流等记录。

（一）央信码

在二维码作为防伪溯源识别系统主流载体的技术基础之上，国内企业自主研发了具有完全自主知识产权的新型识别系统信息载体"央信码"。

央信码整体样式为回字形结构，可在内部嵌入图片、文字甚至其他二维码等图像信息。央信码与传统二维码相比具有较灵活的容错率，即在遮挡部分后仍然可以进行识读设备的扫描和读取。这一技术优势使央信码基本无尺寸、形状限制，十分适合电子商务与移动互联网的产品销售使用。

以央信码为信息载体的新型防伪溯源识别系统，还采用了独有的编码规则及加密算法，能够生成与产品相融合的信息标签，使防伪溯源信息标识具备唯一性、无可复制性，为产品建立了唯一的电子身份证。

（二）识别认证平台系统

新型防伪溯源系统的查询模块为安装于智能终端设备的专用查询软件，在央信码专用查询软件的标识图像识别功能下，消费者可获取数据库中相应的产品信息，包括质量认证情况、质检部门出具的证书等。

新型防伪溯源识别系统通过一系列技术创新，建立了产品防伪溯源较为完善的第三方信息储存与认证平台，为产品的防伪溯源识别系统的技术升级起到了示范作用。

新型防伪溯源识别系统可应用于较多行业领域，如开发三农资源中的农副产品推广等，同时也将在食品、药品、电子商务溯源等应用领域建设行业级、区域级、企业级等细分平台，达到更好应用效果。

第七节　防伪溯源生物技术运用

生物技术应用于防伪溯源，是利用人体生物学特征的差异实现真伪的辨识与验证，其中指纹、掌纹、虹膜、声纹、DNA等被广泛应用于个体身份验证，具有技术密集度高，信息储量丰富等特征，是防伪溯源技术发展重要趋势之一。

生物技术一般指生物测定学，也称生物计量学，指用数理统计方法对特定生物体进行分析，将其本身的特征数据用于其他环境、场所下测定和辨识工作的计算机技术。

一、防伪溯源生物技术分类

这一技术涉及领域主要为：

（一）躯体特征识别

躯体特征识别也称生理性生物测定。主要有体型、面部特征、指纹、掌纹、虹膜、视网膜、声纹、DNA等。

（二）个体习惯特征识别

个体习惯特征识别，也称行为性生物测定。主要包括动态习惯特征、静态行为特征和细微动作特征等，如行走步态频率、签字识别等。

二、防伪溯源生物技术原理

利用生物学测定进行防伪溯源相较其他技术更加复杂，精准度和防护性也更高，因为个体生物特征有一定稳定性，且数据信息量大，仿冒难度高。

主要生物测定系统原理及应用如下：

（一）指纹、掌纹

指纹是人手指皮肤表面乳突线隆起形成的纹路，在手掌上形成的这种纹路即掌纹。指纹是世界公认的个人认定绝对可靠的方式。

指纹防伪装置原理为：首先扫描指纹图像，对指纹细微纹点和纹线等数据进行分析计算，标记特殊纹点分布、位置等形状信息，通过内置的超大规模集成电路芯片、模糊逻辑系统和其他数据存储分析设备对已有指纹图像进行比对核验，最终确定执行或拒绝操作命令。

指纹也可作为宏观的个体特异辨识标识。在我国古代就一直使用指纹画押作为个人身份认证，直到如今指纹认证也较多地应用于法庭科学等方面。随着触屏类操作终端设备的普及，指纹识别被越来越多地应用于身份识别。如消费者较熟悉的智能通信设备，就是使用指纹作为解锁操作系统的身份识别方式之一。除此之外，在国内外市场上，指纹锁广泛应用于门禁、保险箱、汽车、专用设备、计算机等方面。

目前，指纹信息也被增加到我国二代身份证中。这是利用生物防伪技术对二代身份证进行的防伪功能的加强和丰富，提升了身份证的服务功能。随着生物技术的发展，血型、DNA 等生物特征信息会更多地应用于身份证件、票据等防伪溯源，使之更加科学高效。

掌纹的特异性与指纹一样。只是由于识别面积增大，特异点更多，防伪性能更强。目前多用于公安刑侦部门、科研单位。在一些国家，掌纹识别被应用于航空机场的全自动旅客与行李处理系统。在旅客办理行李托运时扫描掌纹，计算机将其转化为电子数据信息，植入登机卡和行李标签。在登机前，旅客需再次扫描掌纹，两次掌纹比对通过后，行李才被运送进入行李舱，以此保证登机旅客与行李同时进入飞机，避免旅客与行李分离或不法分子冒领等情况发生。

（二）视网膜、虹膜

视网膜与虹膜作为生物防伪识别手段之一，其原理与指纹有所类似，是利用生物性状的差异作为比对核验基础。不同之处在于，对视网膜与虹膜来说，形成个体差别的是组织内部的毛细血管网。人眼球视网膜中央动脉在眼底分为上下两支，其后在视网膜附近与鼻翼附近分为四支小动脉，各自更加细分出无数更细小的毛细血管，在视网膜上形成毛细血管网。这些血管网如同树木上难以计数的枝干与叶片，世界上绝无两个拥有完全相同的毛细血管网的人存在。这使视网膜图像成为实现个人身份识别的方法之一。

其应用原理为：用专业设备如双筒 CCD 摄像机（以电荷耦合器件为核心部件的数字传感器）对准人的眼球，拍摄眼底视网膜血管图，将生物性状转换为电子数据进行存储。在验证阶段，被检测者注视专用检测设备的"目镜"，设备发射极微弱红外线扫描被检测者视网膜血管图像，截取图像关键点位信息与已存储信息记录进行比对，得出相应结论。

视网膜、虹膜防伪生物技术主要以血管分布作为检测对象，与之类似的还有手背静脉图像等生物防伪技术。目前，这类技术主要应用于通道门禁与安防系统，数据匹配时可执行允许进入的命令，在一些特定场所甚至出现非接触式视网膜扫描系统，更加方便快捷。

（三）面部特征、体形、手型、指形

个体间生物性状最宏观的差异就是身高与面容的差异。将其应用于防伪溯源行业，是用红外线扫描人体面部、体形图像，借助人类学方法测量面部各个器官特定点位间的长度角度数据，形成特征识别数据储备。但是，人的面部器官受后天影响，存在较大变数，故面部识别技术较其他生物防伪技术发展有所滞后。

手型与指形相比较面部特征较为稳定。据人类学测量研究显示，每个人的手掌形态都有所差异。这使手型扫描识别技术成为个体生物性状防伪技术的种类之一。手型扫描设备使用嵌入式摄像机和概率算法，用定位装置固定手部位置，对手部轮廓图像进行拍摄并转换为电子数据储存，其较指纹、掌纹识别系统，不容易受油污和灰尘等附着物影响，可更广泛地应用于特殊作业或恶劣环境下的身份识别需求。指形防伪与手型防伪技术较为类似，主要信息为人手指的长短、形状等生物性状。

面容特征这一生物性状如今广泛应用于银行类机构场所，在个体智能终端设备上也有广泛应用，如银行、证券类手机软件，就是将面容特征作为操作者的身份识别技术之一，通过面容信息收集和比对来设定储户的操作权限。

（四）声纹

声音是个体生物形状的一种。将人的语言用电声学仪器转变为携带语言信息的声波频谱，就成为声纹。声纹是防伪生物技术的重要组成部分。人的发声器官形状、结构各不相同，因此语音声学特征也存在很大差异。尽管个体的语音声学特征会受到生理、病理、心理、伪装等因素影响有所变化，但是一般情况下对声纹的辨识与鉴定并没有干扰作用。

声纹防伪的原理是：通过专用设备将声音转化为以横轴代表时间，纵轴代表频率的声音信号图像，不同语音的频率幅值用不同颜色加以区分，声音就形成了相对的"语谱图"，通过对语谱图的对比，可以达到声纹识别的目的。

声纹识别系统现多应用于智能设备、银行证券类交易、信用卡识别、门禁与汽车的钥匙、特殊计算机与声纹锁设备等。

（五）DNA

DNA 又称脱氧核糖核酸，是染色体的重要成分，也是组成基因的材料，记录着较多的个体生物性状信息。

DNA 应用于防伪溯源技术，主要原理为将动植物或人类个体的 DNA 信息加以提取，经遗传工程萃取、剪接、合成等步骤的技术处理，复制出更多计量加入产品之中或制成商品标签贴在商品上。在消费者或监管人员鉴别商品真伪时，用滴水或手指擦拭的方式，即可使 DNA 防伪印刷区域产生颜色转变，以此判定真假。

DNA 防伪技术特征由于其关键信息的难破译性和不可复制性，极大提升了商品的伪造难度。除此之外，由于 DNA 是生物大分子，具有无毒无害的高环保、健康特性，在商品的生产过程中添加不会改变商品的物理或化学特性，有着传统防伪溯源技术手段无法企及的优势。

如今，DNA防伪技术已应用于防伪油墨、防伪标签、防伪颜料、防伪晶片等商品领域。但是，由于DNA防伪信息需专用检测设备检测，需要一定的配套资金、人才投入才能加以使用，因此推广受到一定程度限制。

（六）其他生物防伪技术

除上述生物防伪技术外，还有刺激生物机体产生抗体，利用抗体对抗原高度选择性实现防伪的抗原体商品防伪技术；利用人们行走姿势形成数据比对的步态识别防伪技术等。

防伪溯源的生物技术运用作为一门新兴的科学技术，其核心——生物特征识别还需进一步开发完善，与应用相关的算法、理论、法规和社会伦理道德等问题还有待进一步研究和论证。但是，生物技术以其环保特性、高科技特性等优越性，仍然有着广阔的应用前景，是防伪溯源的发展重要方向之一。

第八节　防伪溯源彩码技术运用

随着互联网科技的飞速发展，二维码已经融入了人们的日常生活中。其中，扫码支付为人们带来了极大的便利。"扫码"早已不再只是工具，更是一种生活方式。二维码虽仍被广泛使用，但其本身存在识别性能和效率较低的问题。

随着产品溯源理念的深入，诸多企业纷纷借助互联网技术，建立了较为完善的防伪技术和追溯系统，其中条形码、二维码和RFID电子标签都是主要技术手段。但不可否认，这三者在信息承载量、容错性和成本等方面都存在一定问题，这也是导致它们处于发展瓶颈期的主要原因。

可以说，不管是在生活中，还是在企业发展过程中，"码"已经成为重要成分。但条形码和二维码所存在的问题，也在一定程度上影响着人们的生活和企业发展。面对此种情况，一种不同于条形码和二维码的"码"则在一定程度上解决了该问题，它就是彩码。

一、彩码概述

（一）彩码的基本原理

彩码，是基于彩色光学识别的高维标签结构，它在传统条码的基础上，通过颜色和形状来承载更多的信息量，它主要以黑、蓝、绿、红四色构成的 5×5、6×6、7×7 等不同规格的彩色三维图像矩阵图。在 25、36、49 个矩阵单位上自由填充任意单一颜色，以黑色线条框住矩阵单位。

但需要注意的是，彩码本身不内植产品的相关数据，只是通过不同颜色的矩阵单位寻找与数据库相关链接，进而获取相关信息和数据。简单来说，就是彩码相当于一把"钥匙"，用户需要先从彩码中拿到"钥匙"，然后才能去服务器中获取相关数据。

相比传统的条码，有时彩码所承载的信息量可能是二维码的几百倍，其应用范围也比二维码更为广泛和便捷。

（二）彩码的工作流程

1.用户使用带有摄像功能的设备，如手机或 PC 等，拍下彩码。

2.通过该设备上安装的彩码识别软件对彩码进行扫描识别，扫描内容基本是服务器地址或产品查询索引信息等相关信息，然后根据解码所得信息连接内容服务器，最后申请查询。

3.内容服务器查询到相关信息之后，以文本或是图片形式将查询结果发送到用户设备的屏幕上。

（三）彩码的应用

最初，彩码主要是为解决无法操作按键的残障人士的上网问题，然后通过电脑自带的摄像头进行监测。随后，便有人发现将这一技术应用到手机等移动平台上可以有更大的作用。

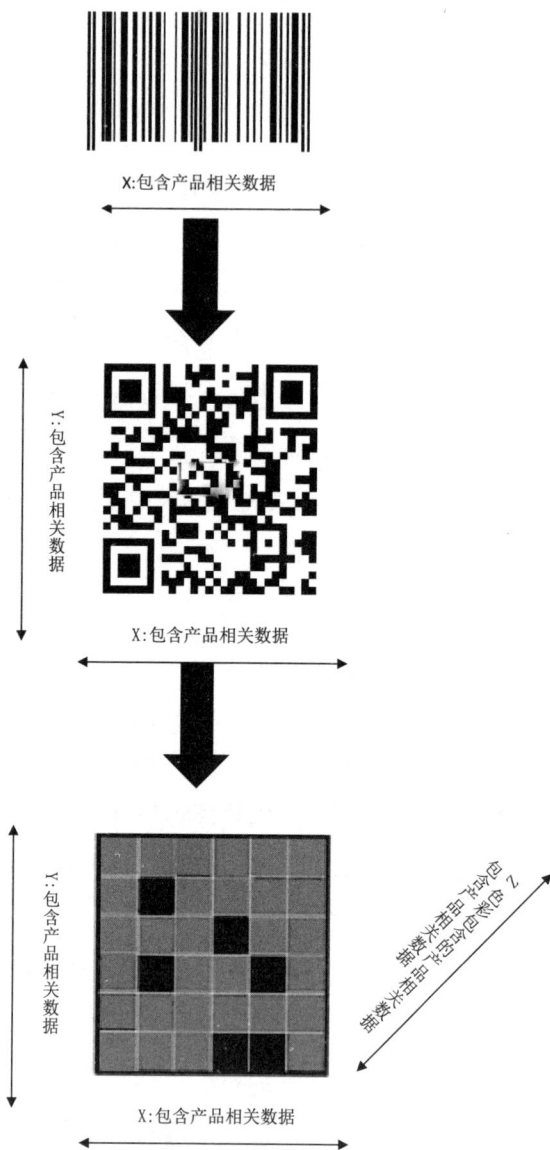

X:包含产品相关数据

Y:包含产品相关数据

X:包含产品相关数据

Y:包含产品相关数据

X:包含产品相关数据

Z:包含产品相关数据

图 8-8-1 "码"的发展变化

在国外，彩码的运用已经较为普遍。意大利米兰世博会；日本的日本馆、东京书店和名古屋的图书馆，都在借助彩码。而在韩国，彩码已经随处可见。比如，户外屏幕、广告牌、杂志、商品、电影海报等都可以看到各种彩码。

在我国，诸多专家学者都正对彩码进行深入研究。比如彩码的设计、读取和安全性；结合计算机科学与艺术设计两个领域对彩码进行再设计；保证彩码的信息读入和信息读取。

彩码的应用和推广，不仅为人们的生活提供了方便，还在一定程度上提高了工作效率，彩码运用于电视台、户外流媒体和地铁公交车的电视上等，不仅可以完成广告内容的延展，还可以实现在线投票统计和视频节目快速接入等服务，大大节省了人力和时间成本。

现阶段，彩码的应用正不断延伸到各个行业，并已经成功地运用在防伪溯源、商业广告、电子票务、电子名片、游戏娱乐等许多行业，且取得了不错的成绩。可以说，彩码作为新一代的条码技术逐渐成熟，应用范围也不断扩大，在防伪溯源中，彩码也发挥了极为重要的作用。

二、彩码在防伪溯源方面的运用

（一）彩码在防伪溯源方面的特点与优势

1. 所承载信息量更大。彩码作为一种在线服务码，它本身是不需要存储过多的信息。它与内容服务器相对应，彩码本身所对应的信息都存储在内容服务器中。所以，在这种情况下，通过彩码所获得的信息量将是无限的，进而解决了传统条码信息受限的难题。

2. 安全性大大提升。得益于彩码的信息都存储在内容服务器中，所以服务商在不用增加加密成本的基础上，就可以通过对服务器的管理防止信息外泄。除此之外，服务商对服务器数据库进行更新之后，就可以实现彩码信息更新。

3. 具有抗畸变能力和较低误码率。基于彩码本身具有很强的纠错能力，可以适应于各种情况下。它的占幅面积可以小到一平方厘米大，也可以大到无限大。所以，彩码既可以印刷在各种小的平面上，比如各种杂志、服装面料上，也可以印刷在大的平面上，比如广告牌或是户外流媒体上。

4. 较强的可设计性。彩码本身具有较强的可设计性，同时还具有较强的容错性，允许图形存在一定的变形，最为重要的是，彩码在颜色取值方面有较大的选择范围。基于此，彩码在遵循一定的规律下，还保持了整体表现形态的丰富性。所以，在进行完平面创意设计之后，企业的服务特性和企业形象设计可以被包含在彩码中，让企业具有一个视觉意义的新标志。

（二）彩码在防伪溯源应用的工作流程

彩码在防伪溯源中，对整条供应链都起到了动态监控管理，实现了对产品生产、物流、仓储和销售等环节的防伪溯源。

1. 产品生产环节

生产商将产品的品牌、原材料来源、生产时间、生产标准、生产流程和产品质量认证等相关产品信息通过彩码注册、发行服务器登记到产品信息数据库中，然后利用彩码的生成算法，让每件产品都具备唯一且不可重复使用的彩码，扫描入库。等到产品出库时，需要再次扫描彩码更新数据库信息。

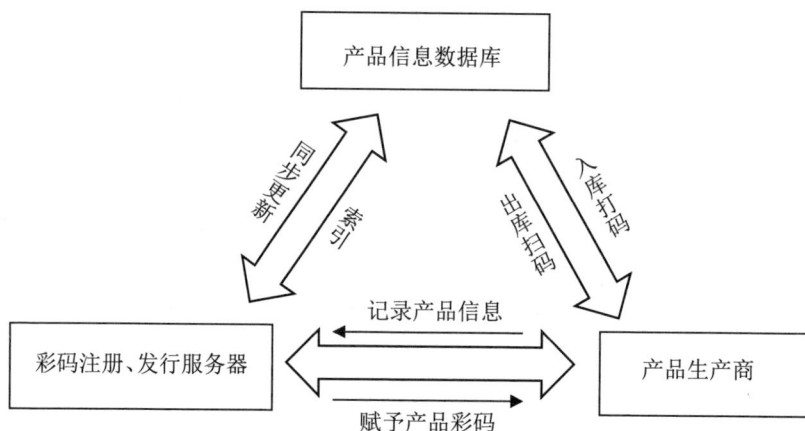

图 8-8-2　产品生产环节关系图

2. 物流环节

总经销商在扫描彩码之后，将运货单号、运输时间、运输单位、运输车辆牌号、运输始发点和终点等物流信息保存在防伪溯源认证服务器中。等到下一级经销商接收产品时，也需要通过彩码进行验货和核对，防止产品窜货，保障经销商也可以进行产品的防伪溯源。

3. 销售环节

零售商在出售产品之后，通过彩码注销服务器对该产品的彩码进行消码处理，从而确保其唯一性。可以说，相较于条形码和二维码，彩码具备抗畸变能力和较低误码率，降低了对扫码设备的要求。当消费者购买完产品之后，便可以通过防伪溯源认证服务器提取数据库中相关信息进行分辨。

4. 监管环节

不同于传统条码，在对彩码进行扫描识别中，不管是监管部门还是普通用户，都可以通过手机等终端设备对其进行扫描，从而完成监管、防伪溯源的过程。此外，因为彩码能存储更多的信息，扫码者可以了解产品从生产、物流、销售等各个环节详细信息，并可以在线进行防伪溯源验证，在最大程度上保障企业和消费者的合法权益。

总的来说，彩码本身具有较大的信息承载力，而对于传统条形码和二维码，彩码则是具有较强容错率，对于 RFID 电子标签而言，它又具有低成本的优势。所以，彩码在防伪溯源过程中也起到了极为重要的作用，而在面对未来发展时，彩码也能帮助企业解决更多问题。

第九节　防伪溯源技术发展趋势

频繁造假，不仅表现在假冒伪劣产品数量的庞大和种类的繁多，还表现在造假技术"质"的变化上。从打击假冒伪劣产品，到从根源上杜绝假货，仅依靠验证产品厂家信息已经无法满足市场需求。产品原料、生产、仓储、物流和销售等环节信息，都将成为防伪溯源的对象和目标，也成为近年来防伪溯源发展的重要方向和主要趋势。

一、行业发展规模环境分析

随着移动互联网的快速发展，智能手机已然成为人们生活中不可或缺的部分，不论是购物、订餐，还是阅读、娱乐，大多都借助手机来完成。同样，在防伪行业，移动互联网为防伪溯源的发展和进步提供了极为重要的技术支持。

消费者人手一部手机，通过扫描产品的二维码就可以查询真假，并获得该产品从生产到销售的一系列信息。除此之外，我国也相继颁布了相关政策，大力提倡产品的防伪溯源。

中国调研网发布的《2019-2025年中国防伪行业现状研究分析及市场前景预测报告》显示，防伪产品市场处于稳步增长的状态。随着数字身份管理技术应用的逐步成熟、应用成本的逐步下降，市场对该技术的运用已经逐步认可，越来越多的企业开始采用该技术进行防伪、防窜货、促销及消费信息管理，该技术正逐步进入快速发展阶段。企业对数字身份管理技术的应用也逐步由过去的单项功能运用向防伪、防窜货、积分、抽奖等功能的复合应用进行转化。这将增加市场对基于产品数字身份管理技术的防伪产品的需求。防伪技术产品市场仍快速发展，市场前景广阔。

（一）从普及程度上分析

防伪平台承担着验证产品真实性的重担，它的公信力在一定程度上可以作为消费者是否认同的标准。

（二）从应用角度上分析

防伪平台的面向主体更偏向于日常消费品和食品，其他种类的商品现阶段还无法全面实现防伪。

（三）从移动端口上分析

防伪平台大多是自行开发APP、用户自行下载，但这种方式会提高转化成本。如果没有足够的吸引力或是消费者对产品的验证需求不强烈的话，那么消费者也是不会下载的。

二、防伪溯源技术种类

我国的防伪溯源技术主要有以下五大种类。

（一）数码防伪

数码防伪是利用加密算法生成随机但可追溯的密码，进而将密码印刷在溯源标签上。消费者可以通过短信、电话等方式进行即时查询。数码防伪具有成本低、可有效防止批量造假、便于归类分析数据的特点和优势。

（二）防伪纸张

防伪纸张主要是利用专业的防伪特殊纸张，比如安全线纸、水印纸、有色纤维纸和分层染色纸等，该类纸张往往用于纸钞、票证等。除此之外，防伪纸张有时也会用于溯源产品的外包装。因为防伪纸张的特殊性，它的成本偏高，若造假者想要仿冒，需要投入较多的费用，那么他们将无利可图。

（三）版纹防伪

版纹防伪是纸钞、证券等商品的重要防伪元素。追溯到早期，版纹通常是手工绘制或雕刻而成。而后期随着互联网的发展，专用防伪设计软件绘制防伪版纹效率变高，效果更好。当下，版纹在大多数情况下都是由线条、曲线和特殊元素符号组成，在印刷时，往往采用专色，线条光洁。所以，版纹防伪有时依靠目测便可以鉴别真伪，若是采用凹版印刷，还可以根据手感进行鉴别。版纹防伪中的很多版纹都具有不可重复性，可以与各种防伪技术相结合。

（四）防伪油墨

防伪油墨是加入了特殊材料，例如荧光油墨、红外油墨、感温变色油墨等。防伪油墨种类丰富多彩，便于和各种印刷工艺材料相结合。

（五）RFID 防伪

RFID 射频识别防伪是利用射频信号通讯，无线读取数据的一种电子标签，可以被制作成标签、卡片或是包装，甚至还可以直接封装在溯源产品内，这样可以不受天气、光线等因素的影响。RFID 防伪可以应对复杂环境的读取，芯片代码无法复制，防伪效果好。

防伪溯源大多数通过粘贴防伪标签来实现。较为常见的有涂层验证码防伪标签，综合使用数码、版纹、油墨等技术。

防伪溯源所涉及的商品种类较多，在不同使用条件下，可以适用标识物种类不同。因此，防伪溯源行业也在不断优化升级技术。有时候，一些产品不适合粘贴标签，那么就需要制定一套成熟的在线或是离线赋码方案；有时候，一些产品体积不大，但价格较高，那么就需要利用溯源防伪纸张或是防伪薄膜，这样既可以进行溯源，还可以提升产品的个性化。

第九章
防伪溯源技术硬件开发

【本章提要】

目前，我国防伪溯源技术呈现多样化，与之相对应的是，防伪溯源技术硬件开发的升级。从卷筒印刷机、数码机、喷码机、复合机到涂布机、光刻机、模压机，这些硬件的升级，满足了防伪溯源标签的印刷对印刷硬件的更高要求，同时也为以标识的印刷和芯片封装技术为主要技术手段的防伪溯源指明了发展方向。

本章主要内容：

1. 防伪溯源硬件设备与应用

2. 防伪溯源技术水准与特性

3. 防伪溯源智能化开发方向

第一节　防伪溯源硬件设备与应用

防伪印刷技术的不断升级为防伪溯源技术的发展提供了巨大的支撑作用。相较各种防伪溯源技术的信息载体，防伪印刷品具有防伪溯源信息储量丰富、查询方便快捷、制造与运输要求低、性价比高等优势。防伪溯源印刷标识的制作印刷与硬件设备息息相关，不同的防伪溯源印刷技术用到的硬件设备也有所不同。

传统防伪溯源印刷技术的硬件设备主要有卷筒印刷机、数码机、喷码机、复合机、涂布机、光刻机、模压机等，广泛适用于市场上较为常见的几种防伪印刷技术产品的印刷制作。

一、激光防伪标签

激光防伪是市场主流防伪技术之一，又称镭射防伪、激光全息防伪。激光防伪溯源标签是采用激光防伪技术制作而成。

（一）生产流程

激光防伪溯源标签生产流程如下：

1. 形式设计、制作底片

设计标签形式、溢彩图案效果，包括产品 logo、防伪验证码样式等。

2. 制版

①按照底片对激光全息的溢彩要求制作防伪母版用的色盲片；

②依据底片和色盲片样式制作单枚标签的小版；

③将做好的小版进行电铸以制取金属小样；

④将金属小样置于拼版机，拼接制作金属大版；

⑤将金属大版再次电铸，制成全息激光防伪标签的作业母版。

3. 模压

使用模压机器将作业版上的图画压印到 PET 镀铝基膜上，模压设备根据不同材质厚度的适用性分为软、硬全息模压设备。

4. 打码

将防伪标签上的验证码、条形码或二维码等一物一码配套防伪溯源码打印于防伪溯源标签上。

5. 涂胶

按照产品需求选择胶型，在防伪溯源标签的粘贴部分上胶。

6. 涂层

①晒网：按照设计样式为刮刮层印刷进行晒网；

②涂刮刮层：在防伪溯源码表面覆盖刮刮层；

③涂层表面印刷：根据产品需要，在涂层上印刷"刮涂层"、"防伪鉴定区"等字样；

7. 模切

按照防伪溯源标签外观形状制作刀模，将标签模切成相应形状。

8. 检验包装

检查防伪标签成品，对合格品进行包装。

（二）设备工作原理

制作激光全息防伪标签的设备有光刻机、模压机等，主要构造及工作原理如下：

1. 光刻机

光刻机顾名思义"用光雕刻的机器"，主要用于图形制版。光刻机是构造较为复杂的机械，是利用透镜的光线会聚原理在机器内部进行分步重复曝光和显影处理，从而将图形或线路等纹理刻于承载体表面。光刻机内部由光源发射散射光，经会聚透镜转变为平行光照射于掩模，掩模投射的激光全息几何图形经投影透镜转变为平行光，后再次经投影透镜转变为会聚光，以达到缩小图形的目的，用图形光线蚀刻掉母版表面的专用光刻胶，即可在母版上实现既定的设计图形。

2. 模压机

激光全息防伪图案的模压是一种机械复制方法，主要用于图形复制。其原理为将全息金属模板加热到一定温度，在热塑性材料上通过一定压力压制出模板图形。模压机按照压制方式分为平压和滚压两种。平压的压制工作面为平面，因此对金属模板图形文印深度要求较高；滚压的压制工作面为曲面，压制速度较平面压制有所降低，但压制面积更大，可制作尺幅较大的激光全息图。

3. 涂布机

涂布机多用于网印制版工序，用于在薄膜、纸张等表面进行胶体、涂料等的涂布工艺，而后进行底纸复合。其工作原理为将成卷的基材两端装在涂布机垂直支撑臂上，通过皮带、链条、电缆等传动和喷涂部件的移动在基材表面进行涂布液体绘制图形，主要工艺流程分为涂胶、烘干、收卷和张力控制。

4. 模切机

模切机又叫啤机、裁切机、数控冲压机，用于将印刷的防伪标签模切成型。其原理为利用模切刀等金属器具，通过压印版施加一定压力将印刷成品压出凹槽痕迹。此外，还可以通过给模具加热，在印刷品表面烫制具有立体效果的图案，将一种基材覆盖压制在另一种基材上用以贴合等，实现不同的模切工艺。按照压制作业面形状，可分为圆压圆模切机、圆压平模切机、平压平模切机。

二、隐形分子技术

隐形分子技术是将隐形材料加入油墨、塑料等印刷材料内，可使其完全融入不同产品，使防伪溯源标签具有不易与产品分离和不易被破坏等特点。采用这一技术的防伪溯源产品，其制造设备有卷筒印刷机、涂布机、模切机等。

其中，卷筒印刷机又称卷筒纸胶印机，是以纸卷、纸带的形式对胶印机进行连续供纸，以完成印刷及折页等工艺流程的印刷机。较多地应用于现代印刷作业。

（一）给纸机

给纸机的主要作用为自动接纸，多用于一般商业用卷筒纸胶印机，对于防伪溯源标识的印刷，大部分采用结构较为简单的给纸机。

（二）送纸机

送纸机是卷筒基材的二级张力控制机构，与接纸机形成配合，控制纸张等材料的张力，为准确印刷起到位置固定作用。

（三）印刷机组

印刷机组是胶印机核心组件，一般为双面四色卷筒纸机型。在防伪溯源标签印刷作业中，通常将隐形分子油墨等材料加入其中，通过印刷机组完成防伪溯源标识的印刷。

（四）传动装置

传动装置为胶印机提供动力传动，分低传动和中间传动两种，通过齿轮带动印版橡皮滚筒形成动力传递。

（五）烘干箱

在胶印机使用热固性油墨进行印刷时，需要烘干箱将油墨加以烘干，以避免油墨剐蹭导致防伪图形印刷不清等问题出现。

（六）冷却机构

纸带在烘干箱里会随油墨温度升高，为保证印刷质量，需冷却机构降低纸带温度。

（七）上光装置

为使印刷制品表面形成光泽，通过上光装置对部分质量要求高的印刷制品进行上光作业。

（八）折页机

折页机对纸带按要求进行裁切，以形成印刷要求的各种开本，折页分为横折与纵折两种形式。

（九）裁单张纸机

按照工艺要求，以裁单张纸机代替折页机将纸带进行剪裁收齐。

（十）收页机

用来收齐折页与裁切好的印刷成品。

三、揭开留底防伪标签

揭开留底防伪标签是以防止粘贴式防伪标签表面被揭下后二次使用的防伪方式，可以有效阻止防伪溯源标签被重复使用。

这一防伪技术主要设备有上光机、喷码机、卷筒纸胶印机、丝网机、模切机等。

（一）上光机

上光机用于防伪溯源包装的表面装饰加工环节，能够提高印刷制品的耐磨、耐污、防水性能。形式分为印刷机联机上光机组、专用上光机和印刷机机构上光机三种。其工艺原理是将上光油覆盖于印刷品表面，经流平和干燥形成光泽层。

（二）喷码机

喷码机用于喷印号码、图形等防伪标识。其原理为利用油墨带电偏移，使油墨喷射于印刷品表面，喷头与墨滴的控制由计算机进行逻辑控制，能够较为精确地完成防伪标识的喷涂制作。

（三）丝网机

丝网印刷机主要用于防伪标识覆盖涂层刮刮银的制作。丝网印刷由丝网印版、刮板、油墨、印刷台及承印基材组成，通过丝网固定位置漏出刮刮银油墨在基材上形成既定图形的涂层这一原理进行印刷。

四、RFID 防伪标签

RFID 指射频识别技术，是一种信号接收器与防伪溯源标签在一定距离范围内进行非接触式数据通信的识别技术。其主要硬件设备有卷筒纸胶印机、芯片复合机、模切机等。

RFID 芯片复合机主要用于将 RFID 和印刷材料进行定位复合。市场上 RFID 标签复合机通常根据企业自身需要进行设计，将防伪标签打印于产品包装表面。单张复合式具有精确度高、损耗低的特点，同时由于其具有张力自动控制系统和防静电系统，能够满足各行业企业防伪标识芯片的打印复合需求。

五、高温、滴水消失防伪标签

高温、滴水消失防伪标签是将标签进行加热升温或在防伪标签上滴水，防伪图案就会消失或产生相应变化，以此进行产品真伪辨别。这一防伪技术以湿敏、热敏油墨等为基础材料，属于隐形分子技术的一种，其印刷设备以卷筒纸胶印机和模切机为主。

六、二维码防伪标签

二维码是一种通过图形对防伪溯源信息进行编码和加密的技术，是在传统条形码和查询号码上的升级，其印刷设备以喷码机和模切机为主。

第二节　防伪溯源技术水准与特性

网络技术的高速发展为防伪溯源技术的迅速迭代、演进提供了基础条件，同时也为防伪溯源应用化程度较高的标签类防伪溯源技术带来了挑战。一方面，防伪溯源标签的印刷对硬件设备的升级提出了更高要求；另一方面，网络技术的广泛应用也为以标签的印刷和芯片封装技术为主要技术手段的防伪溯源指明了发展方向。

防伪溯源标签的印刷、制作需要作业质量稳定的硬件设备做基础。而这些硬件设备涉及车床加工水平、钢铁材料水平、精密零部件制造等众多技术含量较高的产业集群。

一、硬件技术的决定因素

我国对胶印机、芯片焊接设备为代表的防伪溯源硬件设备的制造技术已经完全掌握，对设备也已实现了规模化生产。但是在较长时期内，一些关键部件材料的制造，如印刷压制滚筒、光刻机等，还难以达到较高的加工精度，这导致国产硬件设备在连续、稳定、精细作业方面较进口设备仍存在差距。现代防伪溯源技术不断升级发展，对防伪硬件设备在精度、强度等方面的需求也越来越高，主要体现在如下方面：

（一）精度

图形、数字、条码等防伪溯源技术手段发挥效用依托于防伪标签的质量，因此对标签印刷硬件设备精度要求也较高。这一效果的实现有赖于硬件设备内部零部件的精准配合。

一方面，印刷机械是通过改变内部零部件的运动速度和方向进行印刷作业的。印刷作业中，设备部件之间无可避免地会产生摩擦和撞击，如送纸臂运动、串墨辊起落等。这使得纸张在被递送到规定点位的过程中会受到难以控制的位移影响。由于纸张受面积与厚度限制，刚性较弱，在连续高速印刷的递送过程中，机械自身震动就难免导致位移误差，从而带来印刷质量的重大缺陷。为避免机械自身的冲击、震动给纸张载体造成较大的位移影响，需要采取多种技术措施加强印刷设备自身机械稳定性。除了提高对传动链上各环节零部件的运动方向、行程、速度的计算精度和零部件之间的协调控制，以提高整体机械作业精度外，还需要减小各环节零部件的运动间隙，增大传动齿轮接触面，减小支撑轴的轴向、径向间隙，使齿轮咬合度与轴承同轴度等达到精密级水准。这样，就能够最大程度地使进入印刷单元的纸张不偏离既定位置，将套准误差保持在合理范围内。

另一方面，机械的精度对油墨的喷涂也起着至关重要的作用。在纸张达到既定印刷位置后，墨层与印刷网眼位置、大小都需要保持均匀稳定，这样能够使印刷物墨色统一，呈现原稿色彩设计效果。

（二）强度

印刷速度一般指胶印机一小时内完成印刷的张数。目前国外胶印机印刷速度基本标定于 1.5 万张，国产胶印机印刷速度基本在 1.2 万张。

胶印机印刷速度的提升是对各部件强度的极大考验。胶印机进行印刷作业时，速度每提升 0.1 万张，内部零部件之间的惯性力、震动频率、冲击力等会成倍甚至成十余倍增加，对胶印机整体形成较为严重的损害。目前国产胶印机零部件强度还不能较好地适应提高后的速度要求，过高的印刷速度会导致胶印机损坏频率提高。所以，胶印机印刷速度的提升与零部件的强度密切相关，只有优质的高强度零部件才能保证胶印机在高速状态下的稳定性。

（三）其他

除印刷精度与零部件强度之外，还有零件在外力作用下的抗变形刚度、耐磨硬度等指标决定着胶印机对防伪溯源标签的生产制作质量。胶印机是高速度、高精度运行的机械，零部件在工作负荷中形变必须极小，关键部件的刚度容许范围甚至达到了几微米。

二、技术水准与特性

我国防伪印刷硬件设备与相关技术一直呈智能化发展趋势。虽然技术水准在设备稳定性方面仍有升级空间，但是我国防伪印刷硬件设备的实用性和创新技术发展速度则是远远领先于同类进口产品。

（一）技术水准

对于防伪硬件设备制造，尽管我国存在发展起步晚、硬件精度不高等劣势，但是在技术水平上具有多方面优势。

1. 多项关键技术接近国际水平

卷筒纸胶印机和 RFID 芯片是防伪标签制造领域中应用较为广泛的硬件设备。我国经过多年相关科学技术的研发投入，在相关领域已实现多项技术接近或领先国际水平。

在印刷的油墨喷涂方面，研发了多应用于商业卷筒纸胶印机的数字化输墨技术，输墨系统是通过高精度、低扭矩、直线型齿轮泵，在独立的数字控制系统下实现精确计量油墨脉冲，印刷作业中，胶印机根据图像油墨密度改变数字脉冲输出，能够极大提升防伪标识、标签等较小图像的精确性。在印刷速度方面逐渐追赶上国际先进水平，单张纸五色胶印机可达到每小时 1.8 万张以上。

在卷筒纸胶印机整体性能方面同样有重大突破，实现了 M600 等主要型号设备的国产化；研发投产高速、多用途、可印刷三联折页印刷品的卷纸筒胶印机；研发多种规格尺寸的卷筒纸胶印机产品等，为防伪溯源标签的制作提供了极大的发展支撑。

RFID 芯片封装方面，我国研发了具有独立知识产权的高速度、高精度、全数字自动化的 RFID 倒装芯片封装设备，这一关键技术领域取得的重大突破，不仅大幅降低电子标签的封装成本，还使主要性能指标达到了国际先进水平，打破了国外企业一家独大的技术垄断局面。

2. 全面进入数字设备制造阶段

经过几十年的科技创新发展，我国防伪标签数字印刷设备制造已经形成了较大的产业规模，虽然一些关键部件仍依赖进口，但是硬件设备的制造水平已足够满足各行业防伪标签等的印刷制作需求。数字喷码印刷除制作防伪标签外，广泛应用于食品监管码、票据、证照卡片等制作领域。单张纸数字喷墨印刷在传统印刷应用领域之外，还可实现铜版纸、胶版纸、PET、PVC、不干胶、金属箔等不同材质的喷印作业，适用于多种行业的防伪标签的制作。UV 彩色数字标签喷码印刷机可实现四色＋专色的五色印刷技术，能够为防伪标签的制作提供有力技术保障。

3. 硬件设备智能化水平较高

印刷技术在计算机、微电子、光纤、网络等高新技术的发展带动下逐渐向智能化方向发展。在这一过程中，印刷机组的张力控制、套印、墨层控制等技术实现了进一步升级，印刷精度实现了提升，自动接纸、自动换版、自动诊断故障、远程诊断调整和自动折页等技术系统也被逐步研发和应用。在智能化控制的作用下，印刷精度、稳定性、可靠性得到了极大的提升，防伪印刷硬件设备能够更好适应防伪行业标签类产品的市场需求。

（二）特性

1. 功能齐全，方向灵活

防伪硬件设备随市场与产品防伪需求，不断向高效、灵活、方便的多功能方向发展。其硬件设备逐步适应印刷批量减小、灵活度和个性化程度高的防伪标识制作需求，并实现多机组、多纸路的多功能印刷作业，满足防伪标识的个性化需求，大幅度提高印刷效率。

2. 低碳环保，性价比高

防伪硬件设备正向着低碳环保和高性价比的方向发展。将胶印机的湿润系统由传统的酒精湿润改为低醇或无醇的湿润液湿润，能够减少传统湿润液中的化学物质污染。用无水胶印技术替代传统胶印，不仅减少二氧化碳排放，还可以减少纸张损耗和印制前的准备时间，提高了印刷质量和印刷效率。国产防伪硬件设备通过提高自动化程度，减少了设备运行变化、调整时间，间接降低了胶印机的能耗，另外通过油墨喷涂控制软件、烘干装置的研发改良，既降低油墨耗用，又缩短了流程间隙时间，增加了节能效果。

第三节　防伪溯源智能化开发方向

近年来，"智能"一词被频繁提及，"加强新一代人工智能研发应用""推动产业数字化智能化改造"等也成为社会广泛讨论的话题。在防伪溯源领域，相关技术产品也在智能化的大势所趋下迎来爆炸式的革新，通过大数据的运用不断实现迭代升级，进而获得飞快发展。在万物互联的崭新时代，数字化转型持续提速，人工智能全面开花，防伪溯源技术及相关产业也将在智能化浪潮下实现新的跨越式发展。

一、防伪溯源智能化趋势

当今社会发展迅猛，科技创新进入了一个新的发展阶段，国家高质量发展不断走深走实，云计算、大数据、物联网、人工智能等一系列名词越来越多地出现在人们的日常生活中。对于防伪溯源行业来说，防伪溯源依靠移动互联网和智能设备成功实现广泛落地应用。"一物一码"驱动企业发展、提升消费者信心，加上国家关于产品溯源政策的颁布，防伪溯源的影响力和吸引力日益彰显。因此，从未来发展趋势上看，防伪溯源智能化也是必然的。

2019 年 9 月 9 日，"一带一路"国际商品追溯大会隆重举行。此次大会由联合国世界丝路论坛指导，聚焦商品追溯与防伪，集合多位行业专家与有关人士。会上，有关区块链的讨论非常热烈，与会嘉宾对区块链技术在防伪溯源领域的落地应用给予厚望。

2019 年 12 月 6 日，"物联网·区块链与防伪溯源生态创新研讨会"成功举行。该研讨会的主旨为"智慧创新、融合应用"，参与会议的众多嘉宾同样将目光放在物联网、区块链、人工智能、大数据上，分享前沿技术在防伪溯源领域里的集成创新，寻求更智慧的产业生态。

2020 年 3 月 31 日，《2020 区块链溯源服务创新及应用报告》正式发布。作为中欧 – 普洛斯供应链与服务创新中心、京东数字科技集团的共同成果，该报告深入研究了区块链防伪追溯的应用与效果，展示了区块链防伪追溯的应用价值，凸显防伪溯源智能化的优势。作为电子商务领域具有重要影响力的综合网络零售商，京东也在致力于通过不断提升商品管理的智能化水平来保障商品品质，保持良好的发展生态。

2021 年 3 月 4 日，"第四届防伪与智能追溯技术高峰论坛"顺利召开。此次论坛备受社会各界广泛关注。5G 时代下，智能生活可谓超乎想象，社会处处都是新图景。在论坛上，各位专家学者以产品安全溯源及监管为重点、结合先进技术的应用进行说明并对产业发展的未来趋势进行阐述。

身处不断智能化的时代，数字化技术的大力驱动让协同与创新成为学术界和企业界的热点和共识。面对防伪溯源智能化程度不断加深的现实，各大科技企业在防伪溯源技术的创新研究上持续发力、成果颇丰。

二、防伪溯源智能化研发与探索

在防伪溯源领域，有一个"山鸡的故事"很值得一说。故事的主人公名为秦海峰。作为上海快捷科技发展有限公司的领军人，秦海峰长期致力于研发创新，他曾研发了 51315 防伪标签，这款防伪标签效果好、便于查询，给他带来了很多好评。后来，他更是一手打造了 51315 全民防伪平台，不断进行设备与技术的研发。

"山鸡的故事"其实是一个农产品品牌，不过与别的传统农产品不同，作为高端土鸡品牌，它更追求健康、天然和原生态，力求给消费者最美味、最新鲜、最安心的消费体验。作为"山鸡的故事"的发展支撑，秦海峰坚持让智能科技为土鸡的安全护航，要解决的其实就是生活中消费者对于食品安全信息缺失而不安的问题。为此，他采用实时直播监控的方式，让广大消费者在手机端就可以清楚看到山鸡的养殖环境与动态。为了记录山鸡，他还会给山鸡戴上 51315 生物智能脚环。51315 生物智能脚环就像是山鸡的身份证件，脚环内置数据芯片，能与智能摄像头和智能秤配合获得体重数据与照片，这些数据与照片会通过数据中心处理后呈现给消费者，而且山鸡从生产到配送的全过程都能经由 51315 生物智能脚环实现产品监控与保障。

"山鸡的故事"无疑是一个充满科技感的品牌，秦海峰把传统防伪溯源标签智能化，使之变身为智能脚环，就迎来了市场的热烈反响。由此看来，防伪溯源的智能化开发必须颠覆既往观念，跳出认知误区，积极利用前沿科技，结合品牌营销，打造能提升关注度的技术与产品。

防伪溯源适用于各行各业，包括古董、珠宝等具备极高价值产品的行业，也包括食品、茶叶等与人类健康密切相关的行业，还包括图书出版等行业。在 5G 时代下，智慧经济迅速崛起，防伪溯源智能化势不可挡。"Intelligent TAG"防伪溯源系统助力电商企业激活发展动能，量子云码微观微距智能图像识别系统以包装为载体保证商品身份的唯一性，见甄 AI 鉴酒盒子赋能传统老酒行业……借助科技快速发展的步伐，防伪溯源的智能化开发一定能为全球及不断增长的中国市场带来新的发展机遇。

第十章

防伪溯源技术运用难点

【本章提要】

物竞天择，优胜劣汰。市场是残酷的，尤其是高新的产业，其发展更是硝烟弥漫。防伪溯源产业作为国家经济生活的重要构成部分，其发展的道路曲折性不言而喻。除了起步晚，与国际标准缺乏有效的对接外，技术研发和高昂的科研成本也是制约发展的关键点。不过，随着社会主义市场经济的发展，管理体制也更加规范化、科学化，这为防伪溯源技术的发展奠定了良好的发展基础。

本章主要内容：

1.防伪溯源技术应用效果与价值

2.防伪溯源技术的普及与推广

3.防伪溯源技术的研发难点

第一节　防伪溯源技术效果与效率

移动互联网技术的飞速发展催生了越来越多的新产业，5G 技术的成熟让万物互联渗透到了社会发展的各个方面。消费升级不再是趋势，而是实实在在已经发生了。越来越多的消费者对产品的要求也越来越高，从对产品的防伪意识来看他们已经不再满足于验证生产企业的基本信息了，而是对产品的产品原料、生产过程、仓储条件、运输物流、经销商等全流程的信息需求更加明确。

一、企业应用防伪溯源技术产生的效果

党的十九大报告中指出，"我国社会主要矛盾已经转化为人民日益增长的美好生活需要和不平衡不充分的发展之间的矛盾"。这个新的社会主要矛盾，正在推动防伪溯源产业的崛起。人民生活水平的提升必然要求所用的产品质量的提高，这也从消费者需求方面推动了防伪溯源产业的快速发展。

但是当下防伪溯源作为新兴产业还有很多问题亟待解决。首先是防伪溯源的标准不统一，每家机构在实际应用中采用的流程侧重点各不相同，即每家机构面对的产业不同，技术指标存在差异。另外每家机构的技术水平高低不一，在数据处理的安全上也存在隐患。从传统的基于中心化数据的溯源体系向基于区块链去中心化的防伪溯源系统升级，企业需要考虑的不仅仅是技术问题，更多的则是成本支出。

虽然目前防伪溯源的建立有着各种各样的问题，但是时代的发展已经让这个新兴的产业展示出了巨大的应用价值，这对于企业发展的重要性不言而喻。

（一）企业应用防伪溯源技术的优势

无论是国家层面还是消费者层面，防伪溯源技术的全面崛起已成必然。随着人民生活水平的不断提升，防伪溯源技术必将更加深入到社会的各个方面，其应用功能也会向更高层次发展。

从产业链的角度来看，防伪溯源技术让企业经营具有了更多的发展优势。

一是获得安全性优势。企业建立防伪溯源技术体系相当于为自己构建了一个强大的防火墙，让经营范围处于安全区域。

二是让企业品牌获得了权威性。一家企业的稳健发展与其权威性有着密不可分的关系，防伪溯源体系为品牌影响力进行了加固。

三是增加了企业经营的高效性。企业将符合要求的产品全部录入防伪溯源系统，形成生产链的全流程实时信息共享，管理者能够快速查询到生产与经营进度，同时在出现问题时也能够快速找到问题症结，从而节约大量的追查时间和处理时间。

四是促进企业经营的灵活性。基于防伪溯源系统的数据化和信息化，企业可以在官网中建立独立的查询小程序，让防伪溯源的查询更加灵活多变。

五是加持企业的营销力度。利用防伪溯源系统的数据信息的综合性，找到适合企业推广的切入点，帮助企业拓展营销渠道，不一定要达成最后的销售，可以先做透对客户的引流模块，随后对黏连的客户进行定制化的营销策略，并逐步引导其达成消费。

六是可以建立企业与消费者的双向互动模块。在传统的销售体系中，企业与消费者的互动很少，甚至很多交易属于"一锤子买卖"，消费者的流失率非常高。现在则可以借助防伪溯源系统建立企业的粉丝群，甚至可以将粉丝群进行阶段性分类，如初级粉丝群、高阶粉丝群、VIP 粉丝群等。这样做的主要作用就是黏住客户，不仅是维护客户，也是通过粉丝来进行品牌的口碑宣传。当然，也能及时发现客户的需求，粉丝成为企业产品提升和新品研发的基础调研对象。

（二）企业应用防伪溯源技术的效果

从信用角度来说，企业立信市场和诚信对待消费者的根本是生产符合市场需求和让消费者放心购买的产品。现在，消费者对产品的要求不是吸人眼球的精美的外包装，而是从源头就有质量保证的好产品。那么企业建立防伪溯源系统有哪些效果？

第一，配合政府监管体系的建设。在防伪溯源发展的关键阶段，积极参与政府提出的建立防伪溯源系统的要求。打通政府、企业多方对防伪溯源建设的规范性，要求强化政府监管部门对产品安全质量的管理、预警信息的处理、信息共享的落实等。

第二，打造企业科学化和标准化的管理模式。建立完善的防伪溯源系统对企业的产品管理有着极大的推动作用。管理层通过防伪溯源系统可以直接查询产品从出产到流出的各个工序，任何一个环节发现不合规操作都能第一时间中止、纠正，在短时间内进行对发现的问题进行剖析，并出具改进方案。

第三，提升产品信誉度及保护品牌利益。消费者快速核实产品防伪信息，可以提高消费者对产品的信任度。虽然消费者的购买意向会左右摇摆，但最后一定会选择能够让他放心的产品。再者，产品的高质量、高性能是树立企业品牌的根基。消费升级也是质量升级的重要推动因素，安全、高质量的产品是企业在市场上立于不败之地的核心。如果消费者通过扫描二维码的防伪溯源功能就可以一步查出产品的真伪，这无疑为企业品牌起到护航作用，也是助企业品牌夯实基础的最有效的方式。

第四，防伪溯源系统的建立，就是让消费者能够一键查询真伪，打开智能手机的一个小程序就能促成交易的营销，也就是防伪溯源系统的最快速营销模式。

造假会存在，很多时候就是因为钻了产品没有防伪标签或者是防伪标签技术含量低、易于模仿替代的空子，才最终让真品的生产企业遭受巨大的经济损失和品牌信誉的损失。

（三）企业应用防伪溯源技术的价值

食品医药行业是国家政策规定必须建立防伪溯源系统，也是防伪溯源技术发展比较快速且成熟的行业，随着社会主义市场经济发展的需要，政府部门引导更多企业加入到防伪溯源的建设队伍中。

1. 简便快捷的防伪查询功能

越来越多的防伪查询支持二维码的方式，只要消费者拿手机扫描产品包装二维码，就能看到真伪查询结果。

2. 提高防窜货能力

可以进行防窜货管理，后台系统可清晰了解货品信息，定位终端，企业全盘掌控。

3. 建立营销新渠道

通过产品二维码吸引新客户，引流进入官方的积分商城，商城管理支持现金红包、大转盘、现金抵用券等互动功能，助力企业营销。

4. 提升信息化管理水平

通过数据管理实现基础的产品批次管理，精准记录产品出入库等信息，实现一个防伪溯源系统应用多种功能的管理目标。

5. 实时的大数据分析

数据是企业发展必不可少的资源。通过系统全面记录消费者购买行为数据，通过精细化地分析消费者的消费行为、市场状况，指导企业进行更加高效的定向营销活动。

二、企业应用防伪溯源技术重在提升效率

防伪溯源最显著的特征就是建立安全的数据信息，让流入市场的每一件产品都被记录在案，每个环节的信息都实时备份，每个批次的产品都达到"一物一码"的标准，从原料到成品，反过来从成品到原料，实现快速的全流程防伪和双向追溯功能。

从企业经营方面看，防伪溯源首先优化了企业内部管理流程。基于防伪溯源系统的全面性、安全性、数据化等特点，企业根据自身发展经营的需要建立相应的防伪溯源系统，这样就能在管理中对应的每个环节收集到溯源数据，不断优化生产流程和生产工序。企业在加强生产与管理的科学化和标准化的同时，持续促进产品质量和产量的稳健提升。

例如，生产企业在防伪溯源系统初步阶段就需要录入的信息就包括了产品原料、半成品、加工产品的物料管理信息，这些都是保证生产安全以及可追溯

的透明信息。从记录源头供应商到销售出库的经销商，产品生产的每个环节的信息都能够准确记录到数据系统，形成专项数据库，最后能为质量追溯系统提供来源与去向的查询依据。

另外，在质检管理体系中也可以对原辅料、包材等进行质检检查，将配置质检表单、检验项等精准化的数据记录收集到数据库。当然，这需要企业根据产品生产标准，明确产品安全检验标准及检验重点，为之后的防伪追溯系统提供安全节点控制管理的信息依据。

在竞争激烈的市场中，一个能让消费者放心的品牌，才能获得更好的发展空间。在品牌营销的前提下，建设防伪溯源系统不仅可以维护产品品质、树立品牌形象，也是向消费者展示产品的真实性，让消费者对品牌产生信任，从而促进消费快速达成。

建立防伪溯源系统的根本目的是打假，将生产链上所有的企业都纳入系统中，形成闭环运营，提升造假的门槛，甚至让造假者对此望而却步。只有尽可能阻止假冒伪劣品流入市场，甚至禁止其生产，才能从本质上维护企业的品牌形象。一旦发现市场中出现了仿冒品，企业的溯源系统就会快速响应，及时排查，从而维护企业的品牌形象。

另一个能反映防伪溯源时效性的就是出现纠纷时，系统可以快速地向社会监督机构和政府的执法部门提供产业链上各节点的详细录入数据信息，准确定位问题的源头和责任方。无论是问题追踪还是承担追责都能有据可循，多项追踪，多管齐下。对于需要召回的产品也能快速启动召回机制，避免事故的再扩大。

第二节　防伪溯源技术常识的普及

防伪溯源作为新时代发展起来的新产业，在产业生命周期的初期与所有新兴事物的成长一样，都要在曲折的道路上摸索前行。除了来自市场的需求和政府部门的强制推行,防伪溯源自身也在不断深耕应用场景,以期快速被市场认可,但是道路依然艰难,成长初期对防伪溯源技术的知识进行普及就是一项系统工程。

基于5G技术发展,智能手机为人们提供越来越多的便捷功能,从图文阅读、线上购物、网店订餐、娱乐互动到远程办公,这些应用场景已成为当下人们日常生活的重要组成部分。对于防伪溯源产业的发展来说,这已经为其推广和实施奠定了良好的基础,但是就目前防伪溯源技术的应用现状看,防伪溯源技术的普及依然任重道远。

一、社会诚信体系有待完善

就目前中国市场而言,整体的社会诚信体系还处于发展阶段,大力推动防伪溯源系统的建设也是诚信体系建设的核心任务之一。以信用制度促进市场环境的和谐发展,通过政府诚信建设推动营商环境的升级和优化,不断创新监管机制,以诚信体系共建信息共享的生态系统。

面对假冒伪劣品屡禁不止的情况,要从社会角度宣传贯彻落实防伪溯源技术知识的重要性,引导教育人们从身边的事情做起,从自己做起,以诚立身。打击假冒伪劣品人人有责,要在全社会提倡消费者加强对防伪知识和溯源理念等识假防骗技能的了解,集社会之力共同营造抵制假冒伪劣的社会氛围,提高维护消费者合法权益的力度,要将满足人民群众美好生活愿望落到实处。

构建社会诚信体系。打造牢固的社会诚信体系,是强化公民守法、企业遵法的前提。只有在良好的法制体制下,才能从根源上杜绝造假。而建立防伪溯源系统就是遵法守法地防范造假的重要举措,这也是防伪溯源平台拥有巨大市场的根本原因。

二、防伪溯源知识普及率偏低

由于防伪溯源系统在中国尚没有业界统一的标准,所以普及率偏低。随着区块链技术的深度应用,对供应链科学化和高效化的管理要求也是越来越高。

但从当前对供应链管理观念的认知看，只有少部分企业对供应链管理有高度的认知。这一点对推行防伪溯源技术是极为不利的。尽管防伪溯源在中国有着极大的市场需求，但是面对普及率低下的现状，无论是政府层面还是专业防伪溯源机构都要先解决这个头号"拦路虎"。

三、企业管理水平不高

中国企业中大部分是中小企业，这些企业一是起步晚，二是大多数属于家族式企业，随着发展的推进，企业的阻力因素也会逐渐显露，如管理模式僵化、经营随意性强、产品安全质量缺乏标准的监管机制、市场灵活性逐渐降低，这些都是企业管理滞后的集中表现。同时，这些企业在经营管理上从成立之初到发展壮大几乎谈不上具备了真正的经营战略，很多企业的管理水平普遍不高。对于这类企业，在对防伪溯源技术知识的了解上也就相对薄弱。

因为企业本身的体量不大，在战略定位上难免受到各种各样的限制。企业还在为如何解决生存和养活员工问题而上下求索，在费尽心力引进急需的高端人才，还在争论企业是否升级，它还没有实力去完成防伪溯源系统的建设目标。

建立防伪溯源系统的前提是企业有良好的基础管理体系，拥有健全的企业管理机制和科学的评价体系，不仅有业内的尖端人才梯队，还要有行业相对成熟的技术支撑，这些都是构建防伪溯源系统的基础保障。

四、防伪溯源平台技术薄弱

防伪溯源是一个庞大的系统工程，它涉及了产品的原材料、生产加工、物流流通以及终端消费等各个环节，这些都需要科学的系统的平台化技术来支撑。目前防伪溯源的平台类型主要有政府建设平台和企业自主建设平台两大类型。

政府主导建设的防伪溯源平台又包含了国家级别和地方级别两个类型。总体来说，政府类平台最具公信力，面向的范围是社会化的，但是技术更新力度不够强，还有一点则是大多数平台性质属于事后处理型，即前期的防伪功能偏弱。基于此，很多企业往往不会主动参与其中。

自建型防伪平台属于企业自行建设的平台，基本是按照企业需求搭建的，可以提高产品信息的流转效率，对外提高企业的品牌形象。但是不足之处也非常明显，即成本过高，对技术和高端人才的需求都极大，一般的企业难以完成。

政府组建平台和企业自建平台是目前市场上存在两个平台类型，各自有自己的优势，但是也有短期内无法弥补的不足之处。

五、防伪溯源体系建设机制不健全

防伪溯源发展的基础与科学技术、企业管理等方面都有着密不可分的联系。不同行业发展水平和经营模式不尽相同，对防伪溯源技术的需求也千差万别。就防伪溯源本身来说，它涉及的环节也是众多的，对技术要求、企业配合、终端服务、消费者认可等都有着不同程度的要求。

在防伪溯源系统中要保证企业诚信经营，除了建立健全信用机制，还要有国家政策法规的支撑，颁布标准化的执行准则，让企业有法可依、有章可循，加大监管的力度，对信誉不达标的企业，要定期公告，让那些失信的企业无法生存，而那些高质量的产品又能得到监管部门的宣传与推广。只有多管齐下才能为防伪溯源技术的普及奠定良好的环境。

六、防伪溯源建设不能脱离消费者

建立防伪溯源系统的理论价值很高，但是推行意义往往被忽略了。什么样的防伪溯源效果最好？消费者积极参与到防伪溯源中来才是该系统建立的最好状态。消费者参与率高，说明大家对产品真伪的辨别需求越高，对防伪溯源知识认知越深刻，这样才能不断提高造假者的门槛。

整体来说，防伪溯源技术的发展依然需要政府从立法角度予以规范，监管部门加大对造假者的惩处力度，企业主动参与防伪溯源的建设，以及消费者对防伪溯源知识的深入了解。从诚信角度规范市场经营机制，强化企业不断提高经营管理水平，引导消费者树立高质量的健康、绿色和生态的消费观念，为推动中国社会主义市场经济高质量发展凝聚内在驱动力。

第三节　防伪溯源技术研发与成本

随着科学技术的进步，在防伪溯源技术迅速提升的同时，很多造假技术的水平也在"与时俱进"。甚至一些造假技术高的人已经向一些大品牌"下手"了。比如"西湖龙井"这个茶叶界的巨头品牌，它一度在打假维权的道路上奋力前行。虽然打假期间以胜居多，但是持续的假冒伪劣品在市场上滥竽充数依然让"西湖龙井"这个品牌在消费者心中打了折扣。

有人曾从数据上进行了跟踪分析，真正的"西湖龙井"一年的实际产量不会超过 500 吨，但从市场抓取的借"西湖龙井"的品牌销售出去的茶叶的数据高达数千吨。在互联网时代，这些造假行为很快爆出水面，虽然众多的人钟爱龙井茶，但假货的盛行让一些消费者对龙井茶的认可度还是受到了极大的影响。

"西湖龙井"在打假维权之路做了大量的工作，从最初的地理商标防伪注册到强制要求正宗的"西湖龙井"包装上必须具备防伪标识，产品的防伪溯源技术在推陈出新。

一、防伪溯源技术研发的高要求

就防伪溯源行业本身而言，作为新兴的产品，在发展初级阶段很多技术的研发依靠资金和人才的大量投入。

能达到防伪效果的标识（产品），首先都要具备一定的技术含量。

（一）防伪身份的唯一性

唯一性很好理解，就是"一物一码"，具有不可复制性、不可转移性，拒绝搬运他处使用。可以从以下几个方面了解：

第一，采用生物特征识别的防伪技术的产品，其特征因行业不同而各有不同。

第二，在产品结构和包装上采用了防伪技术的，防伪重点在于一旦开启，防伪破坏率至少大于90%，这才能有效杜绝防伪标志的二次使用。

第三，从防伪材料上进行切入，根据防伪产品的行业不同采用有针对性的防伪材料，研发与之对应的高效防伪技术。不过这对材料使用率有要求，一般来说，同一类防伪材料的使用不会超过4家企业。这样便于防伪追溯。

第四，数码防伪技术应用的唯一性。在完整的防伪溯源系统中保障数码信息的唯一性，以及在应用中的随机性，以此保证防伪溯源的安全性。

第五，防伪技术无覆盖，即防伪技术符合一次性的使用标准。

（二）防伪溯源技术的高效识别

高效识别则是有别于传统的识别方法，可以通过最直观的方式在极短时间里就能辨别真伪，如通过人眼就能快速识别，或者是扫描二维码就能一键完成产品真伪的鉴别。

（三）防伪溯源的安全性

当今的防伪溯源技术与传统防伪溯源技术最大的区别就是安全性。从防伪溯源技术本身的研发和设计，再到制作防伪产品的技术以及应用都具有极强的安全保密性。在考虑安全性的同时研发者还考虑了经济成本适应性，只有成本分摊经济实惠了才会有更多的企业加入到防伪溯源系统中。简而言之，防伪溯源技术在研发时最好能兼顾防伪技术要求和尽可能降低使用成本。

（四）防伪溯源技术的普适性

每一项技术的研发不是为了束之高阁，而是为了应用。所有防伪溯源技术的研发必须以适应性为发出点，只有防伪性能满足标的物的正常使用环境要求和产品特征，才能获得企业的认可，才会在市场中发挥功效。

（五）防伪溯源技术的力度要强

防伪力度一般从防伪技术的独占性、防伪识别特征性、仿造难度以及仿造成本等几个因素来衡量。这几个因素就是从技术上增加仿造者的跟风门槛。一项尖端的防伪技术的壁垒能将大多数的造假者拒之门外。

换句话说，就是防伪溯源技术要具备相对长的稳定性。防伪溯源的尖端技术的研发本身的成本就是高昂的，这就是对防伪技术本身的加固，企业虽然前期看似成本很高，但是使用年限很长，这就把成本摊平了。

二、防伪溯源技术研发难点

在社会主义市场经济的迅猛发展中，防伪溯源技术作为新生的高新技术也在迅速发展。在标准与制度尚不完善的市场中，防伪溯源的市场也是乱象丛生，很多防伪技术含量低、质量不过关的技术产品纷纷奔入市场，让本来就假冒伪劣品不断的市场，又陷入了"兵荒马乱"中。

（一）研发成本居高不下

高端的科研技术与高昂的研发成本总是"成双成对"的。研发成本的居高不下必然导致推广应用成本"水涨船高"。在大多数企业中，能够快速加入防伪溯源系统的往往都是行业的头部企业，这类企业在经营投资上会有更多的流动资金偏向建立属于企业的防伪溯源系统。但是一些中小企业受制于成本问题，很难参与到防伪溯源技术的研发中。

（二）防伪溯源标准不一

防伪溯源技术的编码方式和加密方式的不统一，也成为行业发展的关键瓶颈。如国内市场中，防伪溯源标准就呈现出了"各自为战"的混乱现象，与国际相关标准更是缺乏对接，这就让防伪溯源技术的研发难度不断加码。

（三）自主创新的力度偏弱

核心技术的发展才是防伪溯源技术的命门。《在网络安全和信息化工作座谈会上的讲话》中指出，互联网核心技术是我们最大的"命门"，核心技术受制于人是我们最大的隐患。一个互联网企业即便规模再大、市值再高，如果核心元器件严重依赖外国，供应链的"命门"掌握在别人手里，那就好比在别人的墙基上砌房子，再大再漂亮也可能经不起风雨，甚至会不堪一击。我们要掌握我国互联网发展主动权，保障互联网安全、国家安全，就必须突破核心技术这个难题，争取在某些领域、某些方面实现"弯道超车"。[①]

　　防伪溯源技术的发展首先要与国际标准对接，再结合我国发展实际情况和产业发展的阶段等综合因素制定研发方向，只有具备适用性的技术才能为市场的良性发展起到促进和推动作用。

---

① 资料来自:《求是网》。

第四部分
防伪溯源现实意义

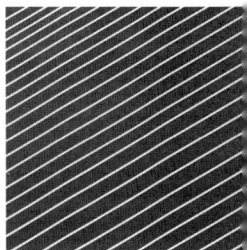

第十一章
防伪溯源与产业互联网

【本章提要】

防伪溯源的发展，已经经历了从拨打 400 电话或是登录官方网站输入防伪码查询，进化到利用二维码技术实现产品防伪溯源信息的读取和验证。

然而，随着时代的快速发展和科技的迅速迭代，传统的防伪溯源技术已逐渐被摒弃。为顺应时代发展潮流，防伪溯源与产业互联网的结合已然成为下一个发展趋势。想要更好地与互联网融合，就要一步步了解防伪溯源与互联网的各种关系，以及两者融合所产生的影响和价值。

本章主要内容：

1. 防伪溯源与互联网的整合及影响

2. 防伪溯源产业互联网的赋能作用

3. 防伪溯源全产业链的构成与价值

第一节　防伪溯源与互联网的整合及影响

最初，传统的防伪往往是消费者凭借视觉和触觉来进行分辨。但近年来，随着互联网的飞速发展，众多行业开始纷纷与互联网联手，并取得了不错的成绩。防伪溯源行业也顺应发展潮流，与互联网进行了有机整合。

一、互联网与防伪溯源的有机整合

过去，虽然防伪溯源在各行各业都有着不错的发展，但由于不同类别产品的供应链管理都不太一样，各个企业始终没有形成一个统一的防伪溯源标准，这也就导致了大数据平台的数据有时候无法及时、有效交互，比如上游的二维码在下游根本无法识别，最终这些二维码和信息也都成为无效内容。这种情况的出现不仅造成了企业的资源重复浪费，还严重影响着防伪溯源的发展。

当下，防伪溯源正处于起步阶段，还没有完善的法律法规和监管体系，也没有具有公信力的机构部门参与监管。如果企业和产品信息都存储在中心化的数据信息系统内，那么篡改和伪造信息的概率将会大大增加，进而降低甚至是失去透明度和可信度。

而与互联网的结合，则在一定程度上大大改变了这一现象。从防伪行业的发展历史看，防伪手段从最初的单一防伪技术过渡到了现在的多重防伪溯源技术，其主要呈现形式便是数字信息防伪。

数字信息防伪是服务技术发展的必经之路。凭借着前沿的芯片技术和软件技术，再搭载先进的互联网技术，数字信息防伪可以具备更为先进的加密技术和安全认证技术，提升产品的防伪效能，让产品无法被复制，成为独一无二的存在。

与此同时，数字信息防伪可以让消费者通过手机就能轻而易举地识别真伪。数字信息防伪凭借"防伪力度高、易识别、价值多样化"的优势，正逐渐成为防伪技术的主方向。在当下，依托于智能手机和移动互联网的防伪技术与认证技术，正被运用于更多的企业和行业。

目前，当数字化的防伪技术和防伪产品顺利被数字化识别之后，才能完成与产品溯源、互联网、大数据和云计算的结合，才能顺利与企业其他生产链相衔接。实际上，防伪溯源的实施开发还具备很大的发展空间，可与企业的信息化系统实现共享关联，企业也可以借助综合化的系统实现防伪溯源、防窜货等，在很大程度上保证了产品质量，也保证了企业品牌的声誉。

二、互联网与防伪溯源相结合产生的影响

当防伪溯源与互联网相结合之后，带来了三大变化。

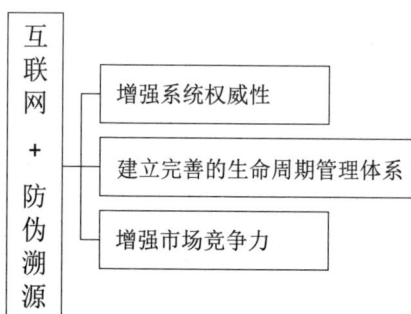

图 11-1-1　互联网 + 防伪溯源的作用

（一）增强系统权威性

中国信通院已获授权成为国际发码机构，系统可以通过对接国家工业互联网标识解析体系生产符合国际标准的码，为实现"万物互联"奠定了良好基础。

工业互联网标识解析体系的主要作用分为三点。一是为产品标识编码；二是利用标识编码对产品进行唯一性的位置定位和信息查询，这是实现全球供应链和智能化服务的基础；三是可以通过标识编码资源和标识解析系统开展工业标识数据管理和跨企业、跨行业、跨地区、跨国家的数据共享共用。

需要注意的是，系统所生成的码可以在企业平台上进行查询，还可以登录国家工业互联网标识解析平台进行查询验证，增强系统平台验证的权威性。

（二）建立完善的生命周期管理体系

对接国家工业互联网标识解析体系，实现工业标识数据管理，实现跨企业、跨行业、跨地区和跨国家的数据共享共用，同时实现跨行业、跨地区、跨企业的产品设计、产品生产和产品流通等。

通过为每一个产品赋予唯一的国际通行的互联网标识解析身份码，与企业ERP（企业资源计划）、CRM（客户关系管理）、WMS（仓库管理系统）、PLM（产品生命周期管理）等系统进行实时数据对接，实现企业生产链和供应链的数据共享，最终建立并完善来源可查、去向可追、责任可究的生命周期管理体系。

（三）增强市场竞争力

通过对接国家工业互联网标识解析体系，企业可以领先一步，具备两大竞争力。

一是消费者在对产品码进行扫描时，屏幕会弹出"国家工业互联网标识"的提示，这在无形之中会让消费者认为该产品有国家级官方平台的认可和背书，对企业和产品都会留下正面影响。

二是诸多工业制造企业都在向智能化生产转型，标识应用也将会成为一大趋势，就像手机被广泛使用一样。而那些没有采用工业互联网标识的企业将会被"孤立"。而现在正处于发展初期，率先采用工业互联网标识的企业将会先人一步，抢占生态应用的先机。

三、互联网与防伪溯源相结合的模式

（一）数字化防伪技术

防伪溯源与互联网结合，最明显的模式便是采用数字化技术。数字化技术是通过在产品上粘贴具有唯一标识码的服务标识物来实现防伪目的。消费者购买产品之后，便可以及时查询产品的真伪。除此之外，数字化技术还克服了传统技术可被批量复制的劣势，使其具备了不可伪造等特点和优势。

如今，市场上涌现了多种数字化技术，如防伪码、二维码技术和 RFID 技术。

1. 防伪码

防伪码是最为常见的数字技术，是利用时效性和有效性对产品进行数字防伪查询的方式，凭借专门的安全加密算法所得出，进而确保随机生成，且不会重复。

2. 二维码

二维码是随着智能手机的兴起而被广泛使用。二维码图案中的数据通过特定算法加密之后，消费者可以通过指定的二维码防伪系统或是手机应用获得相应的产品信息。

3. RFID 技术

RFID 技术常被运用在电子标签、阅读器和物流等领域。它的存在类似于条形码，也就是将已编码的条形码粘贴在产品上，只能通过专用的扫描读写器将信息传递到系统中。

（二）建立互联网平台

建立一个可以实现互联网全网认证、追溯的平台，将企业产品的生产材料信息、生产信息、存储信息和销售信息等一系列信息上传并存储到平台，以便后期多方查询。

（三）相关 APP 的研发

消费者可以通过免费下载和使用 APP，对产品的数字防伪标识进行扫描，扫描之后互联网会从云端数据库获取产品的相关信息，通过溯源该产品信息，判断该产品的真假，最后将信息传递给消费者。

如今，互联网的加入，为各行各业的防伪溯源带来了新的活力，也开拓了当下的市场，既为消费者带来了更为安全和便捷的查询方式，也保护了企业和产品的口碑。

第二节　防伪溯源产业互联网的赋能作用

生产加工与批发零售都是商品流通不可或缺的环节，其中繁杂的流通过程给了不法商家可乘之机，使假冒伪劣产品得以掺杂其中，大肆破坏市场秩序，侵害消费者合法权益。而互联网与传统防伪溯源产业的结合，就是以产业网络化为手段，增加各环节的紧密连接与信息共享，为打击假冒伪劣产品，维护市场经济秩序和消费者合法权益提供了新的技术方案。

一、产业互联网与赋能重点

互联网与现代文明生活已产生深度融合，也为各行各业制造、挖掘了更多的市场机会与发展空间。在此基础上，产业互联网作为一种新的经济形态应运而生。

产业互联网是传统产业基于互联网技术将自身牢固的商业本质、产业链优势与供应链资源进行优化、整合、重塑所形成的一种新的经济形态，如交易平台、物流交付平台和医疗、教育等服务平台，都是产业互联网的应用模式。

对于防伪溯源行业来说，产业互联网同样具有积极的促进作用和强大的赋能效应。

首先，防伪溯源行业能够借助产业互联网的平台模式实现产品的网格化销售布局。产业互联网的平台模式能够实现产品从原材料供应、生产加工到销售等众多环节数据的规范记录和高效传递。形成生产、销售的完整产业链条的各行业，不仅能通过平台监测产品销售情况，规避和防止假冒伪劣商品的混杂，更重要的是能够清晰地获取各区域的产品销售情况，合理调控产品分配，使得营销利润最大化。

其次，防伪溯源行业在产业互联网的加持之下，企业能够形成更好的质量升级机制。在防伪溯源产业互联网平台，产品生产企业一方面能够根据不同销售区域分析当地民众对产品的消费喜好，另一方面也能通过互动机制，使消费者参与产品的定制，提升产品质量，打造个性化产品。

最后，防伪溯源行业在产业互联网的促进作用下，能够成为树立品牌的有效途径。在网络时代，产业互联网是消费者了解产品、企业和品牌最为便捷直观的途径。未建立产业互联网联系的行业、企业，会无可避免地逐渐淡出消费者视野。因此，构建防伪溯源产业互联网模式，即能通过网络为产品打造生产数据可追溯、可信赖的质量保证体系，又是企业紧跟网络营销时代的先进性体现。

二、赋能途径与技术设施

防伪溯源产业链涉及的产品多属高民生关注度和高价值商品、物品行业领域，如食品医药、烟酒、证照票据等。因此防伪溯源产业的发展变革与时代潮流结合更加紧密，高新技术应用普及更迅速。

防伪溯源的本质，是将产品从生产、加工到流转、销售各环节信息完整清晰地记录存储以备有相关信息需求的监督管理者、消费者查询。防伪溯源产业互联网的兴起，也是为了使上述信息的储存与查询更为高效。实现这一目的，需要智能终端、云技术与5G技术作为基础。因此，防伪溯源产业互联网对产业链的赋能，就是以研发、应用以下软硬件技术、设备为基本途径：

（一）防伪溯源智能终端

防伪溯源智能终端是在产业链终端的查询环节，利用互联网进行信息或指令的数据传输，这一形式可以借助可视电话、远程控制等实现，具有便利、可靠、廉价的优势。例如借助可穿戴智能终端设备对周围特定产品进行防伪溯源信息的扫描、传输、查询，甚至可通过程序的设定成为自动的或者半自动防伪溯源设备，避免传统防伪溯源技术手段的烦琐，给消费者更好的操作体验。

（二）防伪溯源云技术

防伪溯源云技术，就是防伪溯源产业链条各环节信息依托网络进行数据的计算、存储、处理和共享等。随着防伪溯源涉及产品行业领域不断拓宽，消费者对产品信息知情需求的不断增长，防伪溯源产业链上各环节信息的增长会呈现井喷状态。对于防伪而言，产品中心数据库借助云技术进行扩容、加密等技术加成，是保障防伪产业链健康发展的一大趋势。对于溯源而言，产业链条上各企业可借助云端，更方便快捷地实现数据的共享、查询、参考，为企业生产活动提供助益。

（三）5G 技术

宽带网络是防伪溯源智能终端和云技术得以实现的基础。对于海量防伪溯源信息，传输依靠的是足够的带宽。只有带宽能够达到传输大量或者超大量数据的能力，云技术和智能终端对防伪溯源的功用才能得到充分的发挥。5G 技术对传输防伪溯源大数据的作用至关重要，在防伪溯源产业链的发展中会快速得以普及应用，一方面能够为企业进行生产资料数据的快速传输，一方面能够丰富为消费者服务的技术形式，提升查询服务体验等。

二、赋能效应与促进作用

防伪溯源产业互联网不仅给防伪溯源行业带来产品流通环节与互联网融合的革命性突破，更为防伪溯源产业链的持久健康发展带去了互联网模式与思维变革。

产业互联网对防伪溯源产业链特有的促进作用已逐渐显现，主要有以下方面：

（一）专业化

专业化模式在产业互联网时代是一种认可程度与应用程度都较高的盈利模式。对于防伪溯源产业链来说，各生产、流通环节上的企业均有其所属行业独有的资源优势、限制，适用的防伪溯源方式也不尽相同。从产业链上游供应，到下游经销，单一的防伪溯源方式往往因其兼顾普适性而导致有效性的降低。因此，在防伪溯源产业互联网的加持下，种植养殖环节、生产加工环节和营销流转环节等，都将在通用基础上深入发展具备自身特色的专业化防伪溯源分支系统，使各环节具备普适性的同时延伸发展其专业性。

（二）平台化

基于防伪溯源产业链、信息量、行业性质等，防伪溯源在专业化过程中逐渐形成平台化模式。防伪溯源平台是一种具有开放性、拥有厂家与消费者双边市场、以网络运营为主要特征的模式。通过平台，生产企业可以为产品寻求适合自身运营与发展的防伪溯源方式，消费者和监管者能以此得到更全面、真实、专业的防伪溯源服务，数据能够以更集约、规范的方式存储和呈现，可以说平台化为行业、企业在产业互联网时代下的转型升级奠定了基础。

（三）人文化

产品与技术的迭代与创新，出发点都是为了满足消费者需求，提供最佳用户体验。防伪溯源本质便是满足消费者知情需求，更需要在独特性、便利性等方面贴合消费者心理，做到直达人心，建立良好形象。比如针对快节奏生活中人们娱乐时间形成碎片化模式，对于防伪溯源方式的要求也向以"短平快"为主的"微"模式趋近。再比如，近些年"果粉""米粉"创造的营销奇迹让"粉丝文化"成为营销行业不可忽视的力量，因此产品、服务的独特性，对用户个性化的尊重等也成为防伪溯源的发展方向。产业互联网带来的人文变革让消费者从受众成为生产"参与者"甚至"主导者"，这是对防伪溯源产业链的革新性赋能。

（四）生态化

防伪溯源产业链依托产业互联网蓬勃发展，不仅契合国家环境生态建设大趋势，引起消费者对农产品等的生产环境、流程的高度关注，推动科学种植新技术、新设备、环保措施的推广运用，避免粗制滥造的假冒伪劣产品造成资源浪费和污染，为产业集约化和环境友好化发展提供助力，也对防伪溯源产业链本身形成健康生态系统起到巨大的推动作用。防伪溯源产业互联网联结产业链上各个环节，使其突破了时间和空间的限制，下游营销和消费者可以依据防伪溯源信息给上游生产企业以反馈，上游生产以此进行更符合市场趋势的适当调整和柔性控制。因此，防伪溯源产业互联网为各个行业产业链的稳定运行、产业生态系统的健康发展提供了保障。

（五）品牌化

防伪溯源产业互联网能够推动各行业建立新的互联网品牌。防伪溯源产业互联网能够将产品信息完整、及时呈现给有信息需求的消费者和监管者，因此，无形中也充当人们了解行业、企业产品管理的一扇窗口。通过互联网的监督，防伪溯源产业链条逐步趋于合理完善，同时促使一大批生产管理规范、产品质量过硬的企业脱颖而出，建立良好口碑和企业形象，培养忠实消费者群体，进而增加品牌影响力，打造防伪溯源产业链上的明星企业。

防伪溯源产业互联网对于产业链具有强大的提升和整合作用，为互联网时代的防伪溯源产业开辟了美好前景。

第三节　防伪溯源全产业链的构成与价值

我国防伪企业数量已达数千家，行业从业人员数量也达到数十万之多，涉及的领域涵盖证照、食品、医药、烟酒、化妆品等，市场规模巨大，并呈迅速发展的态势。

随着产业规模的快速增长，越来越多的人将关注点聚集于防伪溯源这一高价值领域。我国防伪溯源行业目前已经形成了技术种类多，组合形式丰富，效果较为良好的完整产业链。技术形式也由早期的商标防伪、包装防伪发展到现今高科技主导的生物技术防伪、智能技术防伪等，并与印刷、信息、化工、物流等其他各行业逐渐形成融合发展之势。

一、防伪产业链的构成

防伪行业已经有很多技术种类和防伪手段，目前在各行业应用最为普遍的产品标签防伪也只是防伪产业链条中技术体系的组成部分。对于防伪行业，全产业链是集设计、制造、包装、回收、销毁、监控、再设计于一体的闭环综合解决方案，也是防伪技术发展的趋势。

（一）防伪设计

防伪设计是防伪产业链的头部领域，是全产业链涵盖最多科技创新成果的部分。对于生产企业来说，产品的防伪设计往往关系着产品防伪效果与防伪成本的动态平衡，出色的防伪设计是扩大产品影响力，打击假冒伪劣产品的非常重要的手段之一。

（二）防伪制造

防伪制造是防伪产业链的重点环节领域，常常与防伪包装合二为一。因为从防伪成本角度看，印刷类防伪包装仍是防伪技术的强势领域。对于烟酒、食品、药品、化妆品等行业，将更多科技融入防伪包装，产品生产时在包装封口融合防伪技术手段进行封装，既兼顾成本效益，又能达到较为可靠的防伪效果。

（三）防伪回收

回收、销毁是防伪产业链条较为薄弱的环节。一方面完善这一环节投入成本较大，投入产出比不高；另一方面以个别企业的一家之力难以建立有效的追踪溯源体系，科技支撑力度也有待提升。

（四）防伪监控与再设计

防伪监控与再设计是防伪产业链条最薄弱的环节。对于市场上的假冒伪劣产品，通过市场监控这一手段对假冒伪劣产品进行分析、溯源，最终形成根源性打击，通过反馈机制运用于新的防伪技术的研发，是建立健康的防伪产业链条的关键所在。

在防伪产业链逐步完善健全的同时，单一的防伪技术已经难以对假冒伪劣产品起到良好防范效果。在伪造技术不断发展态势下，防伪也不能仅局限于产品这一产业链条末端领域，而是更需要形成全产业链的防伪系统工程。

二、防伪产业链的价值

其实，从防伪技术随经济社会蓬勃兴起开始，产业链末端的产品防伪就只是防伪系统中的一个部分。在高价值商品领域，生产的设计阶段、制造阶段往往就已经将防伪融入其中。在原料、生产、包装、销售渠道等各环节均有相应的防伪溯源措施，使伪造、假冒活动无隙可钻。

防伪产业链的建立和完善，有着极其重要的价值和深刻而长远的现实意义。

（一）经济价值

防伪全产业链可以起到保障市场经济秩序的重要作用，保护消费者与生产企业的切身利益。无论是防伪产业本身的健康发展还是防伪技术与各产业各生产阶段的深入融合，都是通过防伪技术的应用，确保真品生产企业的合法权益，为消费者选择、购买产品提供技术保护。

（二）社会价值

防伪全产业链能够对产品品质的提升和新产品研发技术的更新迭代起到促进作用，推动企业发展和社会物质文明进步。在伪造、仿制技术不断提高的形势下，企业唯有不断提升产品质量，以科技创新为产品更新迭代提供高附加值的加成，才能树立企业文化形象，弘扬社会精神文明正能量，与假冒伪劣产品形成产品品质鸿沟，提升用户忠诚度。

（三）市场价值

防伪全产业链能为政府部门的行政管理提供重要的技术支持和调控参考依据，为社会主义市场经济健康发展保驾护航。在打击假冒伪劣产品的同时，市场经济的法制建设也在加紧完成，而这其中的一系列技术问题，如相关法律的制定和完善、防伪技术产品与质量标准、行业认证与产品评鉴等，都需要防伪全产业链的蓬勃健康发展提供技术支持和实践反馈。

防伪全产业链的建立与完善，对我国国民经济发展具有重要意义。如今，防伪产业链已是国民生产行业一个重要组成部分，其始终具有良好的发展态势，在更多行业领域拓宽应用范围，将带来巨大的经济效益和社会效益。

三、溯源产业链的价值

安全优质的产品是保证国民经济健康发展的要素之一，对维护市场经济秩序起着至关重要的作用。产品的真假优劣影响着一个企业甚至一个行业的长远发展。随着工业的发展，劣质、仿造产品让企业和行业发展逐渐变得不再安全，不仅加大了下游企业生产、管理与维权的成本，甚至会对消费者的生命健康产生威胁。

溯源是有效防止劣质产品流通的手段之一。在工业生产的各行业领域中，以食品溯源最为先进，最具代表性。

食品深切关乎消费者生命健康安全，因此其生产过程备受关注。食品生产一般包括原料种植养殖、生长育肥、收获捕捞、初级加工、储存、运输、销售、深度加工、食用等过程。在这一较长的产业链条上，存在食品污染可能性的环节很多，进而导致危害人身健康安全的重大事件、事故发生的概率也随之增大。

在生产过程中，食品受到污染的种类主要有生物污染、化学污染、放射性污染、基因污染等。生物污染主要有真菌、细菌、病毒、寄生虫、昆虫、鼠类等污染。如鼠类污染食品会导致人兽共患传染病，微生物污染食品导致炭疽病、结核病等。农用化学物质、食品添加剂的不当使用会导致食品的化学污染等。

对于严峻的食品安全形势，溯源产业链提供了切实可行的解决措施，并且在食品质量控制和监管方面已经有了良好的成果。食品溯源系统可贯穿于整个食品供应产业链。溯源信息包括从原料农产品的生产到消费者的各个环节，使食品的生产经营活动被有效监控。通过食品溯源系统，如果蔬、肉类、奶制品、药品等的特定批次、单元的食品都可以通过记录与标识回溯原料来历、加工方式等。

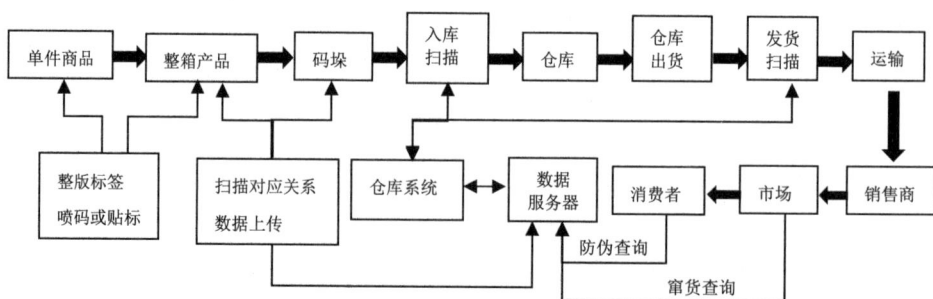

图 11-3-1 食品溯源产业链

食品溯源产业链通过食品溯源系统发挥作用，其由生产企业信息系统、监管系统和消费者查询系统三部分组成。食品溯源系统不仅包括食品信息查询功能，也具备食品生产流通过程追踪的能力。消费者、生产企业或市场监管部门一旦发现食品存在质量安全问题，溯源系统可以追溯食品流向，进行发布警示或召回，并向上进行追溯确定问题环节，最大程度地避免、防范重大食品安全事故的发生。

溯源产业链的建立已是食品行业发展的重点之一，其所蕴含的巨大价值不言而喻。

（一）保护消费者

溯源产业链使食品行业最大程度地做到生产透明化，维护了消费者的知情权。

食品工业化生产加速了消费者与食品生产过程的分离，而随着生活水平的日渐提高，消费者对食品新鲜、美味、营养、安全的要求日益提高。溯源产业链能够在满足食品工业化生产效率的基础上，使消费者了解生产环节，提高对食品的信任。

（二）维护社会安全

溯源产业链使重大食品安全事故得以防范，提高了社会安全管理水平。

据统计，世界上每年感染食源性疾病的人数在一千万以上。溯源产业链的建立可以通过食品信息的记录和留存，促进从生产企业到监管部门，再到消费者对食品安全的监督，降低食品产业链发生重大事故的概率。

（三）提升行业竞争力

溯源产业链能促使企业注重食品产品质量，提升行业综合竞争力。

溯源产业链以收集、分析、储存全面的食品安全信息为基础，及时、可靠地为食品行业相关人员提供必要信息，促使食品质量管理、消费、技术升级科学有序地开展。在经济全球化、贸易自由化的趋势下，通过技术升级增加国际竞争力。

溯源产业链的健康发展，能使食品等行业从种植、养殖源头到餐桌全流程溯源管控，全产业链追溯，生产全过程数字化、透明化管理，从而确保食品生产安全，让消费者吃得安心，吃得放心。

防伪溯源全产业链的建立，能提高行业、企业对基础信息进行专业化收集、整合和处理的效率，以建立基本信息库的形式为社会经济发展提供基础数据，从而为企业、政府和公众提供更全面、更多角度的数据信息服务。

第十二章

防伪溯源的社会作用

【本章提要】

防伪溯源技术之于企业，为企业构建从原材料到终端消费者的商品全周期防伪追溯系统，增加企业信誉度与消费者购买信任度。防伪溯源之于市场，阻断假冒伪劣产品市场的拓展，打击制售假冒伪劣产品的违法行为，净化市场环境，为市场公平竞争与有序发展提供有力支撑。防伪溯源之于社会，同样有着重要作用。

本章主要内容：

1. 阐述防伪溯源是推动社会发展的重要动力

2. 阐述防伪溯源是促进社会进步的重要力量

3. 阐述防伪溯源对生态文明建设的重大影响

第一节　防伪溯源是推动社会发展的重要动力

随着科学的发展与技术的不断进步，尤其是 5G 时代的高速发展，让我们看到了科学技术之于社会发展的重大意义。身处这个时代，我们每个普通人都在感受科技力量在生活和工作中带来的方便与快捷。但是我们不得不警惕的是，技术是一把"双刃剑"。造假犹如压迫，哪里有伪劣产品出现，哪里就需要建立治理政策及防伪体系。

一、以诚为基，促进市场规范化

（一）实现从生产源头扼制伪劣产品进入市场

生产经营是市场经济中的重要环节，所有的经济活动前提应是诚信经济。所谓的诚信经济就是企业生产经济活动应遵循和维护市场的基本秩序，以诚经营，拒绝生产假冒伪劣产品。换句话说就是，诚实守信是企业的立身之本。

在生产经营活动中，企业出现的失信、欺诈行为，最常见的形式则是假冒伪劣产品流向市场，给市场经济、消费者带去重大损失或者是造成重大不安全事故，这些不良现象的频频发生无不与企业道德文化建设的失衡有着密切相关。如何把假冒伪劣产品从生产源头扼杀？这就对生产主体的企业提出了具体要求。

1. 企业从建立到运营的全程都需要有约束力

企业受利益驱使或者认识不足等因素影响，在建设企业的流程中往往忽视企业道德文化建设，这必将导致企业在企业信用建设方面存在缺失或者不足，最终导致企业抱有侥幸心理在道德与法律的边缘游走。

2. 加强企业申办审批程序规范

一个治理机制混乱、治理结构不完善的企业，很难成长起来，更加不能发展成国家经济的中流砥柱。所以在企业申办审批程序中就要严格把关，对于无法达到申办标准的企业坚决不予办理，在企业申办之初就加强企业公信力的传导，希望建立的每家企业都能树立良好的公信力。

3. 严格守好产品上市关

从生产到上市是一件产品的成长过程，这期间有很多防伪环节需要企业做好。只有不断加强对上市产品的约束，将真正好的产品投放到市场，传递到消费者手中，才能逐渐树立企业的公信力，才能最终赢得市场及社会公众的信任与赞誉。

（二）加强信用体制的建设

虽然"诚信"贯穿中华文明几千年，但是市场经济中的信用体系建设在中国依然不够完善。信用体系建设跟不上市场经济的发展，导致对企业的法治约束力不够，最直接的体现则是假冒伪劣产品屡禁不绝。信用机制建设的不完善，必将为市场造假提供"温床"。

基于此，中国必须从法治上加强信用体系建设。一方面，立法工作要做实。《刑法》第 140 条至 231 条，具体规定了生产、销售假冒伪劣商品罪的处罚措施。但是力度还不够，还需要社会各界将约束平台资源最大化利用起来，并跟进市场发展不断提升约束机制，打造与时俱进的信用机制。另一方面，要强化市场执法力度。有法不依、执法不严是造假泛滥的重要原因，这比没有约束体制造成的伤害更加严重。

（三）促进市场体系的建设

造假行为屡禁不止，要求政府部门不断完善市场监管体系，只有将打假机制、市场诚信等工作做到实处、落到实处，才能有序维护市场经营秩序，不断降低假冒伪劣产品流入市场的概率。健全市场监督体系单靠政府是不够的，还需要将企业这个经营主体纳入其中，甚至也要把消费者融入进来，形成一个闭环的信用体系，这样才能有序推进防伪工作的顺利进行。针对企业之间的竞争，也需要市场进行正确的引导，使企业以公平公正的方式进行正常竞争，坚决抵制不正当竞争的存在，最终建成守法、科学、公平的竞争环境，杜绝假冒伪劣产品流入市场。

（四）躬亲防伪，从自身做起

诚信无处不在，从细微累积信用。铸造诚信社会，从信仰做起。从思想政治教育入手，以政治教育和社会主义精神文明建设为切入点，加强全体社会成员合法经营的自觉性，不断营造"诚实、合法、守信"的经营风气，树立防伪诚信的信仰。

构建诚信大国，从自身做起。信仰高质量，抵制造假货，打击假丑恶，追求高质量发展，生产高品质产品，宣誓自己的企业不生产假冒伪劣，不使用劣质材料和零部件，不做任何不诚信的事。所有产品，必可溯源，来处可查，去处可追，责任可究。

构筑诚信氛围，从小事做起。我们号召所有企业、所有人，抵制每一个不诚信的行为，抵制每一件不诚信的产品。教育身边每一个人，做一个诚信的人，做一个正能量的化身。信仰可溯源，创造高品质。加强社会舆论的宣传和导向作用，努力宣传优质名牌产品，揭露和批评假冒伪劣商品。领导做诚信的表率，员工做诚信的模范，言出必诺，有行必果。大国公民，信义天下。

二、抵制造假，必须加快防伪体系的建设

纵观市场发展，我们发现，多数的造假都是源于利益的驱动。为了获取高额的利益报酬，一些个人和企业违背市场底线，打破交易诚信基础。解决这些造假、违信的行为需要国家不断重视诚信体系的建设。

（一）提高造假成本

造假很多时候是被利益驱动，也就是说，造假也有成本和收益的比较。通常收益远远大于成本时，造假企业就会泛滥，屡禁不绝；当造假成本大于收益时，一部分造假企业也会面临"倒闭"。所以，遏制造假的办法就是最大限度地提高造假成本，从生产源头上进行切入，如技术水平的提高、生产线成本的提高、人才培养成本的提高等众多方面，不断提高成本投入。另外就是提高处罚，从法律法规上进行落实，只有用重典使其"畏法而遵绳"，才能防止假冒伪劣行为破坏市场秩序。

（二）强化信息公开，净化市场环境

2019 年，国家统计局在《中华人民共和国统计法（修正案）》新增第五条中明确指出：统计工作坚持党政同责、失职追责，对统计弄虚作假的地方、部门和单位，应当追究负有责任的领导人员和直接责任人员责任。统计造假虽然只是一个代表，但是政府整治的力度已经表明其决心，并不断通过各种形式来推进。如强化信息的公开性，以透明的方式将夹杂在市场中的伪劣产品、造假行为挤压出去，还市场一个"无假"的环境。

总之，人类在不断完善抵制造假的防伪体系建设，从道德底线、技术提升、法治约束等各个方面进行了全面而深入的探索。

第二节　防伪溯源是促进社会进步的重要力量

孔子曰："道千乘之国，敬事而信。""诚"与"信"自古以来已刻入中国人立身处世的骨血之中，是人与人相处的基本因子，是构建中华民族共同价值观的重要基石。此时，中国站在两个"一百年"的历史交汇点，与世界各国正在经历百年未有之大变局。如何在变局中开新局、在危机中孕育先机，如何抓住时代的大势为实现中华民族伟大复兴而砥砺前行？

一、树立大局观，构建信用中国大体系

在世界的大变局中，中国也在经历前所未有的挑战与机遇。立足大局，除了以不变应万变，还要以变应变，将世界之变、时代之变、历史之变深刻地进行辩证探究，找到助推中国发展的驱动力。一切发展的谋篇布局离不开以诚立足、以信立身。信用体系作为贯穿人类的发展进程的基本基因，为经济和社会的发展发挥着巨大的促进和推动作用。

无论时代如何发展，信用体系都是时代长河中不可或缺的部分，尤其是社会主义经济发展的今天，信用已经成为中国面向世界、高质量发展的重要基

础，推动中国实现更高质量、更为安全、更加公平、更有效率、更可持续的发展，为中华民族伟大复兴的梦想奋勇前进。这是时代发展的必然要求，习近平总书记在省部级主要领导干部学习贯彻党的十九届五中全会精神专题研讨班开班式上强调："各级领导干部特别是高级干部必须立足中华民族伟大复兴战略全局和世界百年未有之大变局，心怀'国之大者'，不断提高政治判断力、政治领悟力、政治执行力，不断提高把握新发展阶段、贯彻新发展理念、构建新发展格局的政治能力、战略眼光、专业水平，敢于担当、善于作为，把党中央决策部署贯彻落实好。"

从大局出发，从战略布局，从完善中国信用执行落地。诚信价值关乎经济发展，与社会生活息息相关，更与时代发展紧密相连，所以完善信用建设势在必行。党的十九大报告上强调："我国经济已由高速增长阶段转向高质量发展阶段"。如何在后疫情时代为经济高质量发展奠定基础，是对中国提出的发展要求也是对世界提出的时代命题。

信用作为经济社会持续发展的活力，已融入经济发展与治理的各个方面，是促进经济发展的必要支撑。当前的经济市场实则是信用经济市场。纵观发展我们不难看出，市场化发展越高，对信用体系建设健全的要求也越高。

换而言之，信用体系建设已经成为推动经济高质量发展的重要保障，更是优化营商环节的重要抓手，不断健全信用体系也是提升社会治理能力、加强创新市场监管机制、提高监管效率的必然之举。

（一）加强企业诚信体系建设

中国治国理政的基本方针是依法治国，那么，规范企业主体行为的重要手段就要从依法治企上落实下去。信用经济中加强企业诚信体系建设是解决市场失灵的有效手段，建立企业信用评级平台，落实信息公开化、信息共享化，打通信息孤岛，按照结点发布企业主体的诚信追踪调查数据，发挥政府、市场和企业三方责任，将公平公正、信息透明化落实到位做到实处。

（二）推进诚信法律制度体系建设

建立健全社会信用体系，是整顿和规范市场经济秩序、改善市场信用环境、降低交易成本、防范经济风险的重要举措，是减少政府对经济的行政干预、完善社会主义市场经济体制的迫切要求。构建法治化的市场经济环境，以法治为核心营造公平竞争的营商环境。以信用为抓手优化企业发展的法治环境，以防伪溯源机制构建社会发展的正义力量。

（三）企业安全夯实国家安全

防伪溯源是为了构建一个安全的社会环境、市场环境，让人民能够安心生活，这是一项保障国泰民安的重要工作。2021 年 4 月 15 日是全民国家安全教育日，《人民日报》刊登了一篇主题为"践行总体国家安全观，统筹发展和安全，统筹传统安全和非传统安全，营造庆祝建党 100 周年良好氛围"的文章。文章指出："国家安全一切为了人民、一切依靠人民，要充分发挥广大人民群众积极性、主动性、创造性，切实维护广大人民群众安全权益，始终把人民作为国家安全的基础性力量，汇聚起维护国家安全的强大力量。"防伪作为国家安全工作的重要组成部分，已经上升到国家战略高度。企业作为防伪工作主体，要紧紧围绕国家安全政策构建企业防伪系统、打造企业信用机制。

二、对重点产业建立强制性的防伪溯源体系

2014 年 6 月国务院出台的首部社会信用领域《社会信用体系建设规划纲要（2014—2020 年）》（以下简称《纲要》）指出，社会信用体系建设的主要目标是：到 2020 年，社会信用基础性法律法规和标准体系基本建立，以信用信息资源共享为基础的覆盖全社会的征信系统基本建成，信用监管体制基本健全，信用服务市场体系比较完善，守信激励和失信惩戒机制全面发挥作用。政务诚信、商务诚信、社会诚信和司法公信建设取得明显进展，市场和社会满意度大幅提高。全社会诚信意识普遍增强，经济社会发展信用环境明显改善，经济社会秩序显著好转。

不断强化健全信用体系建设已经成为衡量我国社会主义市场经济持续成熟的重要标志。不断鼓励各行各业积极主动向社会做出信用承诺，尤其是对一些重点产业进行强制性的防伪溯源系统构建，如食品行业、核心技术产业、互联

网大数据产业等，即这些重点领域的防伪体系的信用机制建设必须按照国家监管部门的要求进行落实。

（一）以文促行，加强互联网数据信用建设

党的十九届五中全会提出"弘扬诚信文化，推进诚信建设"。因 5G 时代的全面来临，从国家层面提出加强互联网诚信治理，构建新时代下的互联网空间技术发展的诚信约束体制，如法律约束、文化道德约束、市场约束等。以政府、企业、消费者、市场为信用治理节点，形成互联网数据信用生态闭环管理体系，约束企业的不诚信行为，以文化教育消引导费者正确的消费观念，拒绝购买假冒伪劣产品，维护自身权益等。

（二）以法立信，提升农产品质量安全水平

农产品作为民生保障的重要构成部分，是国家重点强调的建立防伪溯源体系的产业之一。在行业中建立产品信息化追溯体系，搭建信用平台，开发记录产品生产、流通、消费等环节信息的采集平台，以物联网信息为载体来实现产品来源可查、去向可追、责任可究的追溯体系，强化重点产品的全过程质量安全管理与风险控制的有效措施。

总之，对于重点行业的企业来说，按照国家要求必须建立对应的防伪溯源体系，同时引导消费者认准带有防伪溯源标识的产品，从生产和消费两个方面落实双向防伪体系的建设。

第三节　防伪溯源对生态文明建设的影响

生态文明建设是相对于人类社会中农业文明和工业文明提出来的最新发展阶段。工业文明的大发展，在过度征服自然的过程中对环境造成了很多无法逆转的破坏。面对全球日益恶化的环境问题，《我们共同的未来》这一报告中首次提出了"可持续发展"概念，将其定义为："既能满足当代人的需要，又不对后代人满足其需要的能力构成危害的发展。"

可持续发展得以实现必须协调好经济发展和环境发展二者之间的关系，这就与生态文明建设不谋而合。党的十八大将"生态文明建设"写入党章。生态文明建设功在当代、利在千秋，是关系人民福祉、关乎民族未来的长远大计。

一、优化农业结构，发展生态乡村

"十四五"时期，我国开启了全面建设社会主义现代化国家的新征程。在新的历史节点上，加强建设生态文明是贯彻新发展理念、推动高质量发展的必然要求。在当前形势下推动绿色低碳循环发展具有深远的历史意义。

人与自然是生命共同体，人类在工业发展上的破坏性开发、自然资源的高度消耗以及对环境的高污染，自然界正在以自身的行为反射给人类。目前只有站在人与自然和谐共生的基础上共建生态文明，才能推动社会走出一条可持续发展的道路。

环境就是民生，青山绿水就是金山银山。从打造生态乡村入手，强化农业面源污染治理，立足科学治污、依法治污和精准治污，集中攻克乡村发展中出现的突出性生态问题[①]。坚持发展与规范同步落实，建立健全乡村发展治理体系，立法明确，底线清晰，监管透明，一切发展立足于构建符合农村发展的防伪溯源体系，维护社会稳定，强化技术带动经济发展，开展农村人民群众居住环境整治行动。

（一）优化产业结构

在生产过程中，结合地方主导产业、区域特色产业，以现有农业龙头企业或无公害农产品基地等为依托载体，建立少废料甚至无废料的高技术条件下的闭环生态系统。遵循因地制宜、高品质发展的原则，积极推进农业生产的生态化建设，打造节约资源、减少污染（至少污染排放在规定范围内）的封闭式生态产业链，不断提升传统产业的生态价值，同时创新培育新型生态产业模式。

---

① 资料来自：《光明网》。

（二）实施高质量与安全同步的发展战略

在高质量生产建设中守住自然生态的安全边界。如果说安全是检验高质量发展的指标，那么就需要将安全与发展二者协调统一，进行统筹推进。在振兴乡村经济的发展中加强农产品生产环境、农业投入品和农产品质量检验检测工作，构建无公害农产品、绿色食品、有机食品的生产战略。从防伪安全和质量安全溯源上做出政策规范，建立农产品市场的准入制和质量安全追溯系统，以此加强产品质量的监管，即从战略推行时就依法建立产品的质量安全监管的长效机制。除此之外，在安全农产品申报认证工作上要积极参与国家级、省级名牌农产品的创评活动，打造属于自己的地标品牌，以此增加产品的市场竞争力。

（三）科技新农，节约资源

农业科技正在以技术之力打造一个强大的"安全农业"产业链。把节约能源资源放在首位，以科技创新为发展依托实行全面节约战略，在乡村建设中倡导简约适度、绿色低碳的生态化的生活方式，为发展生态乡村奠定基础。建立健全农业技术推广服务体系，加强风险识别和管控，做好减污降碳和能源安全、产业链供应链安全、粮食安全等可追溯体系的建设，确保人民群众安全健康的生活。

二、拥有自主知识产权，形成技术上的防伪壁垒

高端科学技术本身就是一种防伪。中国陕北有一片名为毛乌素的沙漠之地，经过人们70多年的努力植树造林，不毛之地如今已是人造绿洲。相对于传统方式的土地沙化治理，今天人们已经利用高科技 AI 和物联网等技术手段来推动植树造林。科技手段的应用可以节省大量的人力资源，可以有效对农作物的健康状况进行实时监控。

华为 AI 研究团队就利用科技力量，与菲律宾环境和自然资源部（DENR）、雨林保护组织 Rainforest Connection（RFCx）联合启动了保护巴拉望岛热带雨林生态环境的行动。华为的尖端 AI 技术已经成为"森林守卫者"了。

　　我国是森林火灾爆发较多的国家之一，一旦发生森林火灾，就会给生态环境带来灾难性损失。华为团队与恩博的研究团队合作，针对森林火灾林下火和树冠火的特性，分析出烟雾识别的预防方式，从防患于未然的角度提出了端边云全网 AI 解决方案。已经在广东省进行了多次试点运行，结果证明，该方案优于原来的森林防火系统，监测数据显示可以平均早两个小时发现火情。火灾面前，就是争分夺秒，哪怕快一分钟都能挽回火灾带来的伤害。这种借助高科技的监管系统对地方生态环境建设有着积极的促进作用，也在为其经济发展保驾护航。

　　从价值链低端走向中高端，让生产加工走向精深加工，每一步的提升都离不开尖端科技的应用。尖端科技不仅是技术的本身也包括与之匹配的高端设备，高端的设备也是技术水平的一种体现。

　　贵州航天乌江机电设备有限责任公司（以下简称"航天乌江机电"）自主研制的超临界流体萃取技术装备，不仅被列为国家重点技术改造"双高一优"项目，而且因为是自主知识产权设备成功打入了国际市场。航天乌江机电是我国目前唯一具备集成设计、制造和热力传导等高新技术的超临界萃取技术成套设备的企业。该设备远销国内外市场，年创收上亿元。

　　使用超临界萃取技术生产的产品具有无污染、纯生态、营养均衡等诸多健康属性。由航天乌江机电与贵州精粹生物科技公司联合打造的"鹦鹉森林核桃油"正式在网上销售仅仅几个月时间，就创下了不错的销售成绩：在唯品会品类排名第一、天猫超市品类排名前五、京东品类排名前三十名，销售金额 700 万元。

　　立足区域优势，打造地方特色品牌。企业与政府强强联合，充分激活市场经济潜能，共建独有特色的生态安全体系，为生态文明建设打造典范。

第十三章

防伪溯源与品牌建设

【本章提要】

品牌，是企业区别于其他企业的重要标识，是企业的无形资产、形象代表与文化载体。完善品牌美誉度可以提升企业品牌忠诚度。伴随着我国经济的高速发展，食品、日用化妆品等快销品的假冒伪劣现象日益严重，侵害品牌荣誉与品牌市场。防伪溯源以一防一溯，助力企业品牌建设，是品牌形象建设的重要媒介，为企业品牌发展保驾护航。

本章主要内容：

1. 防伪溯源技术是品牌建设过程中的一项重要内容

2. 防伪溯源技术对品牌具有重大的保护作用

3. 防伪溯源是企业品牌塑造的重要技术支撑

第一节　防伪溯源是品牌的重要内容

品牌是企业最重要的无形资产，通过建立和管理一个优质品牌所创造的经济价值与人文价值是极为可观的。

然而，随着移动互联网技术的飞速发展，假冒伪劣产品的出现不仅扰乱了市场秩序，更对消费者精神、物质权益造成了一定伤害，给工农业生产造成巨大损失等危害，对企业和品牌产生的冲击都已提升至新的量级。

防伪溯源作为一种新型的各行业、企业间信息交流传递的手段，是品牌的重要内容，是促进品牌经济的快速发展的重要推动力。

一、防伪溯源对品牌的重要性

品牌是企业通过产品传递给顾客的认知与感受，是企业与顾客的精神联通桥梁。新时代下，通过防伪溯源维护品牌的正面形象，是企业提高品牌知名度、赢得消费者青睐的重要方式。

防伪溯源作为品牌的重要内容，其对品牌的重要性主要体现在以下四个方面。

（一）树立品牌口碑

防伪溯源能够通过产品追溯的信息链条淘汰劣质仿冒产品，并在此基础上使生产企业更注重优良产地、原料品质、加工厂家等可追溯环节，让品质过硬的商品在防伪溯源技术的检验中脱颖而出，让不同产业、行业内部建立良性竞争机制，还能促使溯源信息使用者对原料生产环节实行监督，保证产品品质安全，通过优质产品在消费者群体中树立品牌口碑。

（二）转化品牌信息

防伪溯源技术可以将品牌信息转化为知觉单元完整地记录、传递和保存，即在防伪溯源技术中融入图像、材质等感官体验，凸显视觉、听觉、触觉、味觉元素。如食品行业的乳制品防伪溯源，防伪溯源信息中呈现优质牧场这一养殖环境的图像信息，就较容易使消费者产生信任。通过感官刺激给予消费者愉悦体验，通过感官体验加深消费者与产品的情感链接，营造品牌的多维立体形象。

（三）展示品牌文化

每个企业都有其独特的文化故事，它是企业的历史背景，是品牌理念的根源。防伪溯源技术不仅是生产信息的记录和交流，更能成为企业文化的展示平台。例如，革命老区或少数民族等地的农副产品，就可以在防伪溯源技术中适当融入地域文化和红色文化等理念，使企业文化与防伪溯源技术相融合，高效率地呈现和传播企业的文化内涵，提升品牌文化形象。

（四）凸显品牌特色

防伪溯源技术可以实现产品生产过程信息透明化，突出产品生产过程中的功能特点和使用效果。如食品行业中的地区特色食品，可将制作方法、流程融于防伪溯源技术中，使独具地区特色和历史文化特色的生产流程通过防伪溯源技术呈现于消费者眼前，从而帮助产品营造独树一帜的营销热点。

防伪溯源技术作为一种记录产品信息、流转过程的技术体系，也是一种联结企业、产品与消费者的技术支撑体系，是品牌的重要内容。不断组合、创新防伪溯源技术的形式和方法，能够持续提升品牌影响力。

二、防伪溯源对品牌的作用方式

基于上述防伪溯源对品牌的重要性，防伪溯源对品牌的作用方式主要体现在以下三个方面。

（一）筛选并突出强势产品信息，建立品牌识别和品牌联想

品牌在建立过程中必定会与同类别产品品牌形成差异化，通过防伪溯源技术针对差异点合理推广营销，建立消费群体的认知和联想，是提升品牌认知的重要方式。如电子科技类产品品牌，往往会在活力感、科技感、现代感、舒适感等方面区别于同类产品品牌，在产品的强势领域，通过防伪溯源技术建立消

费者的认知识别，进而形成品牌的标签化，不仅能带动产品的代际营销，还为品牌的长久发展建立了消费者认知基础。

（二）增加品牌与企业信息透明度，提升顾客信任度

优质品牌都有着深厚的国民接受度和消费者基础。作为新生品牌，以全面透明的信息呈现规范的产品生产流程是快速赢得消费者信任的捷径之一。防伪溯源技术立足于消费者最为关心的产品生产、流转环节，帮助企业精简、完整地向消费者呈现生产状态。真实、全面的信息展示不仅代表着产品的品质的可靠，也展示了生产企业用优质产品服务消费者的诚意，这是提升消费者对品牌的信任度、培养消费者品牌忠诚度的重要途径。

（三）提升品牌人文附加值，传递行业、地区、企业文化和价值观

品牌的建立与国际化，离不开文化因素的加成。品牌所展现的人文附加值和价值观是品牌是否能够成功的关键。防伪溯源技术并不仅仅是展示生产信息的平台，更是消费者了解品牌与企业的渠道。如生产企业通过防伪溯源技术展示操作人员健康与培训等相关信息，与经济相对欠发达地区采购原料等合作信息，废弃包装回收等环保相关信息，不仅使消费者更加了解产品生产流程，更对品牌和企业的社会责任履行情况有所了解，从而增强消费者对品牌的尊敬和支持。

防伪溯源技术对品牌起到了无可取代的重要作用，其关键就在于将防伪溯源理念融于品牌建设的各个环节，发掘契合品牌的作用方式。

第二节　防伪溯源技术对品牌的保护

我国经济发展进入常态化阶段，"质量强国"成为新发展阶段的重要着力点。我国发展环境面临深刻复杂的变化，由高速增长转向高质量发展的经济社会发展主题，进一步催化供给侧结构性改革，构建以国内大循环为主体、国内国际双循环相互促进的新发展格局，是推动高质量发展的重要战略决策。高质

量发展这一主线牵动市场格局的改变，高质量的背后是品牌的转型与升级。对于中国制造品牌而言，高品质不仅仅是一种标准，更是一种使命与责任。无数大小品牌的崛起彰显着市场经济的繁荣，但繁荣离不开防伪溯源技术的保驾护航。

一、利用防伪溯源技术实施品牌保护

社会主义市场经济的繁荣稳定是以产品种类丰富、质量过硬为基础的，如果商品安全得不到保障，会使侵权、假冒、伪劣产品在市场流通泛滥，不论是企业品牌还是消费者的利益都将蒙受严重的损害。维护品牌、保证质量、打击仿冒伪劣，营造诚信经营环境，已经成为当下最紧迫的任务之一。

防伪溯源技术主要以溯源功能为支撑，综合运用多种防伪手段防止不良商家仿冒正规品牌与产品。防伪溯源技术是企业发展过程中保护品牌利益不受损害的坚实"盾牌"，是增强消费者对品牌信任度的重要支持力。那么如何正确利用防伪溯源技术对品牌实施保护，是企业亟须思考解决的问题。

（一）确保源头信息的完善

目前众多行业的很多产品都在布局防伪溯源体系，尤其是随着物联网、大数据、区块链等技术的升级转化，防伪溯源系统也在逐渐与之联合，可靠性不断提升。防伪溯源体系不仅在于传统的防伪，更在于溯源，在于产品源头信息的追溯，保护品牌的根本就在于消费者了解到产品最根源的信息，确认产品的正规出处，确保源头信息的完善，将产品的产地、物料、流程、制作时间等详尽信息完整记录于防伪溯源系统之中，才能真实起到溯源的作用，从而在产品信息源头上就为企业品牌镀上一层"防护膜"。

（二）流通环节信息认证

有效的溯源必定建立在有效的防伪技术之上，防伪技术可保障产品信息无法被复制和篡改，溯源技术可使得产品信息得以认证。企业品牌的保护不仅需要产品源头信息的完善，还需要对产品流通环节信息的真实性进行认证。产品流通环节繁杂，稍有不慎便会出现窜货、假冒等漏洞。为保障品牌，保证产品的真实性，在流通环节中也要对物流信息、经销商信息等进行真实性的记录与认证，以确保无假冒数据混进防伪溯源系统之中，以真实可靠的数据，实现防伪溯源技术的防伪功能，从而再次为企业品牌形成一层保障。

（三）从物理防伪升级到数据防伪

品牌经济是无数企业追逐的方向，品牌知名度的提升虽引来了高销量，但也引来了仿冒伪劣的窥探。最初，为了应对仿冒伪劣商品，很多企业仅使用简单的物理防伪，如温控防伪、隐形技术防伪。但如今，假冒伪劣技术不断升级，单纯的物理防伪已经无法满足市场需求，企业需要依靠防伪溯源系统，将单纯的物理防伪升级为数据防伪，以防伪溯源标签为载体，将从源头产品到消费者终端的一系列信息形成数据链，做到数据可追溯，实现缺陷产品快速定位与召回，保护消费者权益，提升企业品牌形象。

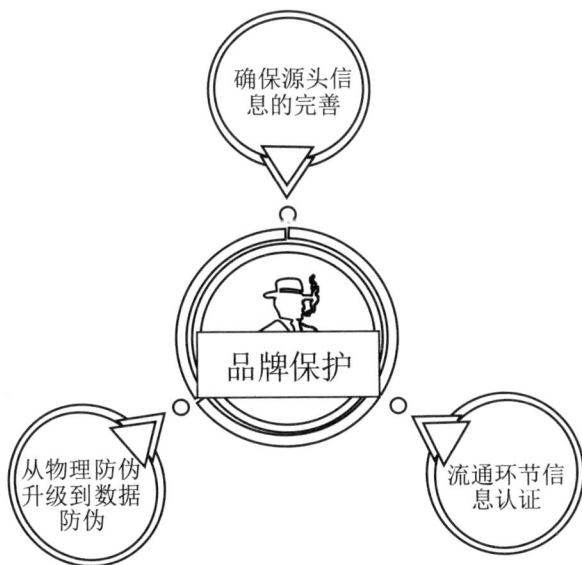

图 13-2-1 防伪溯源技术对品牌的保护作用

高品质是企业树立品牌的关键要素，产品防伪溯源信息可以给予消费者心理上的安全感。防伪溯源技术以溯源为主链，企业在产品上搭建防伪溯源技术，合理利用防伪溯源一防一溯特性，能够提升整个供应链的透明度，维护企业品牌声誉，树立积极形象。同时，还可以建立整个供应流程的数字化管理体系，创造产品优势；从消费者角度而言，通过溯源即可查看产品的具体详情，比如产品生产商、原材料、供应商、渠道以及其他品牌信息，如此，产品信息更加透明化、公开化，不仅使消费者对产品有了更深的认识，更增强了对产品品牌的信任度，从而为企业品牌起到护航作用，助力企业品牌打下扎实基础。

二、缺乏防伪溯源技术导致的品牌危机

品牌的建立以质量为基础，才能获得消费者信任。在激烈的市场竞争中，品牌作为企业的一项无形资产，是企业融入国际经济浪潮的加速剂，尤其当下消费者逐渐趋向于品牌的消费行为，让诸多企业意识到，打造品牌影响力，是企业未来的立足点。

品牌对企业的增值作用，让品牌保护显得更为重要。品牌保护主要是针对产品附属的知识产权等，是对企业利益的直接维护。创建和维护品牌需要企业投入大量人力、物力、财力，因此做好品牌管理和品牌保护至关重要。对于品牌企业而言，持续地在品牌上投入资金，不断进行产品创新与口碑凝聚，这一过程需要持久的耐心与坚持。但是在企业成功塑造品牌的过程中，难免会受到内部或外部各种因素的影响，产生品牌危机。

在众多因素中，影响较为恶劣的是仿冒品牌的出现，更甚者一些仿冒产品在外观上与真品几乎没有差别。没有防伪溯源系统的加持与保护，消费者难以通过溯源对产品信息的真实性进行辨别，消费者便可能购买仿冒产品。如此一来，不仅侵害了消费者的权益，更是对品牌企业的一种侵害。不明真相的消费者会认为是正规品牌的产品质量参差不齐，正规品牌知名度与信誉度下降，市场占有率便会迅速降低，品牌的市场地位也会动摇。

市场中的品牌仿冒现象层出不穷，国家为了抑制这种假冒伪劣现象，出台了诸多相关的政策与法规。但利益的驱动下，总会有为之疯狂的熏心者。品牌防伪是企业保护品牌必不可少的程序，有利于整个市场长期良性的发展，防伪

溯源技术对于品牌而言，是安全与信誉的保障。防伪溯源技术是企业树立品牌形象的重要助力，可以打击假冒伪劣，让消费者溯本求源。经过防伪溯源技术的去伪存真，粗制滥造的"劣币"将会逐渐被淘汰消失。

案例直击

浙江省奉化是我国水蜜桃的盛产区，奉化水蜜桃肉质细软、汁水甘甜、外形美观，属于蜜桃中的精品。众多水果商皆从奉化批进水蜜桃，众多消费者也多认准奉化水蜜桃。奉化水蜜桃成为奉化发展经济的支柱性产业，奉化地方政府由此打造了奉化品牌。然而由于奉化水蜜桃的品牌在市场中具有一定的影响力，导致众多商家将周边地区的桃子打上"奉化水蜜桃"的名号，冒用品牌，以次充好，严重损害了奉化水蜜桃的市场声誉。

为了解决这一问题，地方政府大力推进奉化水蜜桃产品质量追溯体系和管理信息平台，通过"一箱一码"防伪溯源技术，全面助力奉化水蜜桃优质优价，保障奉化水蜜桃消费安全，保护奉化水蜜桃品牌不受侵害。

（一）溯源

1. 种植阶段

果农会在"果品质量安全信息采集与应用系统"平台中记录果树成长的基本信息，如施肥、防治、疏花、疏果的时间，记录果园基地负责人等的日常农事操作日志。

2. 果品成熟后

上传品种、检测报告、果品包装等图文信息，结合前期的农事记录日志，建立奉化水蜜桃生产溯源信息数据库。

3. 销售阶段

消费者通过扫描产品包装上的溯源二维码便可获得奉化水蜜桃从种植到上市过程的主要信息，实现对奉化水蜜桃的全程质量安全追溯与监管。

（二）防伪

奉化水蜜桃品牌的防伪功能主要是以溯源码为基础，每箱水蜜桃对应一个溯源二维码，这是奉化水蜜桃的"身份证"。通过扫描溯源二维码，系统可以自动识别用户所在地区并跟踪记录扫描行为。奉化本地可对二维码进行多次扫描，主要用于当地果农进行测试与展示，而外地则有扫描限制，如溯源二维码有多次扫描记录，则表示产品并非正宗奉化水蜜桃，一旦发现盗用行为，溯源二维码会自动作废。因此，奉化水蜜桃中运用的防伪溯源技术可以有效防止防伪标签被不法商贩多次复印。此外，每一箱奉化水蜜桃上的溯源二维码属于一次性防伪标签，一揭即损，实现"一箱一码"，防止不法商家对溯源码进行转移，以次充好。

奉化水蜜桃品牌防伪溯源平台利用"果品质量安全信息采集与应用系统"实现对奉化水蜜桃信息的记录管理，从而实现果品源头可追溯，责任可追究，保障奉化水蜜桃的产品质量安全。"一箱一码"防伪溯源技术有效地对奉化水蜜桃进行品牌保护，以打击假冒伪劣产品，保障消费者权益，提升奉化水蜜桃品牌的信誉。

在不确定性的市场中，假冒伪劣手段不断滋生，品牌维护需要防伪溯源技术的保驾护航。防伪，是以特定的标签，为产品打上唯一的"证件"，保护品牌，阻断假冒伪劣；溯源，则是追踪回溯产品流通全周期的信息，加强监管。防伪溯源系统可以建立企业与消费者之间的信任关系，增强消费者对品牌的信任与黏度。企业要正视防伪溯源技术对品牌的保护，正确利用防伪溯源系统降低品牌危机风险，提升品牌传播度，推进整个行业与市场的健康发展。

第三节 防伪溯源技术对品牌的塑造

企业品牌传达的是企业文化、经营理念、企业价值观和对消费者的态度等，它让企业突破了地域的限制，将企业产品销往各个地区。并且，即使企业产品在不同的地区售卖，但却可以为消费者提供一个统一的形象，统一的承诺，使各个地区的产品具有密不可分的关联，最终统合品牌资料。

企业塑造一个独属于自己的品牌是一个漫长的过程，需要长时间的积累。防伪溯源技术可以提高企业品牌知名度、完善品牌美誉度、提升品牌忠诚度、丰富企业品牌内涵，是企业塑造品牌的重要技术支撑。

一、产品溯源是构建品牌信任的有效方式

品牌信任的构建主要分为三个维度，这是让消费者对企业品牌产生信任度和依赖感的关键。第一维度主要围绕可靠性、信心和诚信等方面；第二维度主要围绕品牌可靠度和品牌行为意向；第三维度主要围绕可信度、安全度和诚实度。

（一）构建第三维度的品牌信任

要构建第三维度的品牌信任，当下最有效的方式便是产品溯源。产品溯源是利用物联网技术、自动控制技术、自动识别技术和互联网技术，通过专业设备为每一件产品都标记上唯一的二维码，做到"一物一码"。之后，对产品的生产、仓储、分销、物流运输和销售终端等各个环节进行实时追踪，最终构建出产品从生产、仓储，到销售、流通和服务的产品周期监督体系。

产品溯源的出现，为消费者带来了更为全面且准确的信息，维护了品牌对消费者的关系承诺。此外，产品溯源还提供了出现问题时的解决渠道，这也向消费者展示了企业对关系承诺的关注，同时也展示出自身具有解决问题的能力。消费者在这种关系承诺的影响下，将会向其他消费者宣传，促使其他消费

者进行消费。

产品溯源对品牌的塑造和发展起到了积极作用，并不断加深品牌对消费者的正面影响。产品溯源对品牌信任的塑造方式主要体现在以下几个方面。

1.产品溯源可以保障产品质量

产品溯源可以促使企业逐步实现生产管理规范化和生产管理标准化，这也是提升产品质量的强有力保障。此外，当产品出现重要质量问题或质量缺陷时，企业还可以凭借溯源，迅速召回缺陷产品，从而将损害与损失降到最低，最大程度避免对品牌的影响。

2.产品溯源可以提升消费者的安全感

产品溯源促使产品生产流程透明化。消费者扫描二维码之后，便可以获知产品从生产线、检验检疫到包装、销售等整个环节的信息，全方位展现全程信息化，数据真实化，从而加强产品的可溯源性。当产品质量和品质得到保障，消费者会感到自身权益不被侵害，对企业品牌的忠诚度和认可度也会随之上涨。

可以说，产品溯源作为构建品牌信任的有效方式，不仅对企业品牌起到了一定的保护作用，同时还会增强消费者对品牌的信任度，是企业在发展过程中至关重要的环节，也是企业塑造对外形象的最佳媒介。

3.产品溯源可以为品牌正源

在市场中，一批优质的产品涌现，为了利益可能会有以次充好、假冒品牌的产品出现，进而对原本优质的产品和品牌的声誉造成损害。而产品的全程溯源恰恰让消费者掌握了辨别真伪的能力，不仅可以保证消费者买到的不是假冒产品，也可以保证产品及品牌不受到假冒产品的损害。

二、防伪标签是塑造品牌形象的重要手段

当下市场，产品溯源以标签载体为主要形式。很多产品都不具备防伪标签，导致造假者有机可乘，或者是防伪标签极易被复制，导致市场假货不断，而那些被仿冒的产品和品牌名誉受损，销量下降。

防伪标签作为塑造品牌形象的重要手段，起着提高企业品牌知名度、完善品牌美誉度的作用，为品牌保驾护航。当品牌有了一个不易被复制的防伪标签之后，企业品牌也就具备了如下几大优势：

1. 帮助消费者辨别产品真伪

防伪标签的主要目的就是帮助消费者辨别产品真伪，防止企业产品被仿冒。

2. 防伪标签可以提升消费者信任度

防伪标签验证操作简单方便，消费者无需支付任何费用并可以获知产品信息。

3. 防伪标签可以提高品牌形象

防伪标签不仅可以把关产品质量，还可以提升自身产品的知名度，提高消费者的忠诚度。市场中的产品层出不穷，各个品牌都有着独特的优势，消费者无法一一比较，而防伪标签不仅可以防伪，还可以帮助消费者快速了解、识别产品，多方面了解产品、品牌和企业。

4. 防伪标签可以促进产品销售

消费者在购物时，往往会查看产品是否有防伪标签或是防伪技术，如果产品具备，那么消费者购买就觉得放心，否则，消费者就会质疑该产品是否为真品。

5. 防伪标签可以帮助企业节省成本

企业若是采用传统的方式和手段打假，往往需要花费大量的人力物力，并且投入成本高，见效却慢，而防伪标签可以让众多消费者也加入打假行列中，节省企业打假成本。

6. 防伪标签可以起到宣传推广作用

防伪标签表面可以印制企业的 logo 以及企业信息。并且，当消费者在查询真伪时，也能显示出企业信息，从而给企业和品牌带来宣传效果。

品牌是企业的无形资产，为塑造品牌，诸多企业都会选择防伪标签作为防护的特殊手段，所以，防伪标签存在的意义不仅仅是帮助消费者辨别真伪，更是在塑造企业品牌方面具有重要价值。

第十四章

防伪溯源任重道远

【本章提要】

国家一直强调，要建立健全消费品质量安全监管、追溯、召回制度，严肃查处制售假冒伪劣产品行为，保护消费者合法权益，强调企业要实现产品来源可查、去向可追、责任可究。随着企业防伪意识的提升，应用防伪溯源技术已成大势所向。但防伪溯源仍任重而道远，面临重重挑战，需要破除道道障碍。待到防伪溯源技术成熟之际，必会以破竹之势阻断假冒伪劣产品市场。

本章主要内容：

1. 阐述商标防伪技术的主要分类

2. 阐述消费者识假辨假能力的局限性因素与提升方法

3. 阐述防伪溯源行业发展面临的挑战

第一节　商标防伪技术

一、商标防伪技术分类

市场中的造假现象，要求消费者具备识别和应对造假技术升级的能力。其中，针对商标的防伪技术主要分为如下三大类。

（一）几何图形码防伪标

几何图形码防伪主要是通过数码防伪查询和图形对比来鉴别产品真假。几何图形码防伪既可以用于一般产品防伪，也可以用于物流防伪防窜货管理。该技术具备六大特点。

1. 该技术采用信息编码技术生产一组随机、无规律的16~20位的查询数码。

2. 该技术可以生成一组有特定规律的几何图形编码，每组图形编码会对应具有特定几何形状的图形组合，每个特定几何形状都有着相同或不同的颜色。

3. 在庞大的数据库中，查询数码和几何图形都是一一对应的。

4. 在市场中流通的每个产品，都同时具备查询数码和几何图形，且是一一对应的。

5. 消费者可以通过数码反馈图形颜色的排序，与产品上印制的图形组合进行对比，具有唯一性。

6. 数码图形采用双重编码规则，保密性强，且不可重复利用。

（二）不干胶荧光防伪

荧光防伪材料是以稀土为主要原料的无机发光材料。在一定的紫外光激发下，可以呈现出红色、紫色、黄绿色、橙色和蓝绿色等色光。该技术具有三大特点：

1. 防伪荧光粉的荧光色泽较为鲜艳，具有良好的遮盖力。

2. 具备良好的耐溶剂性，且抗酸、抗碱。

3.具有良好的耐热性，最高可承受600℃。

（三）塑膜防伪商标

当下，产品的标签以激光标签和纸面标签为主，塑膜标签可以称为第三代防伪技术。塑膜标签的出现改变了消费者的视觉疲劳，也为产品打假带来了新的解决办法。该技术具有四个特点：

1.标识图案印刷在塑膜背面的介质揭启动膜层上，只有专门的卷筒数码印刷机才能完成印刷。

2.当消费者揭开标识表层之后，条形码和彩色防伪码均留在了产品上，不可能被整体转移走，且剥落层无法再次粘贴于物体表面，所以标识无法被重新复制。

3.因为塑膜揭刮式物流防伪标签运用的是独特的制作工艺，所以该类标签在防伪领域具备很强的独占性。

4.塑膜防伪商标既可以作为单一的产品防伪标识，也可以作为单一的物流套标。

二、商标防伪技术的标准和特点

防伪是一种产品的身份管理，从开始就需要将产品个性化、个别化。当下，由于假冒产品存在，企业同时面临着消费者安全和品牌拥有者的知识产权方面的双重压力。所以，当防伪技术成为产品必不可少的组成部分后，企业要运用防伪技术保证消费者和品牌拥有者的权利。

（一）商标防伪技术具备的两个标准

在运用防伪技术的时候，先要明确什么才是好的防伪技术，什么样的防伪技术才能帮助企业和消费者减少损失。好的防伪技术必然同时具备两个标准。

1.难以伪造

任何一个运用了防伪技术的产品都是独一无二的，就算是相同的厂家也无法生产出同样的产品，这样才能真正实现防伪。否则，有人可以利用技术或是自身条件生产出一模一样的产品，就意味着产品是可以被造假者复制的。

2. 容易鉴别

产品防伪的一个主要作用就是让消费者可以分辨产品的真伪，若是消费者无法查询，那么产品防伪的意义就大大折扣了。所以，防伪的另一个标准就是可以让任何一个普通消费者都可以简单识别真假，不需要掌握相关的专业知识，也不需要通过复杂的操作流程，就可以实现产品真伪查询。

（二）商标防伪技术的特点

在商标上，防伪技术总体具有以下特点：

1. 标识无法二次使用

在生产产品商标时，企业需要保证防伪标识一旦粘贴在产品上，就无法二次使用。也就是即使标识被造假者撕下来，也无法粘贴到假冒产品上。

2. 防伪技术的应用广泛

在市场中，各行各业的产品都需要进行防伪，比如，烟、酒、食品、化妆品、医药、服装、日用品、证件、音像制品等。

3. 功能多样化

优秀的防伪技术所能做到的不仅是实现产品防伪，还可以实现产品溯源、物流防窜、经销商管理、信息采集、数据统计和信息追加等多项功能。

4. 鉴别快速精准

在多数情况下，消费者是进行防伪鉴别的主体，所以，尽量做到消费者在视觉和触觉的帮助下，就能对真伪进行初步判断；利用智能手机或是防伪鉴别仪等工具，可以立即得到产品的鉴别结果。

如今，产品安全已经逐渐成为头等大事，无数消费者越来越关注产品安全。所以，企业不仅要在产品上进行防伪，还要与时俱进，升级防伪技术，以应对更多的造假产品与造假技术。对消费者而言，需要从正规渠道购买产品，还要时刻具有防伪意识。

第二节　消费者识别造假能力的局限

人类文明不断发展，造假技术从未间断。自古以来，造假就是一个热议的话题，随着商品经济的日益繁荣和科学技术的不断发展，造假也变得愈发多样，涉及的领域越来越广。

一、消费者识假辨假能力的局限性因素

造假之术，令众多消费者防不胜防，归结原因，在于消费者识别造假的能力有一定的局限性。

（一）缺乏系统专业的知识

现代市场中，经济繁荣，各行各业不断细分，全新领域逐渐开拓，市场在改革中升级，在创新中发展。然而，在市场经济快速发展的过程中，还糅杂着造假的"细流"，伪造、仿冒纵横延伸，触及的领域之深之广，很多行业内的专业人士，凭借着自己在行业中的深度接触与经验，才能具有识假的能力。行业之外，作为普通的消费者，他们在日常中并不会过多接触各行业的知识，因此没有系统专业的知识，对于很多物品难以辨别其真假。

此外，造假混迹于各行各业，各行业有各自辨识造假仿冒的方法，普通消费者无法对各个行业的仿冒都进行全面的了解，除了日常所用，如对假币的识别，其他关于识别假货的专业性知识，消费者无从得知。例如，对假蜜、劣质蜜的识别。蜂蜜是人们日常饮食的农产品，但蜂蜜市场却经常会出现"劣币驱逐良币"的现象，很多蜂农发愁自己上好的蜂蜜卖不出去，而消费者买到的却是那些吃不出味道的蜜糖，究竟怎样的蜂蜜才是优质的蜂蜜，有的消费者根本没有专业性的识别知识，对此无法判别，有的消费者只能通过一些道听途说的零星知识做基本辨别。

（二）宣传渠道的限制

1. 宣传平台

宣传信息平台不专业，无专用辨识假冒伪劣商品的平台。对于消费者而言，在识假、辨假方面具有一定的局限性，除了自身原因外，还有宣传信息平台不专业这一方面的原因。如何识假、辨假，让消费者规避假货风险，其实需要相关行业机构或者宣传平台传播一定的信息。然而，市场中很多类似的平台似乎并不专业，并非专用于传递辨别假冒伪劣产品信息的平台，这些平台可能会融合各种业务，同时，平台自身的宣传力度不够，很多消费者根本无从得知类似平台的存在。

2. 宣传方式

信息宣传方式单一。信息宣传渠道是一条主线，多样的宣传渠道可以全方位传递信息，潜移默化地渗透到人们的生活中。从消费者角度来说，他们获取识假知识的渠道基本是消息推送。当下，人们的辨假意识不断提升，但相关的宣传却似乎没有跟上脚步，信息宣传渠道与方式单一，人们获取信息面狭窄，尤其对于一些中老年消费者，更是很难了解到真正识别假货、劣货的方法。

（三）商品差别细微，消费者难以察觉

正品与仿冒品之间必定存在一定的差别，有些仿冒品做工粗糙，质量低下，人们可以轻易辨别出所购商品是否为假货。但有一种产品，叫高仿，这类产品与正品之间的区别存在于极其细微之处，普通消费者难以察觉。

1. 包装字体的细微差别

很多仿冒品会在包装字体上做出与正品的细微差别，消费者稍不注意，就会购买到仿冒品。例如"雪碧"与"雷碧"，"六个核桃"与"大个核桃"，很多仿冒商会在商品字体的视觉呈现上形成一种以假乱真的效果，消费者不仔细分辨，难以察觉其中的不同。

2. 外观上的细微差别

一些高仿之所以令人难以察觉，就在于其无论是质量还是做工，都不输正规品牌太多。有的消费者在购买产品时看重的就是产品的品牌，尤其是一些奢侈品品牌，消费者更在意产品的真假。但有的仿冒产品与正规品牌产品在外观上只有细微的差别，不懂如何辨假的消费者则难以进行区分。例如，LV包，正品与高仿的差别可能会在压线的平整、拉链的线条、固定位的位置等一些极难察觉的细微处，除了正规的品牌鉴定中心，普通消费者几乎难以分辨。

3. 商标的细微差别

商标是一个品牌的重要标识，是区别于其他品牌的重要因素。很多仿冒品在品牌外观上可以做到与正品没有任何差别，但在商标上会显露细微差别。有的正规品牌为防止仿冒，还会刻意在商标上做出隐晦的独特之处，让仿冒者难以察觉。但对于普通消费者而言，这种独特防伪之外同样是难以察觉，难以分辨。

表 14-2-1　消费者识假辨假能力的局限性的主要因素与细分因素		
	主要因素	细分因素
消费者识假辨假能力的局限性因素	缺乏系统专业的知识	伪造仿冒触及领域较广
		消费者无法对各行业全面了解
	宣传渠道限制	宣传平台不专业
		宣传方式单一
	商品差别细微	包装字体的细微差别
		外观的细微差别
		商标的细微差别

二、提升消费者识假辨假能力的重要举措

造假技术不断升级，消费者识假辨假能力有限，让市场中造假售假之风不断滋长，扰乱着市场的秩序，损害着品牌与消费者的利益。为了维护消费者的权益，企业品牌方面不仅要采取实质性的措施，对于消费者，也需要让其掌握一定的识假辨假知识，以提升其对假冒伪劣商品的识别能力。为了让消费者更好地做到识假辨假，可以采取以下措施。

（一）防伪溯源标签助力消费者识别假冒伪劣商品

受专业性知识、信息宣传渠道、高超造假技术等因素的影响，消费者在识别假货方面具有一定的局限性，而造假市场涉及广泛，从消费者角度入手进行造假断阻很难实现。因此，需要企业从产品自身入手，利用防伪溯源技术，制造产品的防伪溯源标签，做到产品可追溯，品牌有保障。防伪溯源标签就如同一个"真身器"，让假冒伪劣产品无处遁形，帮助消费者一眼辨出真产品。所以，防伪溯源是阻断仿冒产品的重要力量，不仅可以为企业带来价值，更可以让消费者获得安全感。

（二）信息宣传渠道从单一走向多样

防伪溯源技术是区别仿冒品的重要因素，但对于一些老年消费者而言，正确操作使用高科技有难度。因此，要提高消费者识别仿冒伪劣商品的能力，就要将信息宣传渠道由单一化推向多样化。

1.线下渠道

近距离对比与体验，才能让消费者尤其是老年消费者群体更好地了解识假辨假的知识。监管平台或机构方，可定时在社区内组织识假辨假主题宣传活动，设立不同品类的辨假宣传点，让居民现场观摩辨识，亲身体验、对比，从而进一步增强消费者识假辨假的能力。各企业品牌在注重自身产品销量的同时，也需要加强正品与仿冒品区别认知的信息宣传，可发起品牌联合阻断仿冒品活动，进行线下信息宣传，让更多消费者掌握识别假冒产品的知识，从而打破局限，提升消费者识假辨假的能力。

2.线上渠道

互联网为企业开辟了线上通道，消费者也越来越多地通过互联网获取更多的信息。在短视频流行的当下，信息在碎片化的同时更新速度加快，网络直播进一步拓宽了宣传渠道。尤其是对于企业而言，网络直播这一线上渠道为其提供了极大的便利，也逐渐改变着人们的生活方式与消费方式。企业品牌宣传识假辨假信息，便可通过网络直播或短视频的形式，更加快速便捷，宣传面也更加广泛，不受时间或者地域的限制，可以让众多的消费者及时获取识假辨假的信息，及时止损。

企业品牌往往具有较高的社会知名度，而仿冒者正是窥探到其中的利益而进行品牌造假，混淆消费者视线，以次充好。随着时代的发展，造假技术也在不断升级，对于普通消费者而言，很难区别外表雷同而内质存异的商品。针对这种侵害消费者权益的仿冒行为，众多企业和国家管理部门一同在全国范围内多次组织开展打击"傍名牌"行为的专项执法行动，作为消费者同样需要主动出击，提升自身识假辨假的能力，国家、企业、消费者共同稳固市场秩序，构筑良好的市场生态。

第三节　防伪溯源行业发展面临的挑战

各行业在互联网时代下发生着深刻变革，防伪溯源行业也不例外。面对这一趋势，防伪溯源企业需要加速互联网技术方向的转型，利用创新技术和模式提升自身价值和市场竞争力，抓住新机遇，应对新挑战。

一、防伪溯源行业发展环境分析

防伪溯源行业和社会生活联系紧密，因此在助力经济社会长期稳定发展和企业转型升级的过程中，更需要遵照时代特征规律，顺应当下发展环境的变化。当前时代的环境变化主要包括以下三个方面。

（一）科技创新环境变化

科技创新与经济社会发展联系密切。在互联网的带动下，大数据、云计算、5G 技术飞速发展，科技创新技术的应用对于防伪溯源行业发展的影响不断延伸扩展。

一方面，电子商务规模急速扩张，让大量商品通过网购和物流流入市场，进入消费者手中，其中难免存在一些未进入市场产品质量安全监管体系的假货。这对防伪溯源依托自身技术升级实现遏制假冒伪劣商品流通提出了更高要求。

另一方面，防伪大数据产品和物联网的发展为防伪溯源技术提供了更丰富的综合化的功能，使防伪溯源更加高效和便捷。并且，由于网络多媒体化发展使文本、影像、声音等数据能够形成新的信息载体集合，也为产品生产企业与消费者的信息交互提供了途径，使消费者能够深度参与，为产品防伪溯源提供了新的发展契机。

（二）产业人文环境变化

在互联网时代，网络构成社会活动的基础平台。互联网具有信息高速度性、多媒体交互性、虚拟性与个体信息隐秘性等特性，已然成为人际互动的新中介。在网际互联日益加深的作用下，消费者获取防伪溯源信息与知识更加多元、迅速和专业，对防伪溯源有更加深入的了解和支持，对防伪溯源产品个性化需求也更加突出，为防伪溯源行业发展奠定了较为良好的人文环境基础。

除此之外，社会整体对于科技创新的经济、人力投入程度都呈现不断增高的趋势。政府对于科技创新发展扶持力度和消费者对科技创新产品的接受程度逐渐增大，社会生活领域积累了丰厚的创新成果，为防伪溯源行业整体的高科技化转型升级提供了助力。

（三）行业监管环境变化

国家相关部门对假冒伪劣商品的打击力度始终呈高压态势。在消费升级需求增加的当下，商品质量安全的行政监管更加倾向于关注民生安全，围绕民生关切形成了多种重点民生商品质量监管的机制，在各行业领域不断集中开展重点商品质量的专项抽检、整治。多项举措让制售假冒伪劣商品的不法分子受到了严厉查处，有力打击了侵害消费者权益的违法行为。市场监管环境的变化进一步促进各行业的生产经营自律，为防伪溯源行业的发展营造了良好环境。

二、防伪溯源行业发展面临的挑战

防伪溯源行业格局在互联网技术的影响下发生着深刻改变，防伪溯源行业也面临诸多挑战。

（一）与现代新兴产业运行模式兼容的挑战

传统防伪溯源产业模式趋于成熟固定，防伪溯源技术、工艺、产品等与商品形成了较为契合的配套模式，以包装标签这一独立性强、性价比高的防伪溯源方式作为防伪溯源技术手段。但随着新兴产业的发展，传统防伪溯源方式适用的产品范围无可避免地会呈现缩减趋势，如果不在新兴产业运行模式中探索适用所属行业发展的防伪溯源新工艺、技术等，与其形成新的配套发展模式，企业很容易失去产品防伪溯源转型发展的机遇，将长远发展转变为短期利润。

（二）产业链条有效协同的挑战

产品从生产、种植到加工、销售，完整的、有效协同的产业链条是防伪溯源的重要基础。这就要求各行业产业加强内部交流，规范准入机制，形成技术创新良性竞争，以此建立有效的上下游联动协同，建立通用的数据传递、存储机制，让产品数据在整个生产流程中畅通无阻，真实有效，以此提高防伪溯源效率，从而提升整个行业的效益。

（三）企业防伪溯源技术创新能力不足对产业转型升级形成羁绊

许多生产企业在防伪溯源技术的升级改造中，选择寻找研究机构合作，研制、购买专用设备或创新专利技术。这一选择，具有技术普适性强、研发周期合理等优势，但也存在投入大量前期费用的高成本性和防伪溯源技术缺乏企业特性导致难以适配实际生产等种种弊端，使企业转型升级之路缺失防伪溯源技术支撑。企业的产业技术升级的过程，是发挥企业优势，凸显企业特色，以此在同质产品生产企业中突围的机遇，只有在企业内部形成防伪溯源科技创新和技术研发氛围，形成具有企业特色的防伪溯源核心技术，才有产品的持久竞争力。

（四）防伪溯源行业高等专业技术人才短缺的挑战

防伪溯源对品牌建立和维护、对产品的迭代升级和企业的发展至关重要，但是很多产品与品牌从业人员缺乏专业知识与技术技能的管理培训，使生产企业管理层不能形成防伪溯源技术管理意识体系，导致防伪溯源技术发展的滞后。这需要在防伪溯源行业形成专门技术人才储备和培养机制，合理构建防伪溯源行业人才结构，培养高素质人才，为企业防伪溯源构筑技术力量。

（五）防伪溯源知识产权保护的挑战

产品易被仿冒造假是生产企业普遍的困扰，防伪溯源技术被仿冒同样是防伪溯源行业面临的知识产权被侵犯的严峻挑战。防伪溯源技术的革新能够保护企业品牌和产品，但是防伪溯源行业的特性又要求商品产业链上下游具备成体系、能联通的防伪溯源技术体系，这对企业防伪溯源技术的保护形式和力度形成了新的考验。过度放松，会降低侵犯知识产权的违法成本，严重挫伤企业防伪溯源技术创新的积极性；过于保守，则难以推动防伪溯源创新在行业内的推广应用，造成研发资源的浪费。在防伪溯源知识产权保护过程中，适当提高知识产权保护意识、法律意识、商业机密意识，循序渐进、合作发展，才能更好地应对挑战。

三、防伪溯源行业应对挑战的方式

传统防伪溯源行业在发展过程中有诸多不足，适应智能化商业时代有必要进行有针对性的改善，只有抓住机遇更新防伪溯源行业观念、标准、技术和管理，才能做好防伪溯源核心技术的与时俱进。因此，应对发展挑战的方式涉及如下几个方面：

（一）发展智能防伪溯源技术

新一轮科技革命与产业革命将带来产品的智能技术化发展趋势，其大规模应用将对人类社会的生产生活方式产生重大影响。防伪溯源技术发展也应积极转型，顺应智能技术发展趋势，借助互联网的普及和算法、数据、存储等技术成果与创新突破，探索智能防伪和智能溯源技术的研发与应用，成为智能产品时代产品内涵与品牌优势的强有力组成部分，成为新一轮品牌崛起的重要辅助力量。

（二）提升防伪溯源技术发展速度

防伪溯源技术的健康发展关系企业与品牌形象，造假技术手段的提升会导致防伪溯源技术对品牌防护力度的削弱。为防止造假手段与技术提升侵害消费者权益，损害生产企业的利益，只有加大防伪溯源技术的研发投入，建立健康的发展机制，才能让防伪溯源技术发展速度超出伪造技术，形成技术壁垒和屏障，保护产品不被仿制伪造。

防伪行业建立技术优势壁垒需要行业、企业、研发机构投入各种资源、力量，形成防伪溯源学科体系，培养防伪溯源专业技术人才，建立组织结构科学合理的防伪溯源行业管理机构，对防伪溯源行业进行规范，促进防伪溯源行业内部技术创新与应用的沟通交流。如此才能够使防伪溯源行业形成合力，提升防伪溯源技术发展速度。

（三）加深防伪溯源产业协同

随着工业企业自动化程度提高，工艺精细化程度的加深，大数据应用的优势将得以发挥，产品在原材料生产、初级加工、深度加工等过程中的诸如产品批次、材质、工艺、操作人员等信息也将形成海量初始数据。防伪溯源技术的发展，能够推动产业链上各企业采用统一信息管理与处理方式，有效存储初始数据，将消费者与监管方关注的重要数据着重突出，加强查询便捷度，以此加深产业链协同效应。